Gute Nacht, Liebster

© Claudia Hepke

Katrin Hummel, geboren 1968 in Ulm, studierte in Straßburg und Freiburg Französisch, Geografie und Englisch. Sie ist Redakteurin der *Frankfurter Allgemeinen Zeitung* und Autorin mehrerer Romane. Katrin Hummel hat mit Hilda Dohmen, die in GUTE NACHT, LIEBSTER ihre Geschichte erzählt, viele intensive Gespräche geführt und gibt ihr in diesem Buch eine Stimme.

Katrin Hummel

Gute Nacht, Liebster

Demenz.
Ein berührender Bericht über
Liebe und Vergessen

Weltbild

Besuchen Sie uns im Internet:
www.weltbild.de

Genehmigte Lizenzausgabe für Verlagsgruppe Weltbild GmbH,
Steinerne Furt, 86167 Augsburg

Umschlaggestaltung: Studio Höpfner-Thoma, Planegg
Umschlagmotiv: Getty Images, München
Gesamtherstellung: GGP Media GmbH, Pößneck
Printed in the EU
ISBN 978-3-86800-366-6

2013 2012 2011 2010
Die letzte Jahreszahl gibt die aktuelle Lizenzausgabe an.

Geleitwort

Wir sprechen von mehr als einer Million Demenzkranken in Deutschland; wir wissen, dass das Alter der größte Risikofaktor ist, an einer Demenz zu erkranken. Das vor Ihnen liegende Buch zeigt in eindrücklicher Weise, dass statistische Aussagen keine oder nur wenig Gültigkeit für Einzelschicksale besitzen.

Aus Sicht der Ehefrau, der Ich-Erzählerin, wird die Leidensgeschichte ihres Mannes Hans beschrieben. Der Mann zeigt im besten Alter von Anfang fünfzig erste Symptome einer nicht benennbaren psychischen Erkrankung. Der Leser wird durch das einleitende Kapitel in ihr gemeinsames Leben eingeführt. Die beiden kennen sich seit ihrer Jugend, heiraten später. Während des Heiratsantrags sagt er zu ihr: »Aber ich kann mir nicht vorstellen, mit einer anderen Frau alt zu werden als mit dir, Hilda. Du bist der Mensch, mit dem ich leben will ...«.

Sie werden Eltern von zwei Töchtern, erleben viel gemeinsam. Sie beschreibt ihre Gemeinsamkeit so: »Hans und ich hatten eine so breite gemeinsame Basis, dass uns nichts wirklich auseinander bringen konnte – wie zwei Magneten, die es sehr stark zueinander hinzieht«.

Als Hans erkrankt, ist sie als Lehrerin berufstätig, er selbstständig. Die Töchter leben bei ihnen im Haus. Ihre Mutter zieht zu ihnen und wird in der Familie betreut.

Wie später diagnostiziert wird, ist Hans an einer Frontotemporalen Demenz erkrankt, einer Form der Demenz, an der schätzungsweise drei bis neun Prozent aller Demenzkranken leiden, beim Typ Alzheimer sind es etwa siebzig Prozent. Im Unterschied zu den meisten Fällen der Alzheimerschen Erkrankung erkranken die Patienten an Frontotemporaler

Demenz durchschnittlich im Alter von fünfzig bis sechzig Jahren. Viele Patienten erscheinen zu Beginn der Erkrankung oberflächlich und sorglos, unkonzentriert und unbedacht, sie fallen im Beruf wegen Fehlleistungen auf und vernachlässigen ihre Pflichten. Sie verlieren das Interesse an Familie und Hobbys, werden teilnahmslos, antriebslos und apathisch. Die Krankheitseinsicht ist bei den meisten Patienten beeinträchtigt, das heißt, sie halten sich selbst für völlig gesund. Das Zusammenleben mit einem Patienten, der an einer Frontotemporalen Demenz leidet, bedeutet für die Angehörigen eine enorme Belastung. Vor allem sind es die Verhaltensauffälligkeiten, besonders Teilnahmslosigkeit, Aggressionen und Unberechenbarkeit der Patienten, die den anderen Familienmitgliedern zu schaffen machen.

Die Geschichte von Hans und Hilda wird als eine Reihe von scheinbar alltäglichen Ereignissen geschildert. Hilda sagt einmal: »Die Veränderung kam so langsam, dass ich Zeit hatte, mich daran zu gewöhnen.« Sie hätte sich eine frühere Diagnose gewünscht, denn: »Wir haben uns nicht gegenseitig trösten, nicht halten, nicht zusammen weinen und nicht besprechen können, was werden soll.« Sie ist immer wieder erschrocken und maßlos traurig, wie hilflos sie dem voranschreitenden Verfall der Krankheit ausgeliefert ist. Sie drückt es so aus: »Der Strudel, der uns erfasst, dreht sich immer schneller, denke ich. Und mir wird klar: Noch befinden wir uns am Rand dieses Strudels. Wir wissen nicht, was innen drin sein wird.« Sie versucht ihn zu beschützen, seine Würde zu bewahren. Hilda scheint eine starke Frau zu sein, sie versucht, ihr Möglichstes für ihren geliebten Hans zu tun. Ihre Töchter, die Familie und Freunde sehen die Situation mit mehr Distanz und stützen sie. Auch die in Anspruch genommenen Hilfsangebote entlasten sie, machen aber auch ihre besondere Situation als Ehepartnerin eines relativ jungen Demenzpatienten sichtbar. Sie hat das große Glück, von einem engagierten und einfühlsamen Arzt begleitet zu werden. In eindringlichen Szenen werden die Nöte und Schwierigkeiten einer häuslichen Begleitung bis zum Lebensende geschildert.

Ich wünsche diesem einfühlsam und facettenreich geschriebenen Buch viele Leser.

Heike von Lützau-Hohlbein

1. Vorsitzende der Deutschen Alzheimer Gesellschaft e.V., Selbsthilfe Demenz

Berlin, September 2008

Prolog

Augenblick, verweile doch, du bist so schön.

Johann Wolfgang von Goethe

1955

Hans hatte einen schwarzen Parallelo an – einen Pullover mit Fledermausärmeln und U-Boot-Ausschnitt, der von rechts nach links gestrickt war – man fing an einem Ärmel an und hörte am Bündchen des anderen auf. Parallelos waren Mitte der Fünfziger gerade modern und sehr teuer. Das wusste ich deshalb so genau, weil ich selbst nicht viel Taschengeld bekam und mir nie viel kaufen konnte. Im Vergleich zu heute besaß ich nur wenig zum Anziehen. Meine besten Stücke waren ein dunkelblauer Faltenrock aus Schurwolle und ein roter, kurzärmeliger Angorapulli. Beides trug ich, als ich Hans zum ersten Mal begegnete. Ich lernte ihn durch seinen Cousin Peter kennen, der mit meiner Schwester Franziska angebandelt hatte. Peter war neunzehn, und Franziska schwärmte für ihn; er war zwei Jahre älter als sie und hatte schon einen Führerschein.

»Das ist mein Vetter Hans, und das ist die Hilda«, sagte Peter und legte den Arm um Franziska. Es war offensichtlich, dass er Hans mitgebracht hatte, weil er mit ihr allein sein wollte.

Ich musterte Hans verstohlen, obwohl ich mich damals für Jungen noch nicht interessierte. Ich war vierzehn und noch nicht richtig in der Pubertät. Trotzdem fiel mir auf, dass er sehr gut aussah – groß, schlank und sportlich, mit dichten dunkelbraunen Haaren. Als sich unsere Blicke trafen, schaute ich schnell weg.

Während Franziska und Peter spazieren gingen, stiegen Hans und ich in den offenen Heuschober und rutschten die Heuhaufen hinunter, etwa fünf Meter tief. Wieder und wieder, es machte einen wahnsinnigen Spaß. Doch auf einmal hatte Hans in seinem schicken schwarzen Pullover ein Loch.

»Oh«, sagte er nur, »da wird meine alte Dame sauer sein. Da krieg ich Prügel.«

»Was? Die schlägt dich?«, fragte ich ungläubig. Solche Erziehungsmethoden gab es bei uns zu Hause nicht.

Er nickte, und ich spürte ein Ziehen in der Magengegend. Ich wollte ihm anbieten, den Pullover zu stopfen. Doch dann biss ich mir auf die Zunge. Ich ahnte, dass mir die Arbeit nicht gut von der Hand gehen und seine Mutter meine stümperhaften Versuche bemerken würde. Also schwieg ich.

Peter erlaubte Hans, mit seinem Mercedes die Feldwege entlangzufahren, auch wenn das Wahnsinn war, weil Hans erst fünfzehn war und noch keinen Führerschein hatte. Hans fuhr schnell; wenn ich dabei die Augen schloss, fühlte es sich an, als würde ich fliegen oder als stünde mir die Welt offen – so beschwingt und berauscht war ich.

Hans' Mutter wusste nichts von seiner heimlichen Leidenschaft für schnelle Autos, das erzählte er mir. Für sie war es in Ordnung, wenn ihr Sohn stundenlang unterwegs war – sie war mit der Arbeit in der Firma beschäftigt.

Hans war schon damals ein guter Autofahrer. Er rangierte im Unternehmen seines Vaters immer heimlich die Lastwagen rückwärts in die Hallen. Die Firma stellte Erntemaschinen her, sein Vater war einer der Inhaber. Für damalige Verhältnisse war es ein großer Betrieb mit etwa hundert Mitarbeitern.

An dem Abend, nachdem Hans und Peter bei uns gewesen waren, lag ich länger wach als sonst. Ich roch noch den Duft des Heus, spürte den Rausch der Geschwindigkeit in meinem Kopf. Und auch an Hans dachte ich. Ich wünschte mir, er möge bald wiederkommen. Er gefiel mir, ohne dass ich schon hätte sagen können, warum. Das heißt, vielleicht hätte ich es sogar sagen können. Aber dazu hätte ich über ihn nachdenken müssen, und so weit war ich noch nicht.

Im darauffolgenden Jahr kam er oft allein oder mit einem Freund zu uns, ohne dass einer von uns ausgesprochen hätte, warum. Ich war stolz, dass er das meinetwegen tat, denn immerhin musste er mit dem Fahrrad etwa fünfzehn Kilometer fahren, eine Strecke, auf der es ständig bergauf und bergab ging. Meistens spielten wir auf dem Hof Fußball mit meinen Schwestern und deren Freunden. Einmal aber hatten wir uns eine Höhle im Heu gebaut und waren hineingekrochen. Drinnen war es dämmrig, das Heu duftete und kitzelte in der Nase. Durch ein Fenster im Heuschober fielen Sonnenstrahlen herein, in denen der Staub tanzte. Von draußen hörte man gedämpft die Geräusche eines Traktors. Fliegen surrten. Wir lagen nebeneinander in unserer Höhle, auf die Ellenbogen gestützt. Heute sind die Jugendlichen in dem Alter schon viel weiter, doch wir waren noch sehr kindlich damals, sodass uns die Nähe des anderen nicht befangen machte. Ich erzählte Hans, dass ich nie wüsste, warum ich beichten gehen sollte, und dass ich dem Pfarrer daher in meiner Not bei der letzten Beichte erzählt hätte, ich hätte getötet. »Als er mich dann gefragt hat, wen ich denn getötet hätte, hab ich gesagt: ›Ameisen und Käfer. Ich bin aus Versehen draufgetreten‹«, sagte ich, und wir mussten lachen.

Hans fing eine Spinne, die über meinen Kopf krabbelte, und hielt sie mir vor die Nase. »Lass sie laufen«, sagte ich. Ich ekelte mich kein bisschen, immerhin kam ich vom Bauernhof. Wir blickten der flüchtenden Spinne nach. Als sie verschwunden war, begann Hans von seinem Vater zu erzählen, der vor kurzem bei einem Autounfall ums Leben gekommen war und dessen Platz er nun ausfüllen sollte. Seine beiden Brüder waren noch zu klein dafür.

»Ich kann das nicht«, stieß er hervor. »Ich will nicht beim Essen auf seinem Platz sitzen, und ich will auch nicht seine Rolle einnehmen.«

Ich nickte und bemerkte, dass er mit den Tränen kämpfte. »Tut sie dir weh?« Meine Stimme war nur noch ein Flüstern.

Er schüttelte den Kopf. »Aber ich soll meinen kleinen Bruder manchmal schlagen, wenn er frech war.«

»Deinen eigenen Bruder?«

Wieder nickte er. Sein Gesicht war verzerrt vor Wut oder Hilflosigkeit. Um ihn zu trösten, legte ich meine Hand auf seinen Arm. Er tat mir leid, gleichzeitig war ich froh, dass er mir solche Geheimnisse anvertraute. Und noch etwas ging mir durch den Kopf, als ich ihn berührte: dass dies etwas anderes war als die Berührungen, die wir sonst austauschten.

Ich konnte die Härchen auf seinem Arm spüren, seine warme Haut. Er gefiel mir, dieser Arm, auf eine Art, die ich vorher nicht gekannt hatte. Aber ich ließ mir nichts anmerken. Hans stützte den Kopf in die Hände und blieb ganz still liegen. Und ich streichelte ihn weiter und fühlte mich seltsam dabei. Nicht mehr wie ein Mädchen, noch nicht wie eine Frau.

In jenem Sommer waren wir außer an diesem einen Tag nie allein, auch wenn ich es mir manchmal wünschte. Einmal brachte Hans einen Austauschschüler aus Amerika mit. Das war damals etwas Besonderes, und es beeindruckte mich, wie gut Hans sich mit ihm verständigen konnte. Ein anderes Mal fuhren wir gemeinsam mit Freunden mit dem Fahrrad zum Baggersee und überboten uns mit Mutproben: bis zur Insel und zurück schwimmen, vom Floß aus in den See springen, sich trotz der Blutegel in den Sumpf trauen.

Die Wochen waren erfüllt von einer atemlosen Spannung. Hatten diese Minuten im Heu bei Hans die gleichen Gefühle ausgelöst wie bei mir? Ich wünschte mir, mit ihm zu reden, und hatte doch Angst davor.

An einem warmen Sommertag Anfang August 1957 passierte es dann. Am Morgen hatte ich im Radio gehört, dass Oliver Hardy gestorben war, und ich war bestürzt darüber gewesen, weil ich die »Dick und Doof«-Filme sehr gemocht hatte.

Hans fuhr mit seinem neuen roten Mofa bei uns vor, einem schrecklichen Ding mit langem Rennsattel, auf dem er lag wie ein Affe. Aber ich sah ein, dass das Mofa bequemer war als das Fahrrad. Hans hatte eine Umhängetasche dabei, er trug sie über seiner Lederjacke. Sie fiel mir deswegen auf, weil sie sehr damenhaft aussah – cremefarbener Lack mit goldenen Schnallen. Ich vermutete, dass sie seiner Mutter gehörte.

»Was ist da drin?«, fragte ich, als er das Mofa abstellte.

»Ich hab was für dich«, sagte er bloß, und schon begann mein Herz zu pochen. Aber noch bevor ich ihn bitten konnte, die Tasche zu öffnen, kamen meine Schwestern Franziska und Christa dazu. Sie nahmen sein Mofa in Augenschein, bemängelten hier eine Kleinigkeit und lobten da etwas. Ich beobachtete, wie die beiden sich mit Hans unterhielten. Sie behandelten ihn, als sei er schon in ihrem Alter, dabei war Franziska zwei Jahre älter als er und Christa sogar vier. Es schmeichelte mir, dass sie ihn akzeptierten, denn die beiden waren viel reifer als ich.

Franziska war kurz davor, ihr Medizinstudium aufzunehmen, sie las in ihrer Freizeit dicke Fachbücher und ließ keinen Zweifel daran, dass sie sich ihrem künftigen Beruf mit Leib und Seele verschreiben würde. Sie war kurzsichtig und hatte sich eine Hornbrille ausgesucht, hinter der ihr hübsches Gesicht beinahe verschwand. Sie hätte damals mehr aus sich machen können.

Christa hingegen war in meinen Augen eine richtige Dame. Ich beneidete sie um ihr hinreißendes Gesicht und ihre Figur, schlank und doch mit Kurven. Ich fand, dass sie sich kleidete wie ein Filmstar, auch wenn unsere Mutter immer die Augen verdrehte und ausrief: »Kind, wie siehst du denn wieder aus?«

Christa hatte viele Verehrer, die ihr zu Füßen lagen. Jeden Abend ging sie mit einem anderen aus, wobei mit keinem wirklich etwas lief.

Als die beiden das Mofa genug bewundert hatten, gingen Hans und ich hinunter in den Obstgarten und setzten uns auf eine Bank.

»Jetzt zeig schon. Bitte.« Ich wies auf die Tasche.

»Warte noch«, sagte er. »Wahrscheinlich bist du gleich enttäuscht. So toll ist es nun auch wieder nicht.«

Ich lehnte mich zurück und erzählte ihm den neuesten Klatsch aus der Schule. Wir gingen auf unterschiedliche Schulen, er auf eine Jungenschule, ich auf eine Mädchenschule, aber dennoch kannten wir die meisten Klassenkameraden des anderen. Wir fuhren mit dem Zug zur Schule, und man begegnete sich morgens auf dem Bahnsteig. Viele kannten sich auch über die älteren Geschwister.

Wir saßen lange auf der Bank im Obstgarten, und ich untersagte es mir, ihn noch einmal nach der Tasche zu fragen. Als ich Hunger bekam, fragte ich ihn, ob wir nicht hineingehen und ein Honigbrot essen sollten. Er war einverstanden, und so machten wir uns auf den Weg in die Küche. Auf der Treppe, die vom Garten hinauf auf die Terrasse führte, nahm er plötzlich meine Hand.

Ich blieb stehen und sah ihn an, und da nahm er mich in den Arm und küsste mich. Über uns breitete der Apfelbaum seine Äste aus, dazwischen schimmerte der blaue Himmel durch, und ich war glücklich.

Viel später, nachdem wir Brote gegessen und einander über unsere Teller hinweg sprachlos und mit glühenden Wangen angeschaut hatten, machte er die Tasche auf. Darin lag eine kleine Schachtel, in der sich ein Modellauto befand. Ein grüner MG TF, ich sehe ihn noch vor mir. Hans hatte ihn als Talisman für mich gekauft, und ich ahnte, dass dies für ihn ein Beweis äußerster Zuneigung war. Hans liebte Autos. Einen MG TF zu besitzen war sein größter Traum.

In den Monaten danach waren wir unzertrennlich, soweit das möglich ist, wenn beide noch zur Schule gehen und fünfzehn Kilometer weit voneinander entfernt wohnen. Während meine Mutter unsere Verbindung stillschweigend zur Kenntnis nahm, war mein Vater sehr eifersüchtig.

Eines Abends ging ich mit Hans eng umschlungen spazieren, als mein Vater mit dem Auto an uns vorbeifuhr. Als wir anschließend gemeinsam zu Abend aßen, wendete er sich von Hans ab und wechselte kein Wort mit ihm. Franziska und Christa beruhigten mich später, denn sie kannten diese Eifersucht.

In dieser Zeit lernte ich auch Hans' Mutter kennen. Er hatte eine Grippe, und ich wollte ihn zum ersten Mal besuchen. Nachdem ich mit dem Fahrrad den ganzen Weg durch die flirrende Hitze zu ihm gefahren war, stieg ich vollkommen verschwitzt vor einem eindrucksvollen Haus mit baumbewachsener Auffahrt ab, einer weiß verputzten Jugendstilvilla mit Freitreppe und säulengetragenem Vordach. Meine Familie war zwar nicht arm, wir besaßen den Hof und die Felder. Auf unserem Anwesen betrieben meine Eltern zudem ein Café-

Restaurant, das bei Wochenendausflüglern und Hochzeitsgesellschaften sehr beliebt war. Aber das hier war etwas anderes, das spürte ich. Mir schoss der Gedanke durch den Kopf, dass es eine erfolgreiche Firma sein musste, die seine Familie leitete. Davon abgesehen ließ mich der Reichtum unberührt, denn es war Hans, der mich interessierte, und seinetwegen war ich hier.

Ich nahm mein Körbchen mit Himbeeren vom Gepäckträger, die ich in unserem Garten für ihn gepflückt hatte, und klingelte. Fast hatte ich damit gerechnet, dass ein Dienstmädchen öffnen würde, aber Hans kam selbst zur Tür, lächelte mich an und führte mich die Treppe hinauf in eine Art Herrenzimmer, das mit grünen Samt- und Ledermöbeln eingerichtet war.

»Meine Mutter möchte dich kennenlernen«, sagte er; anscheinend war es die Begründung dafür, dass er mich in diesen Raum führte.

Wir saßen einander gegenüber, blickten einander an, und ich war auf einmal so aufgeregt, als wäre ich auf einem Staatsbesuch. Nicht so sehr wegen seiner Mutter, die ich gleich kennenlernen würde. Eher wegen der Symbolik, die der Begegnung mit ihr innewohnte. Ich fragte mich, ob er ihr zuvor andere Mädchen vorgestellt hatte, und wenn ja, welche.

Nach einigen Minuten öffnete sich eine Tür am anderen Ende des Zimmers, und seine Mutter betrat den Raum. Sie war eine schöne Frau, groß und mit üppigen Formen. Ihre braunen Haare waren zu einem Knoten hochgesteckt. Unter ihrem dunkelblauen Kostüm trug sie eine cremefarbene Bluse, sie hielt sich sehr aufrecht und musterte mich von oben herab, als ich von meinem Stuhl aufgestanden war, um sie zu begrüßen. »So, Sie sind also die Hilda«, stellte sie mit kühler Stimme fest. Ich spürte sofort: Sie war das Gegenteil von meiner eigenen Mutter, einer lieben, sanften und gütigen Frau, die immer ein offenes Ohr für mich hatte. Sie nahm meine Hand und blickte mir kurz in die Augen, ohne zu lächeln. Ich machte einen Knicks, wie es damals üblich war. Weil ich kleiner war als sie, musste ich selbst dann noch zu ihr aufblicken, als ich mich wieder aufgerichtet hatte. So standen wir einander gegenüber, und dann ließ sie meine Hand wieder los, wobei ihr Blick schon zuvor abgeschweift war – hinüber zu Hans.

Ich dachte, mir gefriert das Herz! Mir fiel wieder ein, was Hans mir im Heuschober anvertraut hatte. Das schien eine Ewigkeit her zu sein.

Was machst du eigentlich hier?, dachte ich. *Das Beste wäre, du würdest gleich wieder gehen.*

Bis zum Abitur und auch noch danach hatte Hans immer wieder einmal andere Freundinnen, und ich hatte andere Freunde. Denn zwischendurch stritten wir uns oder es passierte irgendetwas anderes, und dann trennten wir uns.

Ich weiß noch, wie ich ihn einmal gefragt habe: »Was ist jetzt?«

Daraufhin antwortete er: »Du, ich mag die andere grad lieber.«

Ich gab dann schnippisch zurück: »Na, dann kannst du jetzt gehen.«

Ein andermal war ich es, die ihm gestand: »Du, ich hab mich in einen anderen verliebt.«

Es war eine aufregende Zeit, und ich genoss sie. Dennoch gab es nur einmal einen jungen Mann, der Hans wirklich hätte den Platz streitig machen können. Max war angehender Mediziner, blond, schlaksig, mit einem jungenhaften Lächeln und sehr guten Manieren. Er ließ mich nie warten, war zuvorkommend und vergötterte mich geradezu. Er verwöhnte mich über alle Maßen und machte mir oft Geschenke. Einmal bastelte er mir in wochenlanger Arbeit eine Spieluhr. Dann beobachtete er zufällig, wie Hans mich sonntags abends zum Bahnhof brachte, als ich nach einem Wochenendbesuch daheim zurück in meine Studentenbude nach Schwäbisch Gmünd fahren wollte, wo ich die Pädagogische Hochschule besuchte. Da warf Max die Spieluhr enttäuscht und wütend in die Isar, wie er mir hinterher erzählte. Seine Hingabe fand ich jedoch auf Dauer langweilig, und ich merkte, dass meine Gedanken, wenn wir zusammen waren, immer öfter zu Hans schweiften. Dachte er noch an mich?

Die Frage war berechtigt, denn viele Frauen schwärmten für ihn, und Hans schien diese Jahre ebenso zu genießen wie ich.

Eines Abends trafen wir uns nach längerer Zeit wieder einmal in einem Lokal in der Nähe meines Elternhauses, und ich fragte ihn mit einem neckischen Unterton, was er so trieb, wenn er mit anderen Frauen ausging. Allerdings war meine Frage durchaus ernst gemeint, ich wollte nur nicht, dass er das merkte. Er schien aber zu spüren, dass ich nur vorgab, so fröhlich und locker zu sein, und versicherte mir, dass er seine Bekanntschaften nie ausnutzen würde. Ich glaubte ihm. Es gab andere Männer, die sofort mit jeder Frau schliefen. Doch Hans gehörte nicht dazu, er war ein anständiger Kerl. Als er mich an diesem Abend küsste, begann ich zu wünschen, dass er bei mir eine Ausnahme machen würde.

Wir begannen uns wieder fest zu verabreden. Hans war einer von den Männern, die alles vergessen, wenn sie in der Garage unter einem Auto liegen und daran herumschrauben. Wenn er sich deswegen verspätete, fragte ich mich, ob ich ihm genauso viel bedeutete wie er mir. Er enttäuschte mich nie, er verspätete sich nie um mehr als eine halbe Stunde, dennoch litt ich jedes Mal wieder unter der Ungewissheit. Eigentlich aber machte sie ihn noch interessanter für mich.

Wir hatten den gleichen Humor, was uns im Laufe unserer Ehe so manches Mal half, uns nach einem Streit wieder zu versöhnen. Und auch sonst spielte Humor eine große Rolle in unserem Zusammenleben: Hans neckte mich oft oder erzählte einen Witz, und wenn ich dann lachen musste, fiel er in mein Lachen ein. Diese Augenblicke sind mir auf ewig ins Gedächtnis eingebrannt. Es hört sich fast banal an: zusammen lachen können. Aber es waren Momente von solcher Wärme und Nähe, wie man sie kaum beschreiben kann. Erst wenn der andere fehlt, weiß man, wie einzigartig sie sind.

Mir schien es, als sei er für mich gemacht. Als habe er mir in meinem Leben noch gefehlt. Ich spürte, dass er der perfekte Mann für mich war.

Meine Freundinnen wollten immer wissen, wie er küsste. Das waren damals so die Gedanken, die wir uns gemacht haben. Wir fragten nicht: »Wie läuft es im Bett?«, wie das heute junge Leute vielleicht tun. Uns war etwas anderes viel näher, nämlich die Frage: »Wie küsst er?« Ich antwortete immer: »Er küsst gut, aber was ich besonders liebe, ist sein Geruch.« Die anderen kicherten dann, aber für mich war das wichtiger als das Küssen selbst. Ich dachte, wenn ich seinen Geruch mag, dann muss das bedeuten, dass wir gut zueinanderpassen.

Er nahm mich auch immer ein bisschen hoch. Ich war die Kleine und er der Beschützer, der Mann an meiner Seite. Er hatte eine starke Ausstrahlung, andere blickten zu ihm auf. Sie nahmen ihn ernst, fragten ihn um Rat. Er war ein Mann, der sich durchsetzen konnte und seinen Weg gehen würde, und er wollte mich dabei an seiner Seite haben. Ich hätte damals nie gedacht, dass ich in unserer Beziehung irgendwann einmal die Starke sein würde, dass ich auf ihn aufpassen müsste.

Nur einmal, es war im Winter in Vorarlberg, da fühlte ich mich für ihn verantwortlich, und ich bekam eine Ahnung davon, wie schwer Verantwortung für einen anderen Menschen wiegen kann – und wie viel sie bedeuten kann.

Ich war für eine Woche mit Franziska beim Skifahren auf einer Hütte, und Hans wollte mich überraschen. Er reiste uns nach, stellte das Auto im Tal ab und fuhr mit der Gondel hinauf. Mit Skiern fuhr er zu der Hütte ab, in der meine Schwester und ich übernachteten. Wir waren zuvor schon gemeinsam dort gewesen, er und ich, daher kannte er sie. Doch Franziska und ich waren zum Essen in einer anderen, höher gelegenen Hütte. Wir hatten viel Glühwein getrunken und fuhren erst gegen fünf Uhr am Nachmittag zu unserer Hütte ab. Früher war das noch möglich, es waren ganz andere Verhältnisse als heute. Wir waren alle gute Skifahrer – Franziska, Hans und ich. Wir sind in den Bergen aufgewachsen, Skifahren war für uns wie Fahrradfahren.

Als wir heimkamen, saß Hans vor der Hütte und fror. Wie sich herausstellte, war sein Ski gebrochen, und er war den halben Weg von der Gondel bis zur Hütte zu Fuß gegangen. Wie er dort saß und trotz allem so froh wirkte, als ich endlich kam – mir ging das Herz auf. Franziska zog sich nach einer improvisierten Brotzeit für ihn taktvoll in unser Zimmer zurück, und Hans und ich saßen bis spät in die Nacht auf der Bank des Kachelofens und unterhielten uns. Dieser Abend hatte etwas Magisches, Einzigartiges. Vielleicht war es die Abgeschiedenheit oder das Wissen darum, wie beschwerlich der Weg war, den er mir zuliebe zurückgelegt hatte. Mein Gefühl, dass er etwas auf sich genommen hatte, um mir nah zu sein. Sein überraschender Besuch. Vielleicht auch sein Bedürfnis, sich bei mir anzulehnen nach all den Strapazen, die er ausgestanden hatte, und nach dem Warten in der Kälte. Der kurze Rollentausch – dass ich diejenige war, die ihn wärmen und beschützen und aufmuntern durfte, dass er das überhaupt zuließ, schuf eine unglaubliche Nähe zwischen uns. Ich spürte, dass er sich mir so weit öffnete wie nie zuvor einer Frau. Mit diesem überraschenden Besuch hatte er mir gezeigt, was ich ihm bedeutete. Ich konnte das annehmen, seine Schwäche, sein Warten auf mich. Dafür, denke ich, liebte er mich. Er spürte, dass ich ihn auch in diesem Moment der Schwäche wollte.

Mit dem Heiraten hatten wir es nicht eilig. Es passte zwischen uns, das haben wir beide gespürt, noch ohne zu ahnen, wie gut es dann im Laufe unserer Ehe wirklich passen würde. Als ich siebenundzwanzig war, dachte ich, nun sei es an der Zeit, zu heiraten. Und so habe ich Hans eines Tages, als wir einen Herbstspaziergang durch den Wald hinter unserem Hof machten, einfach gefragt, ob er auch wollte.

Er war überrascht. »Darüber habe ich noch gar nicht nachgedacht. Warum eigentlich nicht?«

»Das habe ich mir eigentlich ein bisschen enthusiastischer vorgestellt.« Meine Füße raschelten durch das Laub, ich atmete den feuchten Geruch ein und dachte, dass wir in dieser Jahreszeit eigentlich Pilze suchen müssten.

»Ich bin sehr enthusiastisch.« Er grinste spitzbübisch. »Schau mal.« Er fasste mich um die Taille, zog mich an einen

Baum und umarmte mich. Atemlos sah ich ihn an. Wir küssten uns, und seine Hand fand den Weg unter meinen dicken Mantel. Sie war kalt. Ich schob sie zurück und sagte: »So geht das nicht. Du musst mir natürlich einen Antrag machen.«

»Hast du mir nicht eben einen gemacht?«, fragte er und lächelte.

»Das war eine ganz normale Frage«, erwiderte ich, »als Anregung für dich.«

»Wenn das so ist, sollst du deinen Antrag natürlich bekommen.« Er strich mit der Hand über meine Wange. »Aber du musst noch ein bisschen warten. Ich muss mich erst darauf einstellen.«

Am darauffolgenden Wochenende unternahmen wir eine Fahrradtour zum Baggersee. Es war ein trüber Tag, Nebelschwaden standen über dem Wasser. Ich hatte einen Picknickkorb mitgenommen, und wir machten auf einer Decke am Ufer Rast. Wir tranken Wein und aßen unsere Brote, danach saßen wir nebeneinander und blickten aufs Wasser. Für mein Empfinden war es die perfekte Stimmung für einen Heiratsantrag.

»Romantisch, oder?«, fragte ich.

»Sehr.« Er rückte näher an mich heran und küsste mich auf die Wange.

Ich sah ihn so eindringlich an, wie ich konnte. Lächelnd erwiderte er meinen Blick, und ich war mir sicher, dass wir beide das Gleiche dachten.

»Meine Liebste«, flüsterte er, »gib mir noch etwas Zeit. Für mich ist es ja auch das erste Mal.«

Ich nickte. Ich konnte seine Anspannung spüren und merkte, dass ich mich noch gedulden musste. Es fiel mir unendlich schwer.

Und dann bekam ich ihn doch noch, meinen Antrag. Wir waren im Kino, in der James Bond-Persiflage *Casino Royale*. Danach gingen wir aus, tranken Martinis und tanzten zu *Ticket to Ride* von den Beatles und *Surfin'* von den Beach Boys. Ich hatte mich besonders hübsch gemacht, trug einen neuen schwarzen Minirock und Ballerinas, und zu Hause vor dem Spiegel hatte Franziska gesagt: »Bild dir jetzt nicht zu viel ein, Hilda, aber du siehst aus wie Natalie Wood in *West Side Story*. Wirklich, du bist wunderschön.«

An jenem Abend spürte ich, wie die Blicke der Männer auf mir ruhten, und ich genoss es. Hans ließ mich keine Sekunde aus den Augen, er umwarb mich und benahm sich ganz so, als habe er mich an diesem Abend erst kennengelernt und wolle mich mit aller Macht verführen. Und auch ich konnte den Blick nicht von ihm wenden. Zwei Wochen zuvor hatte er seine letzte Prüfung abgelegt. Er war nun Ingenieur und sollte bald in einer Firma in Norddeutschland anfangen, die Erntemaschinen herstellte. Ich war ebenfalls mit dem Studium fertig und wollte mir eine Stelle in seiner Nähe suchen.

Gegen ein Uhr machten wir uns auf den Heimweg. Hans fuhr einen todschicken grünen MG TF mit Ledersitzen, wie er ihn mir damals als Modellauto geschenkt hatte. Er wollte mich zu Hause absetzen und dann weiterfahren. Unterwegs kamen wir an einer Mühle vorbei, in der bis vor einigen Monaten ein pensionierter Lehrer mit seiner Frau gewohnt hatte. Das Gebäude stand inzwischen leer. Zu der Mühle gehörten ein großer Garten und ein dahinter liegendes Wäldchen, in dem wir schon manchmal spazieren gegangen waren. Ein Bach floss gleichmäßig über die Schaufeln des Mühlrades hinweg. Hans stellte das Auto ab und ging um den Wagen herum, um mir die Tür zu öffnen.

»Was hast du vor?«, fragte ich und ahnte es doch schon.

»Komm, lass uns den Mond anschauen«, sagte er, nahm meine Hand, und wir liefen in den Garten hinein, in dem sich schon die Feuchtigkeit der Nacht sammelte. Es war so dunkel, dass man die Umgebung nur erahnen konnte, denn der Mond und die meisten Sterne waren hinter einer Wolkendecke verborgen. Ich fröstelte ein bisschen, und Hans legte den Arm um mich. Es schien, als seien wir allein auf der Welt.

»Hilda«, fragte er leise, »wie stellst du dir das eigentlich vor, mit mir verheiratet zu sein?«

Normalerweise sprach er nicht über solche Dinge. Er war ein Mann, der Lösungen suchte; Gefühle und Träumereien hatten wenig Platz in seinem Leben.

»Wunderschön«, antwortete ich, »immer neben dir aufzuwachen und neben dir einzuschlafen, Kinder von dir zu bekommen und …« Ich hatte sagen wollen: »endlich mit dir zu schlafen«, doch ich traute mich nicht, diesen Gedanken auszusprechen.

»Wahrscheinlich weißt du sogar die Namen der Kinder schon«, sagte er und schmunzelte.

»Und du?« Ich wollte nicht, dass er mich neckte, ich wollte die Intensität des Augenblicks bewahren. »Wie stellst du dir das vor?«

»Schön und aufregend, interessant und lustig, gemütlich und sicher auch mal nervig.«

Ich sah ihn an und versuchte, in der Dunkelheit seinen Gesichtsausdruck zu lesen. Was er sagte, stimmte wahrscheinlich, aber es klang nicht so verklärt, wie es vor unserer Hochzeit hätte sein sollen. Wollte er mich nur necken oder war er ehrlich?

Er schwieg. Also fragte ich: »Ist das dein Ernst?«

»Natürlich.« Er klang ganz normal. »Hilda, wir sind doch nicht mehr siebzehn.«

»Stimmt.«

»Aber du wolltest trotzdem etwas anders hören, oder?«

Ich nickte. Ich konnte auf einmal nichts mehr sagen. Ich hatte tausend kitschige Bilder von einander bedingungslos Liebenden im Kopf und wusste doch, dass die Wirklichkeit anders aussah. Dennoch hätte ich so gern wenigstens ein Mal in meinem Leben einen solchen Moment erlebt, in dem einfach alles stimmte und der für die Ewigkeit gemacht schien – und wenn nicht beim Heiratsantrag, wann dann?

Hans begann leise zu sprechen, er flüsterte fast. »Ich kann das nicht so gut. Solche Sachen sagen. Aber ich kann mir nicht vorstellen, mit einer anderen Frau alt zu werden als mit dir, Hilda. Du bist der Mensch, mit dem ich leben will …« Er stockte, als suchte er nach Worten. »Ich vertraue dir, und ich will zu dir nach Hause kommen. Bei dir fühle ich mich aufgehoben. Ich liebe dich. Und ich kann mir nichts Schöneres vorstellen, als dein Mann zu werden. Heiratest du mich, Hilda?«

Die Tränen liefen mir über die Wangen. Ich war gerührt und froh zugleich; seine Worte waren genau das, was ich gebraucht hatte. Ich putzte mir die Nase, dann küssten wir uns, und schließlich sagte ich: »Das ist das Schönste, was ich in meinem ganzen Leben gehört habe, Hans.« Wir küssten uns wieder. »Natürlich heirate ich dich«, wisperte ich an seinem Ohr. »Ich kann dir gar nicht sagen, wie sehr ich mich darauf freue, endlich deine Frau zu sein.«

Aus Sparsamkeit und weil ich ihn schön fand, trug ich bei meiner Hochzeit Franziskas Schleier. Sie hatte zwei Jahre zuvor geheiratet. Dabei hätte ich gar nicht sparen müssen. Die Hochzeit wurde mit Pomp und großer Einladung gefeiert. Mein Vater war Landwirt, besaß den Hof, das Restaurant mit Café und war angesehen und beliebt. Meine Mutter war »nur« Hausfrau, aber eine wunderbare, warmherzige und gescheite Frau. Sie durfte in ihrer Jugend ein Jahr lang nach Bregenz ins Internat zu den Englischen Fräulein. Danach hätte sie gern studiert, aber das war damals nicht möglich, weil ihre Familie sehr abgelegen wohnte.

Auch meine Schwiegermutter stammte aus einer angesehenen Familie. Ihre Eltern waren stolze Großbauern, und die Familie von Hans' Vater besaß das Unternehmen. Vor einigen Jahren wurde sogar eine Straße nach der Familie benannt.

Materiell gesehen ging es uns also gut, wir hatten keine Sorgen. Heute denke ich oft daran, dass man sich mit Geld keine Gesundheit kaufen kann und kein langes Leben. Doch damals habe ich keinen Gedanken daran verschwendet und nur unser Glück genossen.

I. Teil

He was my North, my South, my East and West,
My working week and my Sunday rest,
My noon, my midnight, my talk, my song;
I thought that love would last forever: I was wrong.

Wystan Hugh Auden

September 1993, Frankfurter Flughafen.

»Ich geh mal eben auf die Toilette. Wartet ihr hier?«, fragt Hans.

»Klar. Wir bleiben mit dem Gepäckwagen hier stehen«, sage ich. Wir haben Christa, die mit einem Amerikaner verheiratet ist und inzwischen in New York lebt, besucht, und sind gerade wieder in Frankfurt gelandet. Nun haben wir das Gepäck vom Band gefischt und wollen durch den Zoll. Sophie, unsere jüngste Tochter, begleitet uns. Sie ist vierzehn und schon ein richtiger Teenager. Unsere ältere Tochter, Anna, ist fünfundzwanzig. Sie studiert in Freiburg und hatte keine Zeit, mitzukommen.

Auf einem so großen Flughafen wie diesem ist auch nachts viel los. Überall Menschen, schreiende Kinder, Sprachengewirr. Sophie und ich stehen vor der Herrentoilette und betrachten die vorbeieilenden Menschen. Wir sehen eine schwarzhäutige Frau, die ein großes Bündel auf dem Kopf trägt; einen Mann, der so stark schwitzt, dass sein Sakko unter den Achseln Schweißflecken hat; und zwei Polizisten mit Walkie-Talkie, die rennen und ziemlich aufgeregt wirken. Sophie ist begeistert, denn so etwas bekommt sie zu Hause in Bielefeld selten zu sehen.

»Was macht der Papa wohl so lang da drinnen?«, frage ich sie irgendwann. Wir warten bestimmt schon seit zehn Minuten.

»Keine Ahnung. Vielleicht hat er Durchfall? Oder er ruht sich ein bisschen aus nach dem anstrengenden Flug?«

Ich muss lachen. Sie ist noch jung, aber schon richtig witzig. Es ist ein subtiler Humor, wie ich ihn eher von Erwachsenen kenne, aber sie hatte ihn schon als Kind. Trocken, manchmal geradezu sarkastisch. Diese Art und ihre kleine, zarte Erscheinung finde ich ungewöhnlich und faszinierend, und Hans geht es ebenso. Als sie klein war, wollten wir sie immer beschützen, eben weil sie so zierlich war. Aber sie konnte sich immer durchsetzen, legte sich mit den größten Jungs an und musste auch einiges einstecken, weil sie frech war. Aber auch das trug sie mit Fassung, als verstünde sie, dass sie es übertrieben hatte. Ihr Lieblingsbuch war lange Zeit *Sophiechen und der Riese* von Roald Dahl, und ihre ganze Kindheit hindurch sprach sie von Menschen als von »menschlichen Leberwesen«, so wie der Riese die Menschen in dem Roman nennt. Sie war der festen Überzeugung, das sei der richtige Ausdruck, da half alles Reden nichts.

Und wenn Sophie erst einmal von etwas überzeugt ist, dann bleibt sie es. Jetzt, in der Pubertät, bekommt sie diese ausgeprägten Körperformen wie meine Schwester Christa und Hans' Mutter. Die Größe indessen hat sie von mir, sie ist nur ein paar Zentimeter größer als ich. Ich bin gespannt, was aus ihr werden wird.

Wir warten noch eine Weile, doch Hans lässt sich nicht blicken.

»Ich glaube, ich bitte jetzt mal jemanden, der herauskommt, nach ihm zu sehen«, sage ich.

»Gute Idee«, meint Sophie.

Der nächste Mann, der die Herrentoilette verlässt, hat dunkle Haut und graue Haare; dem Aussehen nach könnte er Inder sein. Ich gehe auf ihn zu, lächele ihn an und sage: *»Sorry, could you please look whether my husband is still in there? His name is Hans.«*

»Of course«, antwortet der Mann und verschwindet wieder in der Toilette. Kurz darauf kommt er wieder heraus und schüttelt den Kopf: *»No one in there, sorry.«*

»Thank you.«

»Das gibt's doch gar nicht«, sage ich zu Sophie, »ich glaube, ich gehe jetzt selber rein und gucke.«

Sie grinst, aber davon lasse ich mich nicht abhalten, schließlich ist sie in der Pubertät. Ich öffne die Tür und gehe hinein. An den Waschbecken steht niemand, an den Pissoirs auch nicht. Bleiben noch die Kabinen.

»Hans?«, rufe ich. »Hans? Bist du da drin?«

Keine Antwort.

Vielleicht ist er ja umgekippt und kann mir nicht antworten, denke ich. Ich bücke mich und blicke unter den Türschlitzen hindurch. Doch es ist niemand zu sehen. Also gehe ich wieder hinaus.

»Na so was. Wo ist er bloß hingelaufen?«, frage ich Sophie, aber die weiß es natürlich auch nicht. Vielleicht wollte er sich noch etwas kaufen und kommt gleich zurück, versuche ich mich zu beruhigen. Also warten wir weiter und schimpfen vor uns hin. Fragen uns, was das soll, uns hier einfach so stehen zu lassen. Einfach wegzulaufen! Irgendwann sind wir richtig verärgert, und schließlich beschleicht mich ein ungutes Gefühl. Wo kann er bloß sein? Hoffentlich ist ihm nichts passiert!

»Komm, Sophie, lass uns mal zum Mietwagenverleih gehen«, schlage ich vor, nachdem wir etwa eine halbe Stunde gewartet haben. Dort wollten wir nämlich hin, als Hans auf die Toilette musste. Also gehen wir mit dem Gepäck durch den Zoll, über die Laufbänder, durch die große Halle, bis zum Stand des Autoverleihers.

Und da steht Hans, als ob nichts gewesen wäre. Er sieht aus wie immer, und er gefällt mir immer noch, nach all den Jahren. Groß, lässig in seiner Lederjacke und der grauen Outdoor-Hose mit den vielen Taschen, die er so liebt – in seiner Freizeit genießt er es, keinen Anzug tragen zu müssen. Man sieht ihm seine dreiundfünfzig Jahre kaum an. Zwar sind seine Haare nicht mehr ganz dunkel, wie früher, sondern von vielen grauen Strähnchen durchzogen, und er hat ein paar Falten auf der Stirn und um die Augen. Aber auf mich wirkt er immer noch jugendlich und dynamisch. Neben ihm verblasst für mich jeder andere: dieser klare Blick, die dominante Ausstrahlung. Er ist ein Mann, der weiß, was er will, und es meistens auch bekommt.

»Wo wart ihr so lange?«, schimpft er, wie ein Chef, der seine unfähigen Mitarbeiter ausschimpft, und ich bin froh, dass ich seine Frau bin und nicht seine Angestellte. Hans ist tatsächlich Unternehmer, er hat die Erntemaschinen-Firma, bei der er damals in Norddeutschland angefangen hat, vor zehn

Jahren übernommen und führt sie erfolgreich. Ich selbst arbeite als Lehrerin an einer Grundschule und bin damit sehr zufrieden. Zurzeit bin ich Klassenlehrerin einer ersten Klasse, und mit den Eltern komme ich auch gut zurecht.

Ich schimpfe zurück: »Wieso bist du einfach weggelaufen und hast uns da warten lassen? Du kannst uns doch wohl Bescheid sagen, wenn du aus dem Klo kommst und wir dich nicht sehen. Wir standen doch direkt davor. Du kannst doch nicht einfach ohne uns gehen!«

Aber er schimpft immer weiter und sieht nicht, dass er irgendetwas falsch gemacht hat. Regt sich nur darüber auf, dass er so lange auf uns warten musste.

Ich bin wütend und doch froh, dass er wieder da ist. Er spinnt, schießt es mir durch den Kopf, das ist unverschämt, was er da gemacht hat: Er muss die Toilette recht schnell wieder verlassen haben und an uns vorbeigelaufen sein, während wir uns unterhielten und dachten, er wird uns schon sehen, wenn er herauskommt. Aber warum? Warum ist er nicht zu uns gekommen?

Am nächsten Tag spreche ich ihn noch einmal darauf an, denn ich bin immer noch verstört. Wir haben uns zwar im Laufe unserer Ehe immer wieder einmal gestritten – das ist ja ganz normal –, aber irgendwie haben wir danach jedes Mal schnell wieder zueinandergefunden. Hans und ich hatten eine so breite gemeinsame Basis, dass uns nichts wirklich auseinanderbringen konnte – wie zwei Magneten, die es sehr stark zueinander hinzieht. Und diese Sache am Flughafen befremdet mich sehr, lässt mir keine Ruhe, verunsichert mich. So kenne ich ihn nicht, meinen Hans. Dass er gar nicht das Bedürfnis zu haben scheint, über das, was vorgefallen ist, zu reden, irritiert mich. Wir haben uns immer wieder vertragen, wenn wir uns gestritten haben, wir waren einander ebenbürtig in der Auseinandersetzung. Und auf einmal – nichts. Er hat offensichtlich kein Bedürfnis, diese Sache klarzustellen. Das finde ich fast noch schlimmer als die Geschichte selbst. Ich habe auf einmal das beunruhigende Gefühl, etwas steht zwischen uns.

Als wir am folgenden Abend im Bett liegen, kuschele ich mich an ihn und frage: »Hans, was war da eigentlich los gestern am Flughafen?«

»Jetzt fang doch nicht schon wieder davon an«, sagt er und stöhnt auf.

Ich zucke zurück. Er ist so unversöhnlich!

»Mich belastet das aber«, sage ich.

»Du nervst.« Er dreht sich weg.

Als er schläft, weine ich in mein Kissen. Ich fühle mich kalt und klamm und einsam. Zum ersten Mal, seit wir verheiratet sind, haben wir unsere Regel gebrochen, dass wir nicht im Streit einschlafen wollen. Und als ob das nicht schon schlimm genug wäre, scheint ihm das noch nicht einmal aufzufallen.

Ich habe gar nicht gewusst, dass man im Rheingau so schöne Wanderungen machen kann. Ich habe immer gedacht, es geht nichts über die Alpen. Natürlich ist das Rheingau weniger spektakulär als die Alpen, aber dafür umso lieblicher. Und heute ist auch noch wunderschönes Wetter, ein richtiger Frühsommertag im Mai 1998. Wir besuchen Anna und Sebastian, die in Frankfurt leben, und sind ein bisschen hinausgefahren aus der Stadt, nach Eltville. Wir wandern zwei Stunden, essen im Kloster Eberbach zu Mittag und sehen uns die Ausstellung im Nebengebäude an. Als wir anschließend am Ausgang des Museums wieder alle aufeinandertreffen, fehlt Hans.

»Wo ist er denn schon wieder?«, fragt Anna. Sie kennt das schon. Seit einiger Zeit fährt Hans auf Fahrradtouren immer vor, läuft auf Wanderungen voraus und steht vom Kaffeetisch auf, sobald er seinen Kuchen gegessen hat. Als lege er keinen Wert darauf, sich zu unterhalten – ganz so, als sei er sich selbst genug. Dass er also allein durch die Ausstellung gegangen ist, hat niemanden von uns verwundert. Nur hat er sonst immer am Ausgang gewartet, meist mit einem gelangweilten Blick, der zu sagen schien: »Was macht ihr bloß so lang da drin?«

Heute jedoch ist er nicht da. Wir warten zehn, fünfzehn Minuten und schimpfen ein bisschen vor uns hin. Allerdings halten wir uns alle zurück mit dem, was wir sagen, da Sebastian ja sozusagen noch nicht richtig zur Familie gehört und Anna und ich Hans gegenüber loyal sein wollen. Sebastian selbst sagt ohnehin nichts Schlechtes über ihn – er mag Hans, das ist sehr deutlich zu spüren. Die beiden haben viel gemeinsam, beide sind Ingenieur (Sebastian ist sogar Wirtschaftsingenieur, das heißt, er hat Maschinenbau und danach auch noch BWL studiert) und sehr rational, beide sind sehr männliche Männer, die sich in der Geschäftswelt bestens zurechtfinden. Sebastian ist zwar kein selbständiger Unternehmer wie Hans, hat aber eine sehr gute Stelle als Einkäufer bei einem Automobilhersteller. Als Anna uns Sebastian vorstellte, habe ich abends im Bett zu Hans gesagt: »Ich glaube, du kannst stolz auf dich sein. Sie hat sich ja einen Mann ausgesucht, der genauso ist wie du.«

Er sah vom *Spiegel* auf, in dem er gelesen hatte, und wandte sich mir zu. »Quatsch«, wehrte er ab, »er ist jünger und hat Locken.«

»Na wenn das so ist …« Ich zog eine Augenbraue hoch, um ihm zu zeigen, dass ich das für Humbug hielt, und er lachte.

»Du meinst also, Anna findet mich toll?«, fragte er und küsste mich.

»Könnte sein, dass sie das tut«, antwortete ich. Mein Finger berührte die Stelle unter seiner Nase, die besonders kitzelig war, denn ich wollte ihn necken.

»Und meinst du, sie hat recht?« Er musste lachen und hielt den Finger fest.

»Ganz sicher. Du bist der …« Ich brach ab; es war ohnehin nicht mehr wichtig, denn Hans war offensichtlich im Moment nicht nach verbalen Liebeserklärungen. Was mir durchaus entgegenkam.

»Sollen wir mal zurück in die Ausstellung und noch mal nach ihm gucken?«, schlägt Anna vor und reißt mich aus meinen Gedanken.

Ich nicke, und wir kehren um. Doch auch in der Ausstellung ist Hans nicht, auch nicht im Restaurant oder auf der Toilette. Zu dritt suchen wir eine ganze Stunde nach ihm – umsonst.

»Was machen wir jetzt?«, fragt Sebastian schließlich.

»Ich weiß auch nicht«, sage ich, »im Prinzip können wir jetzt nur zum Auto zurückgehen und hoffen, dass wir ihn unterwegs treffen.«

»Dann machen wir es so«, entscheidet Anna, »es ist ja noch ganz schön weit, und sonst wird es womöglich noch dunkel, bevor wir beim Auto sind.«

Sie ist neben Hans die Pragmatische in unserer Familie. Sophie und ich lassen uns mehr durch unsere Gefühle leiten, wir sind weniger an beruflichem Erfolg denn an emotionaler Nähe zu anderen Menschen interessiert. Wenn wir uns zwischen Mann und Karriere entscheiden müssten, würden wir immer den Mann wählen. Nicht so Anna. Sie will beides, und nun, sie ist gerade dreißig geworden, sieht es so aus, als würde sie es auch bekommen. Sie ist schwanger, Sebastian wird demnächst die Stelle wechseln und nach Münster ziehen, sie wird in Elternzeit gehen, ihm nachfolgen und ihre Arbeit als Journalistin in Teilzeit von ihrem neuen Zuhause aus fortsetzen. Sie sind ein modernes Paar, das nach dem Motto lebt: Alles ist möglich, man muss es nur wirklich wollen. Auch äußerlich kommt Anna nach Hans, während Sophie ein dunkler Typ ist, genau wie ich. Anna ist dunkelblond, mit grünen Augen, groß und sehr schlank. Ich denke oft: Sophie ist wie ich und Anna ist wie Hans.

Und dann gehen wir tatsächlich zurück. Ich fühle mich schlecht dabei, sorgenvoll und als drittes Rad am Wagen, obwohl ich das nicht sollte, denn Anna und Sebastian nehmen mich in die Mitte und reden beruhigend auf mich ein. Dennoch fehlt mir Hans, mein Hans, mit dem ich schon so viele Wanderungen gemacht habe und der mir dabei stets nicht nur ein Partner, sondern auch ein guter Kamerad war. Wo steckt er nur? Was ist ihm zugestoßen?

Als wir nach einigen Minuten den nahe gelegenen Wald erreichen, sehen wir Hans dort an einer Koppel stehen, direkt an dem Balken, mit dem man die Koppel abriegeln kann. Er steht einfach da und rührt sich nicht.

Wir gehen zu ihm, ich spüre, wie die Aufregung in mir hochsteigt, und kann mich nur mühsam beherrschen, als ich vor ihm stehe: »Sag mal, spinnst du?«, frage ich in einem möglichst sachlichen Tonfall, »wir haben dich über eine Stunde lang gesucht, und du stehst einfach hier?«

»Wir haben uns hier verabredet«, behauptet er.

»So ein Quatsch! Wie kommst du denn darauf? Es ist doch klar, dass man am Ausgang der Ausstellung wartet, wenn man schon unbedingt vorlaufen will«, widerspreche ich, ich bin sehr erbost und rege mich wahnsinnig auf, auch wenn ich es mir nicht anmerken lasse. Das ist unverschämt, denke ich, wie kann er sich nur so aufführen?

Während es noch in mir brodelt, setzen wir den Rückweg zum Auto fort. Doch es dauert nicht lange, und Hans geht wieder vor. Ich folge ihm mit Sebastian und Anna, aber nach einigen Hundert Metern halte ich es nicht mehr aus und schließe zu ihm auf.

»Renn doch nicht immer so vor, Hans.«

Er schweigt.

»Komm, wir vertragen uns wieder.« Ich kann nie lange böse sein, und wenn schlechte Stimmung zwischen uns herrscht, finde ich das unerträglich.

»Von mir aus«, antwortet er. Mehr nicht. Ich nehme seine Hand und drücke sie. »Du machst mir Angst, Hans«, flüstere ich. Ich lehne mich im Gehen ein bisschen an ihn an und wünsche mir nichts sehnlicher, als dass er den Arm um mich legt und irgendetwas Tröstliches sagt. Aber er geht einfach nur weiter, und aus lauter Verzweiflung fange ich eine unverbindliche Plauderei an. Er hört mir nicht zu, wie immer in letzter Zeit. Früher war das mal anders, denke ich, aber so richtig verzweifelt bin ich nicht deswegen. Die Veränderung kam so langsam, dass ich Zeit hatte, mich daran zu gewöhnen.

Abends im Bett mache ich noch einmal einen Versuch. Ich nehme seine Hand und streichle sie, während er ein Buch liest. Das bedeutet bei uns: Hallo, ich bin noch wach und will mit dir reden oder schmusen. Aber heute reagiert er gar nicht. Er liest einfach weiter – so, als gebe es mich gar nicht. Ich bin verwirrt, ich verstehe ihn nicht und fühle mich unendlich weit von ihm entfernt. Hilflos blicke ich ihn an und versuche zu verstehen, was in dem Mann vorgeht, der mir so vertraut ist und der sich äußerlich in nichts von dem Hans unterscheidet, den ich seit fast fünfunddreißig Jahren liebe. Was mit diesem schönen, immer noch athletischen Mann mit seinen ernst blickenden grünen Augen geschieht, die nun über die Seiten des Buches huschen. Ich betrachte seine gerade Nase, die feingliedrigen Hände, das schmale Gesicht, auf dem am Abend immer ein leichter Bartschatten liegt. Ich weiß, wie es sich anfühlt, wenn man dann über seine Wangen streicht, aber heute werde ich es nicht mehr spüren, das steht fest.

Die Bilder von damals, nach dem Streit im Flughafen, steigen in mir hoch. Ich sehe mich, wie ich an dem Abend weinend neben Hans im Bett liege, und die Tränen schießen mir in die Augen. Was passiert mit uns?, frage ich mich, doch ich finde keine Antwort.

Ein halbes Jahr später, im Januar 1999, besuchen uns Sebastians Eltern zum ersten Mal. Annas zukünftige Schwiegereltern. Hans und ich freuen uns auf sie, wir haben schon viel von ihnen gehört und gehen davon aus, dass wir uns gut mit ihnen verstehen werden.

»Was soll ich anziehen?«, hat Hans mich heute Morgen, als ich ins Bad kam, gefragt. Diese Frage war lange Zeit ein Anlass zum Scherzen zwischen uns. Ein Jahr vor unserer Hochzeit war er, obwohl ich ihn gewarnt hatte, einmal sorglos und unbekümmert in Jeans und T-Shirt zum Geburtstag meiner Mutter erschienen, und alle hatten sich damals indigniert gefragt, ob dieser gut aussehende und anscheinend ein wenig zu lässige Mann der richtige Umgang für mich sei. Mir war es damals zwar peinlich gewesen, aber ich hatte ihn auch dafür bewundert. Seitdem zieht er mich gern damit auf.

»Jeans und T-Shirt?«, schlug ich also vor, wie immer, wohl wissend, dass er sehr gut selbst in der Lage war, sich die passenden Sachen für die Begegnung mit Annemarie und Horst herauszusuchen.

Hans sah mich irritiert an, ging zum Kleiderschrank und blieb unschlüssig davor stehen. Ungläubig folgte ich ihm mit dem Blick. Er zögerte, schaute zu mir herüber, Hilfe suchend, wie mir schien. Mich fröstelte.

»Vielleicht das blaue Hemd mit der beigen Hose?«, schlug ich vor, es rutschte mir heraus, weil ich wollte, dass er aufhörte, sich so seltsam zu verhalten.

Er nickte, und ich ging duschen. Unter der Dusche beschloss ich, dass ich mir alles nur eingebildet haben musste. Hans hatte reagiert wie immer. Und wenn er jetzt tatsächlich das blaue Hemd mit der beigen Hose anziehen würde, dann um mir einen Gefallen zu tun. Nicht mehr.

Annemarie und Horst kommen pünktlich um drei Uhr und wirken gleich auf den ersten Blick sehr sympathisch: zurückhaltend, natürlich und herzlich. Sie sind ein bisschen älter als Hans und ich – Horst hat schon ganz weiße Haare, die von Annemarie sind kurz und grau. Beide haben ihrer Kleidung eine leicht festliche Note gegeben: Sie trägt einen blauen Faltenrock, eine weiße Bluse und um den Hals ein handbemaltes Seidentuch, er eine graue Bundfaltenhose und ein weißes Hemd unter einem dunkelblauen Pullunder. Ich habe Kaffee gekocht und zwei Kuchen gebacken: einen Zwetschgenkuchen aus aufgetauten Zwetschgen und eine Himbeertarte aus aufgetauten Himbeeren mit einem Boden aus feinem Mürbteig. Sebastian und Anna haben in aller Eile den Tisch gedeckt; wir hatten uns verspätet, weil ich die beiden zuvor draußen im Garten fotografiert habe. Sie wollten ein Foto von sich mit auf ihre Hochzeitseinladung drucken lassen und hatten keins, das ihnen gefiel. Sie sind ein schönes Paar: Er ist groß und schlank, mit braunen Locken, Nickelbrille, Lachfältchen und einem hinreißenden Lachen; sie wirkt ernster und vorsichtiger, ist nur ein bisschen kleiner als er und macht einen sehr zerbrechlichen Eindruck, obwohl sie in Wirklichkeit äußerst durchsetzungsstark und zielstrebig ist. Ich habe ein Bild von ihnen gemacht, wie sie nebeneinander auf ihren Fahrrädern sitzen und sehr glücklich aussehen.

Jetzt sitzen wir alle zusammen am Kaffeetisch – alle bis auf Hans. Keine Ahnung, wo er wieder ist. Er weiß ja, dass wir jetzt Kaffee trinken wollen. Wir warten eine Weile und fangen schließlich ohne ihn an. Er wird schon noch kommen, denke ich, aber unhöflich ist es schon. Wo die beiden doch das erste Mal hier sind und so ausnehmend höflich und zuvorkommend sind. Sie loben den Kuchen, die Einrichtung und die Terrakottafliesen und sind begeistert von unserem Haus, das in meinen Augen eigentlich ganz normal aussieht: beiger Klinker, Eternitdach und Holzfenster. Annemarie erzählt von ihrer früheren Arbeit als Krankenschwester, Horst war Chemiker, und wir diskutieren darüber, welche Vorteile die biologische Landwirtschaft hat, wobei wir ziemlich gegensätzliche Standpunkte vertreten: Ich kaufe praktisch alles im Bioladen, weil ich davon überzeugt bin, dass die Sachen aus dem Supermarkt oder aus dem Discount ungesund sind, Horst hingegen meint, dass man genauso alt wird, wenn man sein Leben lang bei Aldi einkauft. Wir sind zwar unterschiedlicher Meinung, aber dennoch ist die Stimmung sehr entspannt.

Irgendwann höre ich, wie jemand die Haustür öffnet, und kurze Zeit später stürmt Hans wütend ins Esszimmer. Er hat tatsächlich das blaue Hemd und die beige Hose angezogen.

»Was fällt euch ein, die Fahrräder einfach so vor der Garage stehen zu lassen«, blafft er Anna und Sebastian an. »Wenn ihr die nicht sofort wegräumt, fahre ich sie über den Haufen!«

Wir starren ihn alle sprachlos an, und ich verschlucke mich fast an meinem Kuchen. Es ist eine der peinlichsten Situationen in meinem Leben: Weder hat er Annemarie und Horst – die er heute ebenso wie ich zum allerersten Mal sieht – Guten

Tag gesagt, noch hat er sich dafür entschuldigt, dass er zu spät gekommen ist, und er hat Sebastian und Anna aufs Unmöglichste angefahren.

»Hans, das hat doch Zeit bis nach dem Kaffee, nun setz dich doch erst mal – Annemarie, Horst, das ist Hans«, sage ich dennoch mit ruhiger Stimme.

Er setzt sich hin, ohne seinen verärgerten Gesichtsausdruck abzulegen, und streift Annemarie und Horst nur mit einem schnellen Blick. Mürrisch sitzt er am Tisch und lässt sich von mir ein Stück Himbeertarte auf den Teller geben. Annemarie gießt ihm Kaffee ein, und da von ihm kein Wort zu erwarten ist, versuche ich, unser Gespräch von vorhin wiederaufzunehmen. Leider ist mir ganz entfallen, worüber wir geredet haben – ich bin viel zu durcheinander und schäme mich so sehr. Wie kann es sein, dass dieser Mann, der heute Morgen noch fröhlich unser Spiel mit mir gespielt hat, nun wie verwandelt ist? Auch Annemarie und Horst sagen kein Wort. Sie sind vermutlich eingeschüchtert und denken, es liege an ihnen, dass Hans sich so aufführt. Und Anna und Sebastian kommt es offensichtlich nicht in den Sinn, die Situation zu entspannen, indem sie so tun, als sei nichts passiert. Man kann ihnen ansehen, dass sie am liebsten woanders wären.

Ich fange fast an zu weinen, ich fühle mich gedemütigt. Sebastian kennt Hans ja nun schon ein bisschen, aber Annemarie und Horst müssen denken, ich sei mit einem Ungeheuer verheiratet. Wahrscheinlich vermuten sie nun, dass er mich auch schlägt, oder sie fragen sich zumindest, warum wir verheiratet sind. Das täte ich an ihrer Stelle auch. Ich kann diesen Gedanken nur schwer ertragen – dass sie denken müssen, ich sei unglücklich mit Hans. Denn das bin ich nicht, das war ich nie, nein. Aber nun muss es so aussehen, und das bringt mich fast um. Ich versuche tief durchzuatmen, es von mir abzuschütteln. Aber meine Brust ist schwer wie Blei. Als laste die ganz Verantwortung für Hans' unsägliches Verhalten auf mir. Nein, denke ich, was hier passiert – dieses Bild, das wir abgeben –, wird Hans und mir, unserer Vergangenheit, nicht gerecht.

Grabesstille herrscht am Tisch. Nur Hans isst seine Tarte, als wären wir alle taubstumm und als wäre unser Schweigen normal. Wut auf ihn steigt in mir hoch, eine Wut von solcher Macht, wie ich sie lange nicht mehr gespürt habe. Wie kann er nur!

Irgendwann bemerkt Annemarie: »Du hast einen wunderschönen Garten, Hilda. Das sieht man sogar im Winter.«

Noch bevor ich antworten kann, legt Hans die Gabel hin und steht auf.

»Wo willst du denn hin, Hans?«, frage ich und spüre, dass ich rot werde. Es ist so furchtbar peinlich, am liebsten würde ich im Boden versinken. Dieser Mann bringt mich noch um den Verstand.

»Ich fahr noch ein bisschen mit dem Oldtimer.«

Und weg ist er.

Wir blicken uns sprachlos an.

Fünf Tage später geschieht noch etwas Ungewöhnliches: Es ist Samstagvormittag, und ich bereite gerade eine Lasagne für das Mittagessen vor, als das Telefon klingelt. Meine Schwiegermutter ist dran. »Ich stehe hier seit einer Stunde vor dem Supermarkt, und Hans kommt nicht«, beschwert sie sich. »Ich bin jetzt in einer Telefonzelle. Ist ihm vielleicht was passiert?«

Samstags fährt er sie immer zum Einkaufen, weil sie keinen Führerschein hat und sich dann für die ganze Woche mit allem Notwendigen eindeckt. Er setzt sie ab, erledigt dann noch das eine oder andere und holt sie nach einer halben Stunde wieder ab. Es ist aber mehr als nur eine Gefälligkeit, es ist auch ein Zeichen: Ich, dein ältester Sohn, bin für dich da, wenn du mich brauchst. Dass er heute schneller wieder zurück war als sonst, habe ich gar nicht bemerkt.

»Nein«, antworte ich, »er sitzt hier ganz gemütlich im Wohnzimmer und liest den *Spiegel*. Ich schick ihn dir gleich.«

Ich lege auf, gehe ins Wohnzimmer und sage: »Hans, deine Mutter wartet im Supermarkt auf dich. Willst du sie nicht abholen?«

Er springt auf und ruft: »Hab ich glatt vergessen!«

Kopfschüttelnd gehe ich wieder in die Küche, um weiterzukochen. Am Wochenende bereite ich öfter aufwendigere Gerichte zu, weil ich unter der Woche nicht dazu komme: Wenn ich aus der Schule komme, ist es immer schon so spät, dass ich meistens nur noch ein Stück Fleisch in die Pfanne werfe, einen frischen Salat zubereite und währenddessen schnell ein paar Beilagen aufwärme, die ich am Abend zuvor vorbereitet habe.

Während ich Hans aus dem Haus stürmen höre und die Tomaten für die Sauce häute, denke ich darüber nach, wie milde seine Mutter in den letzten Jahren geworden ist. Reizend zu den Kindern, voll Bewunderung für mich und für meine fürsorgliche Art, zurückhaltend und freundlich. Früher hingegen hielt sie alles, was ich tat, für falsch: wie ich die Kinder erzog, wie ich mich kleidete, was ich kochte, welche Freundinnen ich hatte …

Als ich Hans das nächste Mal sehe und die Lasagne schon fast kalt geworden ist, steht er mit einer blutenden Kopfwunde in der Tür.

»Gib mir mal einen Lappen«, fordert er mich auf, während er das Blut mit einer Hand zu stillen versucht. Ich laufe zum Medizinschrank und hole Verbandszeug. »Was ist passiert?«, frage ich aufgeregt.

»Er hat das elektrische Garagentor nicht gesehen und ist voll reingefahren, als es sich geschlossen hat«, erklärt Sophie, die dazugekommen ist. Sie wohnt noch zu Hause, macht gerade eine Ausbildung zur Physiotherapeutin und ist anscheinend gerade von einer Mitschülerin zurückgekommen, mit der sie sich zum Lernen verabredet hatte. »Ich hab noch gewunken und ›Halt!‹ gerufen, aber er hat mich gar nicht beachtet. Die ganze Windschutzscheibe ist kaputt, und dann hat's ihn am Kopf erwischt.«

»O Gott«, rufe ich aus, »das ist ja schrecklich. Vielleicht sollten wir zum Arzt?«

»Nein, nein, es geht schon«, wehrt Hans ab.

»Wie konnte denn das passieren? Hast du nicht gesehen, dass das Tor runterkam?«, frage ich.

»Das konnte man nicht sehen, die Sonne stand direkt gegenüber, Sophie hätte mir ein Zeichen geben müssen.«

»Sie hat dir doch gewunken!«

»Ja, aber nur ganz zaghaft. Das war kein eindeutiges Zeichen, und dann das Gegenlicht …«

Komisch, denke ich, aber dann verfolge ich den Gedanken nicht weiter, sondern versorge seine Wunde.

Abends im Bett komme ich noch einmal auf die Sache zurück, doch Hans weigert sich, darüber zu reden, und spielt den Vorfall herunter. Ich reime es mir schließlich so zusammen: Eigentlich hätte er das Tor sehen müssen, aber er ist zu schnell gefahren. Und als er es schließlich bemerkte, war es zu spät.

Heute heiraten Sebastian und Anna. Es ist ein großes Fest mit mehr als hundert Gästen, das in einem Viersternehotel in Bielefeld stattfindet. Wir feiern in einem großen Ballsaal. In einem Teil stehen runde Tische für jeweils zehn bis zwölf Personen, im anderen Teil ist die Tanzfläche. Anna sieht hinreißend aus in ihrem schmalen weißen Brautkleid und mit den hochgesteckten Haaren, und auch Sebastian macht eine gute Figur: Er trägt einen schwarzen Dreiteiler, den er sich für diesen Anlass gekauft hat, und seine verliebten Blicke auf Anna tun ein Übriges, damit ich ihn ganz und gar umwerfend finde. Auch Hans trägt auf meinen Wunsch einen schwarzen Dreiteiler, und ich selbst habe mich für ein grün schillerndes Dirndl aus Rohseide mit rosafarbener Schürze entschieden. Zuerst dachte ich, ich sei zu alt dafür, als ich es im letzten Urlaub in einem Laden in München anprobiert habe. Doch Anna, die dabei war, hat mir so überzeugend zugeredet, dass ich es schließlich gekauft habe. Sie hat gesagt: »Mama, jetzt gönn dir doch auch mal was. Du siehst irre gut aus damit, du kannst solche knalligen Farben total gut tragen. Du brauchst so was. Weil du so ein dunkler Typ bist. Und deine Taille ist sowieso astrein.«

Ich musste lachen, weil sie so dick auftrug, und gab zu bedenken: »Aber wenn mich dann jemand von hinten sieht und denkt, ich wär eine junge Frau, und dann drehe ich mich um und bin schon fast sechzig – was ist dann?«

»Nichts. Was soll schon sein? Dann denkt derjenige eben: Sie ist schon fast sechzig und sieht immer noch gut aus!

Das und die Worte der Verkäuferin, die ins selbe Horn stieß und dabei unermüdlich beteuerte, dass sie das alles ganz ehrlich meine, haben mich schließlich überzeugt. Die Hochzeit von Anna und Sebastian aber scheint mir nun der perfekte Anlass, das Kleid zum ersten Mal zu tragen. An den Blicken der Hochzeitsgäste, die mich als Brautmutter begrüßen, kann ich ablesen, dass ich wirklich ganz gut darin auszusehen scheine.

Nach einem Sektempfang nehmen die Gäste an den runden Tischen Platz, und das Essen beginnt. Hans und ich haben unseren Auftritt zwischen Suppe und Hauptgang. Wir haben eine Rede vorbereitet. Das heißt, ich habe die Rede allein ausgesucht, aber wir reden immer abwechselnd, damit er nicht wieder behauptet, ich hätte ein Lehrersyndrom. Ich will ihn wenigstens an diesem Abend miteinbeziehen, wo ich doch schon in den letzten Monaten alles allein organisieren musste, weil er nie Lust hatte.

Immer mehr Aufgaben in unserem Alltag habe ich übernommen, immer öfter musste ich ihm sagen, was er tun sollte. Unser Zusammenleben hat sich sehr verändert. Als wir geheiratet haben, war es eher umgekehrt. Doch jetzt – Ende 1999 – bin ich es, die das Heft in der Hand hält. Und er lässt es zu. Das wäre früher undenkbar gewesen. Wir werden eben beide älter, der Mensch verändert sich im Laufe seines Lebens. Hans ist viel ruhiger geworden in der letzten Zeit. Ich finde das schade, ich bin traurig darüber. Wenn das so weitergeht, wird das nicht lustig im Alter, denke ich in letzter Zeit manchmal.

Es ist aber auch nicht so, dass er alles widerspruchslos hinnähme. Er hat oft etwas auszusetzen an dem, was ich sage oder tue, und nörgelt dann an mir herum. So ganz verstehe ich es nicht. Für eine Midlife-Crisis ist er eigentlich zu alt. Aber vielleicht hat er ja Stress im Betrieb. Jedenfalls stehen wir nun beide auf, um die Rede zu halten. Ich beginne:

»Liebe Anna, lieber Sebastian, liebe Hochzeitsgäste, schön, dass ihr da seid und mit uns feiert. Feiern wollen wir vor allem euch beide, Anna und Sebastian, aber auch eure Anwesenheit, liebe Gäste, denn was ist die schönste Hochzeit wert, wenn man keine Familie und keine Freunde hat, mit denen man teilen und feiern kann.«

Nun ist Hans an der Reihe: »Hilda und ich wollen ein altes indisches Märchen vorlesen, das der Schriftsteller Ludwig Fulda, der übrigens 1862 in Frankfurt geboren wurde, in Verse gekleidet hat.«

Das Gedicht, das wir vortragen, heißt: »Die Erschaffung des Weibes«, wir lesen immer abwechselnd, jeder einen Absatz. Es handelt von dem indischen Gott Brahma, der darüber nachsinnt, wie er das ideale Weib schaffen soll, nachdem er alle »straffen Elemente« schon verbraucht hat, um den Mann zu erschaffen. Er kommt dann zu dem Schluss, das Weib aus allerlei anderen irdischen Dingen zu formen, unter anderem aus Blumen, Rehen, Glut, Wind, Diamanten, Früchten, Taubengegurr, Furchtsamkeit, Eitelkeit, Gezitter, Flitter, Plappermund, Wellenleib, und »des Tigers Grausamkeit«, wie Hans mit monotoner Stimme vorträgt, wobei er sich konsequent über die Regieanweisungen hinwegsetzt, die ich an den Rand geschrieben habe. Ich bemühe mich, seinen mangelnden Einsatz wettzumachen, und betone dafür umso mehr, wenn ich an der Reihe bin. Aber insgeheim ärgere ich mich über ihn. Hans trägt jetzt die Stelle vor, an der der Mann sich bei Brahma über das Weib beschwert, das er ihm zur Seite gestellt hat, und diesen auffordert: »Nimm's zurück!«

Bei Hans hören sich diese Worte so emotionslos an und so sehr nach einer Fußnote, dass ich fürchte, die Leute verstehen überhaupt nicht, dass dies eine zentrale Stelle des Textes ist.

Nun bin ich wieder dran, und ich lasse den Mann eine Woche später schon wieder bei Brahma vorsprechen und ihn scheu und benommen – als sei es ihm selbst unverständlich –

bitten: »Brahma, gib das Weib mir wieder, meines Lebens Lust und Licht!«

Brahma gibt dem Mann das Weib also wieder zurück, doch kaum hat der es wieder, spricht er schon wieder bei seinem Gott vor, und Hans leiert die verzweifelten Worte des Mannes herunter, in denen dieser das Weib wieder loswerden will und Brahma anfleht, ihn für immer von ihr zu erlösen. Ich bin froh, dass ich nun wieder an der Reihe bin, und donnere als Brahma voller Inbrunst zurück: Der Mann soll sich zum Teufel scheren mit seinem ganzen Hin und Her. Und als der Mann dann geht, seufzt er: »Nicht entrinnen werd ich meinem Untergang. Was du mir heraufbeschworen, durch das Weib, verschmerz ich nie, beide Mal bin ich verloren – mit ihr oder ohne sie.«

»Liebe Anna, lieber Sebastian«, leite ich dann zum nächsten Teil unseres Vortrags über, »wir wünschen Euch, dass es Euch anders ergeht als dem Paar in diesem Märchen. Wir wünschen Euch, dass ihr einander nicht überdrüssig werdet und trotz aller Krisen, die ihr sicherlich auch zu meistern haben werdet, einander nicht zurückgeben möchtet.«

Und dann ruft Hans einfach »Prost«! in den Saal hinein.

»Hans«, flüstere ich, »wir waren doch noch gar nicht fertig.«

Auf unserem Zettel stehen noch eine ganze Reihe sehr persönlicher Worte, die wir im Anschluss an dieses Märchen sagen wollten. Ich habe mehrere Abende damit verbracht, sie aufzuschreiben. Ganz am Ende der Rede hatte ich dann tatsächlich vorgesehen, dass Hans sagen sollte: »Nun wollen wir noch auf das Brautpaar anstoßen. Zum Wohl!« Aber jetzt noch nicht.

Doch nun ist es zu spät. Ich rufe also in den Saal hinein: »Nun wollen wir noch auf das Brautpaar anstoßen. Zum Wohl!«

Und dann heben die Leute, die eben doch ein wenig irritiert geschaut haben, ihre Gläser, und die Feier geht weiter. Äußerlich lasse ich mir nichts anmerken, aber ich wundere mich über Hans. Komisch, denke ich, warum hat er das nicht gleich so vorgelesen? Es steht da doch schwarz auf weiß. Wie peinlich! Einfach so »Prost!« in den Saal zu rufen. Vielleicht hatte er so eine Art Aussetzer. Er war wohl sehr aufgeregt. Es sind ja auch viele Leute da, und er hat schon länger nicht mehr vor so vielen Menschen gesprochen.

Wenn ich es mir genau überlege, ist er in letzter Zeit auch ein bisschen menschenscheu geworden. Die Szene mit Annemarie und Horst – oder neulich, als Franziska und ihr Mann Rolf zu Besuch waren. Ihnen gegenüber hat er sich ekelhaft verhalten. Er benahm sich genauso wie zuvor bei Annemarie und Horst: Steht nach dem Essen einfach vom Tisch auf, setzt sich in seinen Sessel und liest den *Spiegel*, während wir noch nicht einmal unsere Gläser leer getrunken haben. Das war sehr unhöflich – so oft sehen wir sie ja wirklich nicht. Die beiden wären am liebsten wieder abgereist. Komisch ist das.

Während des Essens spielt ein Pianist, und zwischen den einzelnen Gängen gibt es verschiedene Darbietungen. Nach dem Käse hat Hans' jüngster Bruder Gregor, der Lehrer und ein begnadeter Laienschauspieler ist, seinen Auftritt. Er sorgt für wahre Begeisterungsstürme mit einer Diashow über Annas frühe Wunschzettel an ihn. Nach einigen einleitenden Worten, in denen er über Annas erste Schreibversuche spricht, legt er eine Folie auf, auf der einer ihrer ersten Briefe an ihn abgebildet ist. Er lautet: »LIEBER GREGOA·HAST DU SON VIEL GELD WEN DU VIEL GELD HAST HAST DU DAN AUH 1000 MARK? DAS MÖHTE ICH MAL WISSEN«

»Sie selbst scheint sehr schnell gespürt zu haben, dass diese Frage vielleicht etwas zu forsch war und auf ihren Onkel demütigend wirken könnte – befand er sich doch zu diesem Zeitpunkt in finanziell noch nicht gesicherten Verhältnissen«, fährt Gregor fort. »Einfühlsam – im wahrsten Sinne mit-leidend schränkt sie daher wenig später ein – und zwar im Kontext eines Wunschzettels für das Weihnachtsfest …«

Er legt eine neue Folie auf.

»Du musst mir aber nichts schenken. Nur wenn du willst. Und es mus auch nicht alles sein. Nur so, zur Auswahl. und fals du nichts anderes weißt.«

»Aufmunternd und in entwaffnender Offenheit«, so Gregor, »fügt sie hinzu: ›Aber ich schenke dir was zu Weihnachten!‹ Und – wie um ihr Vorhaben zu bekräftigen – schließt sie mit der Gebetsformel: ›Amen!‹«

Die ersten Lacher sind zu hören, doch Gregor ist erst am Anfang. Wunschzettel um Wunschzettel zieht er hervor, jeden hat er als Folie vorbereitet, kommentiert Annas mal mehr, mal weniger diplomatisch vorgetragene Wünsche mit Ironie und viel Witz und reißt die Gäste zu wahren Lachsalven hin.

Als Letztes ist ein Freund von Anna an der Reihe, er ist Fotograf und hat ebenfalls eine Diashow vorbereitet. Allerdings sind seine Fotografien so abstrakt und modern, dass kaum jemand versteht, was er uns eigentlich damit sagen will.

Nach der Feier, als wir zu Hause im Bad stehen und uns bettfertig machen, frage ich: »Hans, was war eigentlich los mit dir heute?«

»Ich weiß nicht, was du meinst«, antwortet er.

»Du bist so komisch in letzter Zeit, so ruppig und menschenscheu«, sage ich vorsichtig, während ich zart über seinen Arm streiche, »und dann hast du auch noch bei der Rede so einen Aussetzer gehabt. Ich mache mir Sorgen, dass irgendwas sein könnte mit dir.«

Früher hätte Hans verstanden, dass dies kein Vorwurf sein sollte, doch jetzt reagiert er äußerst schroff: »Lass mich in Ruhe. Ich bin müde und will schlafen. Das bildest du dir alles nur ein.«

Ich bin sprachlos. So rüde hat er mich bisher selten behandelt. Meine Sorge und Zuneigung verflüchtigen sich, in mir entsteht eine kalte Wut, wie ich sie bisher nicht gekannt habe. Ich habe es nicht verdient, dass er mich so abfertigt, denke ich. Während ich ins Bett krieche und daran denke, dass ich nur noch eine kurze Nacht vor mir habe – es ist schon vier Uhr morgens –, verändert sich mein Empfinden schon wieder. Meine Wut wird zu Trauer. Wie gern würde ich mich jetzt an Hans kuscheln und an ihn geschmiegt einschlafen. Das ist der Tag, an dem unsere älteste Tochter heiratet, ein Tag der Liebe! Doch statt mich zu umarmen, schlüpft Hans wortlos unter seine Decke und wendet sich von mir ab. Meine Kehle wird eng, ich spüre die Tränen und blinzele sie weg. Schlaf ein, Hilda, denke ich, morgen sieht alles anders aus. Doch es gelingt mir nicht. Ich höre die Kirchturmuhr halb fünf schlagen, dann fünf. Als ich am nächsten Morgen aufwache, bin ich wie gerädert. Ich schiebe es auf den Alkohol, den ich getrunken habe. Jeder andere Gedanke tut zu weh.

Hans hat sich vor einigen Jahren einen Oldtimer gekauft, einen TR 3. Er ist in einem schlechten Zustand, aber Hans hat ihn in der Garage auseinandergeschraubt und setzt ihn jetzt Schraube für Schraube wieder zusammen. Ich muss meinen Golf deswegen seit Monaten auf der Straße parken. Aber das macht mir nichts aus. Hauptsache, er hat Spaß.

Wenn ein Teil ersetzt werden muss, bestellt Hans es bei einem Ersatzteilhändler und baut es eigenhändig ein. Sollte ihm das einmal nicht gelingen, führt eine Werkstatt seines Vertrauens hier in der Stadt die Reparaturen aus. Aber das ist selten der Fall, meistens kommt er allein klar. Heute Morgen ist er, noch während wir bei unserem sonntäglichen Brunch saßen, den wir früher immer stundenlang ausgedehnt haben, aufgestanden und in der Garage verschwunden. Er hat mich einfach allein mit der Zeitung am Tisch sitzen lassen. Da Sophie gestern auf einer Party war, wird sie nicht vor zwölf Uhr aufstehen, und so blättere ich ein wenig enttäuscht das Feuilleton durch, bis ich an einem spannenden Artikel über das Werk der in den Siebzigerjahren verstorbenen jüdischen Schriftstellerin und Nobelpreisträgerin Nelly Sachs hängen bleibe. Ich interessiere mich sehr für Literatur und liebe die Gedichte von Nelly Sachs. Auch Prosa mag ich. Anna bringt mir oft Bücher der neuesten deutschsprachigen Literatur – ich lese zum Beispiel Karen Duve, Thommie Bayer, Thomas Glavinic oder Daniel Glattauer.

Als ich von dem Artikel über Nelly Sachs aufblicke, sehe ich durchs Fenster, wie Hans aus der Garage kommt und über den Hof läuft. Er hält irgendetwas in der Hand und sieht sehr verärgert aus. Als er ins Haus kommt, ruft er: »Jetzt hat der Brüggemann mir zum dritten Mal das falsche Teil geschickt!« Er kommt in die Küche und hält ein Ersatzteil in der Hand. »Das muss ich schon wieder zurückschicken.«

»Zum dritten Mal? Ein und dasselbe Teil?«, frage ich. »Das gibt's doch gar nicht.« Ich erinnere mich an die anderen beiden Male, es war immer ein Riesenaufwand, die Teile einzubauen, auszubauen und wieder zurückzuschicken, und Hans hat sich jedes Mal sehr geärgert. Er selbst ist äußerst akkurat und zuverlässig, geradezu pedantisch manchmal, und so erscheint ihm die Schusseligkeit dieses Lieferanten als echte Zumutung.

»Was soll ich machen? Man kann es nicht einbauen. Es passt einfach nicht! So ein Saftladen!«, schimpft er.

»Wahrscheinlich passen die halt nicht auf in dem Laden«, sage ich, doch er hört mich nicht mehr, weil er schon wieder auf dem Weg in die Garage ist. Ich blicke ihm nach und frage mich, warum er mich immer mehr aus seinem Leben drängt. Er teilt seine Gedanken fast gar nicht mehr mit mir, und wir reden auch nicht mehr darüber, was wir empfinden. Wir entfremden uns voneinander. Und ihm scheint das nicht einmal bewusst zu sein.

Gestern, am 13. Januar 2001, ist meine Schwiegermutter gestorben, völlig unerwartet. Sie ist einfach umgekippt, auf der Treppe zu der Wohnung, in der sie lebt, seit wir in einen Vorort von Bielefeld gezogen sind. Gott sei Dank war ich dabei, ich hatte sie gerade heimgebracht und war noch die Treppe bis zu ihrer Wohnung mit hochgekommen, um sie sicher zu Hause zu wissen. Ich habe den Notarzt gerufen, er hat ihr die Kleider aufgeschnitten, damit sie besser Luft bekam. Anschließend wurde sie mit Blaulicht ins Krankenhaus gefahren, wo man sie sofort auf die Intensivstation brachte. Die Diagnose lautete »Bauchaortenaneurysma« – eine Hauptschlagader in ihrem Bauch war gerissen, weil sie zu sehr »ausgeleiert« gewesen war. Man konnte nichts mehr machen, man konnte sie nur noch schmerzfrei sterben lassen. Sie kam vor ihrem Tod nicht mehr zu sich – in einem Moment war sie noch ganz klar und gesund, im nächsten Moment war sie bewusstlos, und in der Nacht ist sie dann gestorben. Es war eine Sache von wenigen Stunden. Eigentlich ein schöner Tod. So, wie man es sich vielleicht wünscht.

Ich war die ganze Zeit bei ihr. Bin im Notarztwagen mitgefahren und saß an ihrem Bett, nachdem man mir im Krankenhaus gesagt hatte, dass sie die Nacht nicht überleben würde. Vom Krankenzimmer aus habe ich zu Hause angerufen. Franziska war Gott sei Dank gerade zu Besuch, um nach unserer Mutter zu sehen. Sie lebt bei Hans und mir, seit sie vor einigen Jahren wegen einer fortschreitenden Makuladegeneration – dem Absterben von Netzhautzellen – fast erblindet ist. Sonst hätte ich gar nicht im Krankenhaus bleiben können, weil Mutter mich zu Hause gebraucht hätte. So aber konnte ich an der Seite jener Frau bleiben, die ich in den letzten zwanzig Jahren sehr lieb gewonnen hatte, und ich konnte Hans, Anna und Sophie informieren, ebenso Hans' Bruder Gregor.

Als Erstes trafen Hans und Sophie ein. Anna hatte von Münster aus noch ein gutes Stück zu fahren, ebenso wie Gregor, der in Freiburg lebt und der erst am nächsten Morgen kam. Ich sah die Bestürzung in Sophies Gesicht, als sie ins Zimmer trat und ihre Großmutter sah, die mit geschlossenen Augen und seltsam gekrümmt in ihrem Bett lag. Ihre Augen röteten sich, sie wandte sich ab und umarmte mich. »O Gott«, flüsterte sie, »ich kann es gar nicht glauben, es ist so schrecklich.«

Ich streichelte ihr übers Haar und wusste nicht, was ich sagen sollte. Zu viel ging mir durch den Kopf: Wie schnell der Tod kommen kann. Dass es mir gottlob gelungen war, sie so in mein Herz zu schließen, wie sie es in der letzten Phase ihres Lebens verdient hatte. Und wie unbeteiligt Hans dastand und zum Fenster hinausschaute. Genau genommen war es Hans' Verhalten, das mich am meisten verstörte. Bestimmt hatte er seine Mutter geliebt, und jetzt diese Gleichgültigkeit, diese Distanz zu ihr im Augenblick ihres Todes. Das passte für mich nicht zusammen, es ließ mich erschaudern, ihn so zu sehen. Er hatte ganz offensichtlich nicht einmal das Bedürfnis, an ihr Bett zu treten, ihr über die Wange zu streichen oder sie zu umarmen. Wenn sie meine Mutter wäre, dachte ich, dann würde ich weinen und weinen und weinen. Niemals würde ich einfach so dastehen und aus dem Fenster schauen. Aber vielleicht stand er ja unter Schock. Das schien mir die einzige vernünftige Erklärung für seine Kälte.

Wir verharrten etwa zwanzig Minuten meist schweigend, jeder hing seinen Gedanken nach. Plötzlich sagte Hans in die Stille hinein: »Ich fahre jetzt heim.«

Sophie und ich starrten ihn an und suchten nach Worten. Schließlich sagte ich provozierend: »Na ja, was sollst du auch hier, sie wird ja sowieso sterben.«

Doch er reagierte gar nicht. Drehte sich einfach um und ging zur Tür hinaus, ohne sich von ihr oder von uns zu verabschieden und ohne sie auch nur ein einziges Mal zu berühren. Sprachlos blickten Sophie und ich ihm nach. »Was ist denn mit dem los?«, fragte Sophie.

»Er steht unter Schock«, antwortete ich.

Seine Mutter starb um halb vier.

Heute Morgen beim Frühstück erzählt mir Anna, dass sie ihn auf dem Parkplatz des Krankenhauses getroffen hat – er fuhr gerade los, als sie kam. »Da hat er einfach nur das Autofenster runtergelassen, hat Hallo gesagt und mich angelächelt.« Sie ist schockiert.

Auch Mutter ist zutiefst betroffen. Sie redet schon lange davon, dass sie sterben will, weil sie starke Schmerzen hat und nicht mehr sehen kann, sie hat Pflegestufe drei und wartet jeden Tag auf den Tod, der sie erlösen soll. Das alles tut sie mit großer Würde und Fassung, sie beklagt sich fast nie. Auch wenn sie mich nachts mehrmals weckt, weil sie auf die Toilette muss und nicht versteht, wie man eine Einlage benutzt, ist sie der liebste und sanftmütigste Mensch, den ich kenne. Geistig ist sie sogar noch ziemlich rege, sie vergisst zwar manches, aber das ist wohl normal in dem Alter. Ich pflege sie gern, ich habe sie immer geliebt und verehrt und bin froh, sie hier zu haben. Dass Hans' Mutter nun vor ihr gestorben ist, obwohl sie sechs Jahre jünger war, ist hart für sie. Die beiden haben einander oft die Zeit vertrieben – die Jüngere hatte eine Aufgabe, die Ältere, die ganz in der Nähe wohnte, hatte Gesellschaft. Mutter fragt: »Ich kann Gott nicht verstehen – warum hat er mich nicht zuerst geholt?« Ich streiche ihr über die Wange und antworte: »Gottes Wege sind unergründlich, Mutter, das weißt du doch.«

Ich hätte auch eine Menge Fragen, die ich ihm stellen könnte, unserem Gott. Doch Franziska, die ihren Besuch um ein paar Tage verlängert hat, wartet in der Küche auf mich. Daher denke ich nicht weiter darüber nach. Sie will mir beim Kochen helfen. Während wir arbeiten, erzählt sie, dass Hans gestern Abend, nachdem er aus dem Krankenhaus zurück war, mit ihr zu Abend gegessen hat, als wäre nichts gewesen. Sie findet das auch seltsam: »Da stimmt irgendwas nicht mehr mit ihm.«

Sie ist tatsächlich Ärztin geworden, hat in Heidelberg und München studiert und anschließend eine Facharztausbildung zur Internistin gemacht. Sie hat eine eigene Praxis in Karlsruhe, und es beunruhigt mich sehr, dass sie so etwas über Hans sagt. Ich vertraue ihr zutiefst und sehe in ihr mehr eine Freundin als eine Schwester. Bevor Mutter meine Pflege brauchte, gingen wir einmal im Jahr zusammen Skifahren – nur wir zwei, eine Woche lang. Das waren Tage, auf die ich mich das ganze Jahr über freute. Denn obwohl Franziska ziemlich elegant und distanziert wirkt – groß, schlank, die Haare sitzen immer, und ohne Make-up habe ich sie seit ihrem achtzehnten Lebensjahr nicht mehr gesehen –, ist sie warmherzig und zuverlässig, ein richtiger Kumpel. Ein bisschen ist es heute noch so, dass sie die große Schwester ist. Sie ist intellektueller als ich, und in medizinischen Dingen frage ich sie oft um Rat. Aber sie selbst empfindet das gar nicht so, das spüre ich deutlich. Sie vertraut mir ihre intimsten Gedanken an, und ich ihr meine.

»Weißt du, was Rolf neulich zu mir gesagt hat?«, fragt sie mich nun, während wir Möhren putzen.

»Sag«, fordere ich sie auf. Die beiden führen eine vollkommen andere Beziehung als Hans und ich – sie sind ständig in der ganzen Welt unterwegs und lassen es sich gut gehen. Rolf ist Notar und verdient ebenso wie Franziska genug, dass sie sich diesen Lebensstandard leisten können.

»Er meinte, wir sollten doch mal ein Sabbatical nehmen und ein Jahr durch das Outback in Australien wandern. Bevor wir zu alt dazu sind.«

Ich gucke sie erstaunt an, und sie lacht. »Ich habe ihn gefragt, ob er eine Midlife-Crisis hat«, erzählt sie, »ich meine, das muss man sich mal vorstellen: die Kanzlei ein Jahr lang schließen, die Praxis dichtmachen – in unserem Alter, also wirklich, Hilda, kannst du dir das erklären?«

»Nein«, sage ich, »das hört sich ziemlich verrückt an. Keine Ahnung, wie er auf so was kommt.«

»Männer«, wundert sie sich kopfschüttelnd, dann nimmt sie mich plötzlich in den Arm. »Hilda … wenn etwas mit Hans ist – du weißt, dass ich alles für dich tun würde, oder? Ich würde auch die Praxis für ein paar Wochen schließen, wenn du mich bräuchtest, um Mutter zu betreuen. Ich kann sie auch ganz zu uns holen. Du brauchst es nur zu sagen. Ich will nicht, dass du dir zu viel zumutest. Und du siehst ziemlich mitgenommen aus, das ist mir im Vergleich zu unserem letzten Besuch aufgefallen.«

»Danke, Franzi«, sage ich – Franzi habe ich sie früher immer genannt. Ich freue mich über ihre Anteilnahme, aber im Moment habe ich viel zu viel um die Ohren, um auszuloten, wie groß die Sorgen sind, die sie sich um Hans macht. Die Beerdigung, die Schule, Mutters Pflege. Ich weiß kaum, wo mir der Kopf steht.

Die Beerdigung ist eine Woche später in Hamburg. Hans, Sophie und ich holen Anna in Münster ab, sodass wir alle gemeinsam hinfahren können. Ungewohnt sieht meine Familie für mich aus, so ganz in Schwarz. Aber ihnen wird es mit mir auch nicht anders gehen, denn auch ich trage ein schwarzes Kostüm, während ich normalerweise fröhliche Farben bevorzuge, weil sie besser zu meinen dunklen Haaren passen. Als wir auf der A1 sind, frage ich Hans: »Weißt du, wo du langfahren musst?«

Ich frage, weil ich in letzter Zeit alles organisiere. Weil er sich um nichts mehr kümmert. Er ist so seltsam geworden. Aber ich rechne nicht ernsthaft damit, dass er den Weg nicht mehr weiß. Er ist ja schon hundertmal nach Hamburg gefahren, mindestens.

»Immer die A1 lang«, knurrt er.

Ich schweige verwirrt. Obwohl ich mich früher nie um die Routenführung gekümmert habe, weiß ich, dass das nicht stimmen kann. Hilfe suchend wende ich mich zu Anna und Sophie um und gebe ihnen die aufgeschlagene Karte. Anna nimmt sie schweigend entgegen, und das Gespräch, das zuvor munter zwischen uns Frauen hin und her gegangen war, kommt während der restlichen Fahrt nicht mehr richtig in Gang. Wahrscheinlich liegt es daran, dass wir zu einer Beerdigung fahren, rede ich mir ein. Aber ich ahne, dass auch Anna und Sophie verunsichert sind, weil Hans nicht in der Lage ist, die richtige Route zu wählen.

Als wir die A1 verlassen müssen, weist Anna ihrem Vater beiläufig den richtigen Weg. Niemand traut sich, etwas dazu zu sagen.

In Hamburg herrscht dichter Verkehr. Weil Hans längst nicht mehr so zuverlässig reagiert wie früher – was ich mir damit erkläre, dass er älter wird –, habe ich mir angewöhnt, neben ihm zu sitzen wie eine Fahrlehrerin. Auch jetzt versuche ich vorherzusehen, ob irgendetwas passieren könnte, was er vielleicht übersieht. Als wir auf eine riesige Kreuzung fahren, sehe ich rechts neben uns einen Radfahrer.

»Da ist ein Radfahrer«, sage ich, »siehst du den?«

Hans macht eine Vollbremsung und bleibt mitten auf der Kreuzung stehen. Die Autos in der Schlange hinter uns beginnen zu hupen. Wir drei Frauen schauen uns ratlos an.

»Fahr weiter, Papa«, ruft Anna schließlich, weil er immer noch dasteht und hinter uns der Verkehr zusammengebrochen ist. Er gibt wieder Gas und fährt ohne Probleme über die Kreuzung.

Vielleicht ist er einfach durcheinander, weil seine Mutter so unerwartet gestorben ist, denke ich. Aber ganz wohl ist mir bei der Sache nicht.

Als ich Hans abends auf den Vorfall anspreche, weicht er aus. Das kenne ich inzwischen ja schon, aber es fügt meiner Verunsicherung ein weiteres Mosaiksteinchen hinzu, und ich spüre, wie ich mich noch weniger verstanden fühle und wie die Distanz zwischen uns wächst. Vor dem Einschlafen steigen die Erinnerungen an früher in mir hoch, an unsere glücklichen Jahre, wie ich sie jetzt schon insgeheim manchmal nenne. Und es ist verrückt: Ich habe wirklich das Gefühl, dass ich mit Hans nicht mehr richtig reden kann. Ich tröste mich damit, dass ich denke: Das geht vorbei, und dann ist alles wieder wie vorher. Diese Gewissheit schlummert ganz tief in mir. Wie könnte es auch anders sein, waren wir doch immerhin vierzig Jahre lang glücklich miteinander?

Wir sind in der Bielefelder Innenstadt, bei einem Herrenausstatter. Ich möchte, dass Hans neue Sachen bekommt. Er soll perfekt aussehen, besonders, weil er sich in letzter Zeit manchmal so seltsam benimmt. Die Kleidung soll davon ablenken. Der Verkäufer führt uns zunächst zu den Sakkos. Ich schaue die Stoffe an, betaste das Material, während Hans teilnahmslos mitten im Raum steht und ins Nirgendwo zu blicken scheint.

»Hans, wie wäre es mit diesem hier?«, frage ich und ziehe ein braunes Kaschmirsakko mit dezentem Fischgrätmuster heraus.

»Ein sehr schönes Stück«, lobt der Verkäufer, ein schlanker Mann mit Schnauzer, der ungefähr die gleiche Statur hat wie Hans.

Hans kommt heran, wirft einen kurzen Blick darauf und nickt.

»Möchtest du es mal anprobieren?« Ich halte es ihm einladend hin.

Er zieht seine Jacke aus und schlüpft hinein, dann steht er mit hängenden Armen vor mir.

»Der Spiegel ist da drüben«, sagt der Verkäufer und deutet in die Richtung, wo der Spiegel unübersehbar hängt. Hans dreht sich um und geht hinüber, er kommt mir vor wie eine Marionette, wie eine vollkommen teilnahmslose Marionette. Aber das Sakko passt ihm wie angegossen, und ich beschließe, dass er es haben muss, obwohl es eigentlich zu teuer ist.

»Jetzt brauchen wir noch Hosen«, sage ich und lächele den Verkäufer besonders nett an, um Hans' Verhalten wieder wettzumachen. Er lächelt zurück. Sicher hält er uns für ganz normale Kunden.

Ich wähle zwei Hosen aus und schicke Hans in eine Kabine; der Verkäufer hängt ihm die Sachen an den Haken und zieht die Gardine vor. Wir unterhalten uns ein bisschen, während wir auf Hans warten, und als er schließlich herauskommt, betrachten wir ihn beide kritisch.

»Passt gut, finde ich, was meinst du?«, frage ich ihn und blicke dabei auch den Verkäufer an.

Hans sagt nichts.

Der Verkäufer nickt: »Sitzt sehr gut, auch hinten«, lobt er.

»Sehr schön«, sage ich, »die nehmen wir schon mal. Hans, probierst du jetzt noch die andere an?«

»Gar nichts zieh ich mehr an!«, brüllt er plötzlich los, sodass der Verkäufer erschrocken zurückweicht und alle Leute im Laden zu uns herüberschauen. Hans verschwindet wieder in der Kabine.

»Es ist doch nur, weil wir noch mehr Hosen kaufen wollen, nicht nur diese eine«, sage ich durch den geschlossenen Vorhang hindurch. Es ist unglaublich peinlich, ich rede eigentlich nur, weil ich nicht weiß, was ich sonst tun soll. Es starren mich ja alle an, sicher bin ich auch rot geworden, und Hans' Ausbruch ist so erschreckend und absurd, dass ich völlig neben mir stehe. Plötzlich öffnet sich der Vorhang wieder, Hans kommt heraus und geht schnurstracks und ohne ein Wort zu sagen an mir vorbei und aus dem Geschäft hinaus.

Hastig sage ich zu dem Verkäufer: »Dann nehme ich jetzt einfach noch so eine Hose mit, wie er sie schon anprobiert hat. Nur in einer anderen Farbe.«

Ich folge ihm zur Kasse, bezahle und verlasse den Laden. Draußen ist keine Spur von Hans zu sehen.

Wo suche ich denn jetzt, wo kann er sein?, überlege ich. In einem Café? Nein. Er geht nie in ein Café. Ich versuche, nicht in Panik zu verfallen, und überlege weiter. Schließlich mache ich mich auf den Weg zum Auto, das in einem Parkhaus steht. Immerhin muss ich dort auf jeden Fall vorbei, wenn ich nach Hause will. Und Hans hat den Autoschlüssel.

Und tatsächlich, ich habe richtig geraten: Er sitzt im Auto und wartet auf mich.

Ich setze mich auf den Beifahrersitz, er lässt wortlos den Motor an. Als wäre nichts gewesen.

»Warum hast du dich denn eben so aufgeführt?«, frage ich.

»Du weißt doch, dass ich nicht gern Sachen anprobiere«, knurrt er.

»Aber so was hast du doch noch nie gemacht«, wende ich ein.

Doch er antwortet nicht. Schweigend fahren wir nach Hause. Er wird schon sehr seltsam in letzter Zeit. Ist es das Alter, das ihn verändert? Ich bin so verunsichert, dass ich keinen weiteren Versuch mehr unternehme, ein klärendes Gespräch zu beginnen. Stattdessen mache ich mir Sorgen über die Zukunft. Wir haben noch so viel vor. Wenn ich mit der Schule fertig bin, wollen wir reisen, wir wollen nach Nepal, Mexiko, Südafrika. Vielleicht war es dumm von uns, das alles auf später zu verschieben. Vielleicht will Hans das alles gar nicht mehr. Und dann ertappe ich mich bei dem Gedanken, dass ich selbst vielleicht auch keine Lust mehr dazu hätte – mit einem Hans, der sich so verhält, wie er es heute getan hat. Während ich schweigend neben ihm sitze und mit einem Auge auf den Verkehr achte, werde ich immer unglücklicher. Ich hatte mir mein Rentenalter ganz anders vorgestellt. Ich habe immer gedacht, Hans und ich sind das ideale Paar. Und jetzt denke ich auf einmal: Hans und ich *waren* das ideale Paar. Er verändert sich immer mehr, und ich sehe dabei zu und weiß nicht, was ich tun soll. Ich muss mit ihm reden, denke ich. Ich muss nur den richtigen Zeitpunkt finden.

Zwei Wochen später ist in Bielefeld Stadtfest. Es gibt zahlreiche Essensstände, jedes Restaurant, das etwas auf sich hält, ist vertreten und bietet kleine Gerichte an. Hans, Sophie und ich gehen von einem Stand zum anderen, bestellen hier einen Scampispieß und da ein Gläschen Sekt und lassen es uns gut gehen. Hans ist ein echter Feinschmecker und scheint das Ganze sehr zu genießen. Einmal nimmt er beim Gehen sogar meine Hand, ein andermal prostet er mir lächelnd zu – fast so wie früher. Ich genieße seine kleinen Gesten so sehr, dass es mir gelingt, meine Sorgen für einen Moment abzuschütteln. Vielleicht habe ich mir ja doch alles nur eingebildet? Oder es war nur eine Phase?

Als wir zurück zum Parkplatz gehen, gehen Sophie und ich zielsicher nach links, Hans hingegen marschiert nach rechts. Er schaut sich suchend um und findet das Auto nicht. Ich sehe ihn, und die Sorgen kommen mit Wucht zurück, auch wenn ich mir das vor Sophie nicht anmerken lasse. Es ist einfach zu viel passiert in der letzten Zeit, denke ich.

Auf dem Heimweg frage ich Hans: »Wieso bist du denn erst nach rechts gelaufen? Wusstest du nicht mehr, dass das Auto links steht?«

»Das ist doch so ein großer Parkplatz«, rechtfertigt er sich, »da tut ihr euch doch auch schwer. Da muss ich das Auto doch nicht gleich finden.«

Der Rest der Heimfahrt verläuft schweigend, doch mir kommen Dinge wieder in den Sinn, die mir in den vergangenen Tagen an ihm aufgefallen sind und die ich verdrängt habe: Er ist in letzter Zeit so ungepflegt.

Oder neulich, da habe ich ihn erinnert: »Du müsstest mal wieder zum Friseur.« Seine Haare waren schon so lang, dass sie über den Ohren lagen. Seine Nägel waren früher immer akkurat. Und jetzt … Vielleicht ist es, weil er zurzeit viel an seinem Oldtimer herumschraubt. Oder es ist ihm plötzlich nicht mehr so wichtig, gepflegt zu sein. Man wird eben älter. Aber es ist nicht nur sein Äußeres. Er verwählt sich auch ständig am Telefon. Findet die richtigen Wörter nicht. Ich muss mal nachsehen, ob er eine Versicherung gegen Erwerbsunfähigkeit hat.

Abends im Bett kuschele ich mich an ihn und sage: »Das war ein sehr schöner Tag heute, findest du auch?«

»Ja.«

»Ja?«, necke ich ihn, »einfach nur Ja? Oder: Ja, meine Liebste. Ja, meine Allerliebste. Ja, meine Hilda. Ja, meine …«

»Ja, meine Liebste«, sagt er, doch so, wie er es betont, hört es sich nicht an, als käme es von Herzen. Er spricht, als wenn er sich bemühe, der Alte zu sein, und als wundere er sich darüber, dass es ihm nicht gelingt. Es ist unerklärlich, beängstigend. Ein Streit – na gut, das kommt vor. Genervt sein, dem anderen aus dem Weg gehen – hatten wir alles schon. Aber dieses Wollen und Nichtkönnen – das ist schrecklich. Hilda, denke ich, es ist Zeit, etwas zu tun. Allein werden wir damit nicht mehr fertig.

Ich streichele seine Wange und rücke ganz nah an ihn heran.

»Du, das mit dem Parkplatz heute …«, flüstere ich in sein Ohr, »wir müssen vielleicht mal gucken lassen nach dir. Vielleicht sollten wir mal zum Arzt gehen. Da stimmt vielleicht irgendwas nicht.«

Er reagiert nicht. Sagt nicht »Ja« und nicht »Nein« und nicht »Was fällt dir ein«. Liegt einfach nur da und tut nichts. Wie muss er sich fühlen in diesem Moment?

»Was meinst du, Hans, soll ich mal einen Termin ausmachen?«

»Wenn du meinst«, antwortet er, und ich gebe ihm einen Kuss. Ich weiß nicht, ob es aus Dankbarkeit ist oder aus Liebe.

Wir bekommen sehr schnell einen Termin beim Neurologen, was mich nicht wundert, weil Hans Privatpatient ist. Kassenpatienten müssen beim Facharzt rund drei Wochen auf einen

Termin warten, Privatpatienten hingegen bekommen sofort einen – das habe ich neulich in der Zeitung gelesen. Obwohl Hans davon profitiert, finde ich es ungerecht.

Der Termin ist am 10. September 2001 vormittags. Als ich aus der Schule komme, ist er schon zu Hause, sitzt in seinem Sessel und liest den *Spiegel*. Mein Herz klopft schneller, als ich ihn sehe.

»Wie war's?«, frage ich, noch im Mantel, und setze mich zu ihm.

»Ich hab's nicht gefunden.« Er hebt kaum den Kopf, sondern schaut weiter auf einen Artikel über Jugendkriminalität. Jugendkriminalität ist nicht gerade ein Thema, das ihn besonders interessiert, daher ärgert es mich, dass er nicht von seiner Lektüre aufblickt. Aber ich will jetzt nicht streiten und ihn zwingen, etwas zu sagen.

»Wie, du hast es nicht gefunden? Den Weg?«, frage ich dennoch nach.

Er nickt, als sei es das Normalste von der Welt. Er hat es nicht gefunden, Hilda, hämmert es in meinem Kopf, er hat es eben einfach nicht gefunden, obwohl er genau weiß, wo es ist. Ein Gefühl der Beklemmung steigt in mir hoch, doch ich sage bloß: »Komm, wir fahren heute nach dem Mittagessen noch mal zusammen hin, und dann findest du es morgen auch.«

Wieder nickt er, dann blickt er endlich zu mir hoch, seine Augen sind traurig, sie scheinen mir zu sagen: Ich weiß auch nicht, was mit mir geschieht, meine Liebste. Bitte hilf mir.

Ich spüre, dass ich gleich weinen werde, und flüchte in die Küche, wo ich ohnehin das Mittagessen zubereiten muss. Als ich mich beruhigt habe, rufe ich in der neurologischen Praxis an und teile der Sprechstundenhilfe mit, dass uns am Vormittag etwas dazwischengekommen ist. Sie gibt uns einen neuen Termin am nächsten Tag, den Hans problemlos wahrnehmen kann, weil er in der Firma zurzeit nicht besonders eingespannt ist. Früher wäre so etwas undenkbar gewesen, da hatte er seine Zeit wochenlang im Voraus verplant. Aber in den letzten

Monaten ist es im Betrieb schlecht gelaufen. Man sieht es von außen nicht, es ist ein recht moderner Bau, wir haben immer wieder angebaut und umgebaut, sodass von außen eigentlich alles sehr solide wirkt: ein weiß verputzter, flacher Verwaltungsbungalow und daran angeschlossen die hohen Fabrikhallen, die in allen Farben des Regenbogens gestrichen sind. Es sieht gut aus, doch der Schein trügt, zumindest in letzter Zeit: Wir müssten eigentlich verkaufen, auch weil Hans inzwischen zu alt ist.

Als ich am nächsten Tag aus der Schule komme, sitzt Hans wieder in seinem Sessel.

»Hat's diesmal geklappt?«, frage ich.

»Ja.«

Ich bin erleichtert. »Und, wie war's?«

Wortlos gibt Hans mir den Arztbrief, der neben ihm auf dem Tisch gelegen hat. Ich öffne ihn und überfliege den Text. Im Wesentlichen steht dort, dass Hans viel Stress hat, weil es in der Firma nicht so gut läuft und weil seine Mutter und sein Bruder gestorben sind, und dass er deswegen ein bisschen vergesslich ist und sich schlecht konzentrieren kann. Dann gibt es einen psychischen Befund, der lautet: »Stimmungslage reduziert mit depressiver Komponente und leichter Antriebs- und Gefühlsverarmung, darüber hinaus Vitalstörungen, vegetative Beschwerden und Beeinträchtigungen des Schlaf-Wach-Rhythmus, Vitalitätsverlust mit rascher Erschöpfbarkeit, Müdigkeit und Kraftlosigkeit sowie psychosomatische Reaktionen neben Beeinträchtigung der Konzentration.« Abschließend gibt es eine Beurteilung: Es handelt sich demnach um ein »psychovegetatives Erschöpfungsbild mit leichter hirnorganischer Komponente auf dem Boden der erheblichen häuslichen und betrieblichen Stressfaktoren«.

Ich finde das alles ziemlich abstrakt und frage Hans: »Was hat er denn wissen wollen?«

»Wie's mir geht.« Er fährt sich mit der Hand über die Augen.

»Und was hast du ihm gesagt, wie's dir geht?«

»Ich hab von der Firma erzählt und von deiner Mutter, dass du sie pflegst.«

»Und dass dich das belastet?«

Er nickt.

Ich blicke wieder in den Arztbrief. Der Professor rät Hans, dass er den Stress abbauen und Tebonin forte einnehmen soll. Falls das nicht hilft, will Professor Kube ihm ein mildes Antidepressivum verschreiben. Und Hans soll noch mal wiederkommen, um irgendeinen Test zu machen.

Klar, denke ich, das ist die Erklärung für alles. Er hat einfach zu viel Stress, und diese Vergesslichkeit und Einsilbigkeit ist seine Art, darauf zu reagieren. Ich bin erleichtert, aber irgendwie auch nicht so richtig überzeugt. Dennoch nehme ich Hans in den Arm und gebe ihm einen Kuss. »Gott sei Dank«, sage ich, »dann wissen wir ja jetzt, was es ist. Dagegen kann man ja was machen, mit diesem Medikament. Freust du dich nicht auch?«

Hans nickt und senkt den Kopf.

»Hans«, ich knie mich vor ihn und stütze mich mit den Armen auf seinen Oberschenkeln ab, »du wirst wieder gesund werden, und dann ist alles wieder wie früher. Ich bin mir sicher.« Ich blicke ihn an, doch er weicht meinem Blick aus und schweigt. Nach einigen Sekunden des Wartens stehe ich auf und gehe in die Küche. Eigentlich müsste ich mich doch freuen. Aber ich kann nicht.

Wir sind am Bahnhof, um Rose abzuholen – eine alte Freundin, die ich während des Studiums kennen gelernt habe. Ich freue mich sehr auf sie, denn wir sehen uns nicht besonders oft, weil sie in England lebt. Sie ist Malerin und hat eine Professur für Kunst in London. Als wir auf den Bahnsteig kommen, stellt sich heraus, dass der Zug Verspätung hat. Das ist ein Problem, weil Mutter pflegebedürftig ist. Sie wartet nun bestimmt auf uns.

»Ich gehe eben telefonieren, um Mutter Bescheid zu sagen, dass wir uns verspäten«, sage ich zu Hans und mache mich auf den Weg, um eine Telefonzelle zu suchen, denn mein Handy ist nicht aufgeladen. Doch die erste Telefonzelle, die ich sehe, ist kaputt. Die zweite funktioniert nur mit Karte, die dritte schließlich kann ich benutzen. Insgesamt bin ich bestimmt fünfzehn bis zwanzig Minuten unterwegs, und als ich wieder am Gleis stehe, wo ich Hans zurückgelassen habe und wo Rose ankommen sollte, ist der Bahnsteig ganz leer. Hans ist nicht mehr da. Ich denke, wahrscheinlich ist der Zug nun doch schon angekommen, und die beiden sind vielleicht schon zum Auto gegangen. Also mache ich mich auf den Weg zum Parkplatz. Doch dort, wo wir geparkt hatten, steht nun ein anderes Auto. Was soll das?, frage ich mich. Die sind doch glatt ohne mich gefahren! Wie kann er nur!

Ich kann mir das absolut nicht erklären. Ich gehe noch einmal zum Bahnsteig zurück und frage einen Schaffner, ob der Zug wirklich schon eingefahren ist. Ja, sagt er mir. Dann stelle ich mich wieder an die Stelle, wo wir geparkt haben, und warte.

Nach einer Ewigkeit kommen Hans und Rose angefahren. Als der Wagen hält, springt Rose behände wie ein junges Mädchen heraus und umarmt mich. Sie ist sehr schlank und sehr elegant, mit Regenmantel und Hut und Seidenschal, und ich freue mich so sehr, sie zu sehen, dass ich sie gar nicht mehr loslassen mag. Schließlich lösen wir uns voneinander und steigen zu Hans ins Auto.

»Was macht du denn für Sachen?«, frage ich ihn, als ich auf dem Rücksitz Platz genommen habe, damit Rose vorn sitzen kann, »du kannst mich doch nicht einfach am Bahnhof stehen lassen!«

»Ich hab dich vergessen«, sagt er.

Was soll man da noch sagen? Rose lacht, wahrscheinlich denkt sie, er hat sich einen Scherz erlaubt. Aber ich glaube das nicht. Ich finde das überhaupt nicht lustig. Er ist so vergesslich geworden in letzter Zeit – hoffentlich ist das kein schlechtes Zeichen.

Mit Rose wird es dann ein sehr schöner Abend. Nach dem Abendessen setzt sich Hans vor den Fernseher, und wir Frauen plaudern in der Küche miteinander. Es ist wie früher, wir lachen und schwelgen in Erinnerungen. Irgendwann vertraut sie mir an, dass sie mit ihrem Mann sehr unglücklich ist und sich in einen anderen verliebt hat. Demnächst will sie zu ihm ziehen. Ich bin sprachlos. Die beiden sind schon so lange verheiratet – und jetzt, mit Mitte sechzig, will sie ihn verlassen? Doch als sie mir erzählt, wie sehr sie unter ihm leidet, kann ich sie verstehen.

In der Nacht liege ich wach und denke darüber nach, wie sich unser beider Leben entwickelt hat. Aus Rose ist eine elegante, erfolgreiche Malerin geworden, die ihren Mann nicht liebt. Und aus mir? Ich höre Hans neben mir atmen, ansonsten ist das Haus ganz ruhig, und ich fühle mich auf einmal sehr allein. Einen Moment lang stelle ich mir vor, wie es wäre, wenn Hans nicht mehr da wäre. Dann zwinge ich mich, positiv zu denken. Ich sage mir: Aus mir ist eine ganz normale Lehrerin geworden, die einen erfolgreichen Mann hat, den sie sehr liebt. »Aber dieser Mann verändert sich«, raunt eine Stimme in meinem Kopf, die ich nicht abstellen kann. »Du weißt noch nicht genau, warum. Aber du hoffst, dass es nicht der Beginn von irgendetwas Bedrohlichem ist.«

Im Januar 2002 sind Hans und ich wieder bei Professor Kube. Ich hatte Professor Kube am Telefon schon berichtet, dass Hans sich zwar Mühe gibt, dass er aber wenig redet. Dass er kein Interesse mehr an seinen Hobbys hat. Dass er keine Fragen mehr stellt. Dass er keine Sachen mehr aus dem Weg räumt. Zum Beispiel hätte er früher ein Brett weggeräumt, das im Weg lag. Jetzt steigt er einfach darüber. Das alles wollte ich nicht sagen, wenn Hans dabei ist, aber ich hatte das Gefühl, dass der Professor es wissen sollte.

Nun sitzen wir ihm in seinem Sprechzimmer gegenüber. Er ist um die sechzig, hat weißes, volles Haar, trägt einen weißen Kittel und wirkt absolut professionell auf mich.

»Haben Sie gut hergefunden?«, fragt er.

»Ja«, antwortet Hans.

»Sind Sie selbst gefahren?«

»Ja.«

»Ist es für Sie in Ordnung, dass Sie hier sind?«, will Professor Kube jetzt wissen.

Hans nickt, aber er sieht nicht gerade so aus, als fühlte er sich wohl. Er schaut zu Boden, lässt die Schultern hängen und zieht die Mundwinkel nach unten.

»Wie geht es Ihnen, Herr Dohmen?«

»Gut.«

»Wie läuft es in der Firma?«

»Wir wollen sie verkaufen.«

»Verkaufen? Und wie ist das jetzt für Sie?«

Hans überlegt, dann antwortet er: »Gut.« Ich wundere mich. Mit mir redet er zwar auch nicht über den anstehenden Verkauf, aber eigentlich müsste doch etwas in ihm vorgehen, wenn die Firma verkauft wird. Immerhin hat er sie zwanzig Jahre lang geführt.

»Und sonst?«, fragt der Professor weiter. »Hat sich etwas bei Ihnen verändert?«

»Nein.«

»Haben Sie noch Kontakt zu Ihren Freunden?«

»Ja.«

»Was machen Ihre Hobbys?«

Hans blickt mich an und zuckt mit den Schultern.

»Er hat nicht mehr so viel Interesse daran wie früher«, sage ich.

»Und das Gedächtnis?«, fragt Professor Kube.

Hans antwortet nicht und blickt mich an.

Aber diesmal antworte ich nicht. Ich will ihn doch nicht bloßstellen. Ich kann doch nicht sagen, dass er alles vergisst. Also sage ich: »Mein Mann redet nicht mehr so viel wie früher.«

Professor Kube nickt. »Wenn Sie zum Beispiel in den Keller gehen und etwas holen wollen – wissen Sie dann noch, was das war, wenn Sie unten im Keller stehen, oder vergessen Sie es unterwegs?«

»Das weiß ich noch«, antwortet Hans.

Kube nickt.

»Und wenn Sie unterwegs sind mit dem Auto – finden Sie sich dann zurecht?«

»Ja«, sagt Hans. Ich überlege, ob ich etwas einwenden soll, bringe es aber dann nicht über mich.

»Herr Dohmen, welcher Tag ist heute?«

Hans denkt kurz nach, dann sagt er: »Donnerstag.« Das ist richtig.

»Und wie heißt der Bundeskanzler?«

Was soll das werden, denke ich. Ein Quiz?

Hans überlegt wieder, dann kommt er zu dem Schluss: »Gerhard Schröder.«

»Und wo waren Sie zuletzt im Urlaub?«

Hans antwortet nicht.

»Wir waren lange nicht mehr weg«, sage ich schließlich, »ich pflege seit fünf Jahren meine Mutter.« Ich merke, wie traurig sich das anhört, und dadurch werde ich selbst ganz traurig. Was für ein Leben, denke ich, wir sollten viel mehr unternehmen, Hans und ich.

Professor Kube nickt. »Was ist 100 minus 5?«

»95« antwortet Hans nach kurzem Zögern.

»Minus 6?«, fragt Professor Kube.

»89«, antwortet Hans, und ich bin so froh, als hätte er gerade den Nobelpreis für Mathematik bekommen.

»Wie schlafen Sie nachts?«

»Gut.«

»Mein Mann wird öfter mal wach nachts und steht dann auf«, füge ich hinzu.

»Wie viel Alkohol trinken Sie in der Woche?«, will Professor Kube wissen.

»Ein Bier«, antwortet Hans.

»Er trinkt abends öfter eine Flasche Bier«, erkläre ich.

»Rauchen Sie?«

»Nein.«

Professor Kube hält noch ein bisschen Smalltalk mit Hans, um ihn zum Reden zu bringen. Aber ohne Erfolg, wobei

Hans die stockende Unterhaltung nicht unangenehm zu sein scheint.

»Es ist so weit alles in Ordnung«, befindet Professor Kube schließlich, »vielleicht lassen Sie mal ein MRT vom Kopf machen, und dann kommen Sie so in drei oder vier Monaten noch mal her, damit wir noch ein paar Tests machen können.«

Dann verabschiedet er uns.

Und natürlich bin ich erleichtert. Sehr sogar. Aber alle die Dinge, die in der letzten Zeit vorgefallen sind ... Das kann doch nicht normal sein. Zum Beispiel vorgestern, da habe ich mich doch gewundert. Ich war bei Hans im Büro, weil ich ihm etwas bringen musste, und zufällig stand ich hinter ihm, während er arbeitete, und da sah ich, wie er Preisänderungen in den PC eingegeben hat. Zwei Listen hat er eingehämmert.

»Was machst du denn da, kann das nicht jemand anderes machen?«, habe ich gefragt. Denn so etwas ist ja eigentlich Aufgabe der Sekretärin, Hans kann doch als Geschäftsführer nicht die Preislisten führen. Er hat doch etwas anderes zu tun, er muss doch Akquirieren, Preise aushandeln, Lieferanten betreuen und Mitarbeiter führen – so stelle ich es mir vor.

»Nein, nein«, hat er abgewehrt, »die Preise ändern sich jeden Monat, die muss ich immer selbst eingeben.«

Also, das ist doch wirklich nicht seine Aufgabe. Aber vielleicht kann es wirklich keiner sonst. Oder die anderen machen es nicht so zuverlässig wie er.

Aber dass er das jetzt auch noch am Hals hat ... Er hat doch schon genug zu tun ...

Oder letzte Woche. Wir haben den Gedanken, die Firma zu verkaufen, weiterverfolgt und haben sogar einen Interessenten. Aber jetzt will Hans auf einmal doch nicht verkaufen – wegen der Mitarbeiter. Weil man die nicht so plötzlich auf die Straße setzen kann, sagt er. Er hat dem Interessenten daher am Telefon einfach abgesagt, nachdem der seine Unterlagen schon dagelassen hatte. Ohne Verhandlung, ohne alles! Ich verstehe ja nicht viel von Finanzen, aber eins weiß ich: Das hätte er nicht einfach so tun dürfen.

Andererseits hat Hans zu Beginn des Jahres die Inventur im Betrieb gemacht – perfekt. Er wusste genau, welche Teile von welcher Maschine sind und wo sie hingehören. Vielleicht irre ich mich ja doch, und er hat nur zu viel Stress gehabt in letzter Zeit, und alles wird wieder gut. So, wie es vorher war. Es gibt nichts, was ich mir mehr wünsche.

In dem Arztbrief von Professor Kube, der einige Tage später ankommt, steht, dass Hans eine Depression hat. Begründet wird das mit verlangsamter Aussprache, vermehrter Vergesslichkeit insbesondere im Bereich des Kurzzeitgedächtnisses, leicht verminderter Aufmerksamkeitsaffektivität und Dynamik und verlangsamtem, eingeengtem und umständlichem Gedankengang. Außerdem habe Hans Merk- und Konzentrationsstörungen mit Beeinträchtigung der Modulationsfähigkeit und ein reduziertes begriffliches und abstraktes Denken, aber eine normale Wahrnehmung und Realitätskontrolle. Er soll Psychopharmaka einnehmen, vorher aber noch einmal zur Untersuchung kommen.

Ich bin verwirrt, aber auch erleichtert. Wieso hat er uns das nicht gleich gesagt? Eine Depression! Da kann man doch etwas machen. Das ist heilbar. Ausgelöst durch den ganzen Stress. Allerdings habe ich mir einen depressiven Menschen bisher anders vorgestellt. Antriebsarm, ja. Aber nicht so unberechenbar und nicht so verwirrt.

Im April 2002 sind wir seit 35 Jahren verheiratet und feiern unsere Leinwandhochzeit. Ich habe das Fest von langer Hand geplant und mehr als hundert Gäste eingeladen, wir feiern in dem Restaurant, in dem auch Anna und Sebastian geheiratet haben. Morgens, als ich aufwache, genieße ich den Gedanken, dass ich an diesem Tag nichts weiter vorbereiten muss. Bis die ersten Gäste kommen, ist ebenfalls noch viel Zeit. Wohlig räkele ich mich unter meinem warmen Federbett und drehe mich dann zu Hans. Er schläft noch. »Alles Gute zum Hochzeitstag, mein Liebster«, flüstere ich in sein Ohr. Er schlägt die Augen auf und blickt mich an, sagt aber nichts. Das kann ich verstehen. Er muss erst mal wach werden. Also streichele ich über seinen Kopf, seine Wangen, schmiege mich an ihn und atme seinen vertrauten Geruch ein. Früher habe ich mir manchmal vorgestellt, wie es wäre, so lange verheiratet zu sein, und eine Szene kam eigentlich immer vor in meinen Gedanken: dass wir zusammen im Bett liegen und uns unterhalten. Und jetzt liegen wir zwar zusammen im Bett, denke ich, aber wir unterhalten uns nicht.

»Hans, alles Gute zum Hochzeitstag«, wiederhole ich, vielleicht hat er mich ja vorhin nicht gehört, weil er noch geschlafen hat.

»Danke. Dir auch«, sagt er und legt den Arm um meine Schultern. Ich genieße es, er tut das so selten in letzter Zeit.

»Freust du dich auf das Fest?«, frage ich.

»Natürlich.« Es hört sich gleichgültig an, aber ich will diesen Tag genießen und mir nicht wegen allem, was Hans tut oder nicht tut, Sorgen machen. Das tue ich an den anderen Tagen schon genug – heute nicht.

Ich küsse ihn, sehne mich nach Zärtlichkeit, nach dem Gefühl der Nähe, nach dem alten Hans. Er erwidert meinen Kuss, nicht mehr und nicht weniger, und schweigt. Ich warte, rücke aber dann von ihm ab, schwinge die Beine aus dem Bett und sage: »Ich dachte, vielleicht magst du ja heute Abend deinen schwarzen Anzug anziehen?«

Er nickt. Ich gehe ins Bad und versuche, nicht daran zu denken, wie dieser Morgen hätte ablaufen können, wenn ich die Zeit zurückstellen könnte.

Es wird, obwohl meine Stimmung zunächst eher gedrückt ist, ein gelungenes Fest und ich lasse mich schließlich mitreißen und vergesse meine Sorgen. Die Kinder übertreffen sich selbst mit Festbeiträgen. Sie haben ein Lied gedichtet und ein »Herzblatt«-Quiz vorbereitet. Dazu haben sie eine Trennwand im Saal aufgebaut; auf der einen Seite steht ein Hocker für Hans und mich, wir sind diejenigen, die die Fragen stellen werden.

Auf der anderen Seite stehen drei Hocker für die Kandidaten; Anna und Sophie haben sie ausgewählt und ihnen die Fragen schon vorher zukommen lassen, sodass sie sich ihre Antworten überlegen konnten. Es ist wie im Fernsehen, aber viel lustiger. Ich lache so viel, dass ich am nächsten Tag bestimmt Muskelkater haben werde.

Danach wird getanzt, aber Hans will nicht. Er hat nie gern getanzt, aber heute will er überhaupt nicht. Stattdessen trinkt er ziemlich viel. Sekt, dann noch mal einen Sekt und danach noch ein Glas Wein. Ich achte darauf, weil ich mir angewöhnt habe, ihn ständig zu beobachten. Er tut so viele seltsame Dinge in letzter Zeit, ist irgendwie unberechenbar geworden. Und jetzt wird er auf einmal ganz bleich und sackt in sich zusammen.

»Was ist denn los, Hans?«, frage ich. Doch er antwortet nicht.

»Vielleicht sollten wir einen Arzt rufen?«, fragt Dieter, der bei uns mit am Tisch sitzt.

»Wir sollten ihn erst nach Hause bringen«, sage ich.

Und dann verlassen wir unser eigenes Fest, ohne uns zu verabschieden. Ich will es so, denn ich will nicht, dass unsere Freunde Hans so sehen. Dieter hilft mir, ihn aus dem Saal zu bugsieren. Wir packen ihn unter den Achseln, Dieter auf der einen Seite, ich auf der anderen. Es ist ein bisschen so, als ob Hans betrunken wäre. Aber er ist nicht betrunken. Man merkt bloß, dass etwas mit ihm nicht stimmt.

Zu Hause rufen wir Dr. Geldern an. Als er spätabends kommt, ist Hans patzig. »Ich will meine Ruhe, er soll wieder gehen, mir fehlt nichts.« Also lässt Dr. Geldern ihn in Ruhe. Aber als er sich von mir verabschiedet, stellt er fest: »Das gefällt mir überhaupt nicht, ich finde, wir sollten Ihren Mann jetzt mal gründlich untersuchen lassen. Mir ist schon länger aufgefallen, dass er sich anders verhält als früher.«

Dr. Geldern kommt jede Woche ins Haus, um nach Mutter zu sehen. So trifft er Hans öfter und sie wechseln ein paar Worte miteinander.

Als Dr. Geldern gegangen ist, bin ich einerseits betroffen: Wenn er quasi »im Vorbeigehen« bemerkt, dass Hans sich verändert hat – dann muss es ja wirklich schon auffällig sein. Andererseits bin ich auch froh: Ich habe das Gefühl, dass er sich kümmert und seine Aufgabe als Arzt sehr ernst nimmt. Vielleicht sollte ich ihn ins Vertrauen ziehen. Dann könnte ich einen Teil meiner Last an ihn abgeben.

Zwei Tage später gibt Hans mir schon wieder Grund zur Sorge. Der Klempner klingelt – er soll ein verstopftes Rohr reinigen – und sagt: »Ich hätte gerade fast Ihren Mann überfahren.«

»Wie das?«, frage ich.

»Er ist, ohne zu gucken, mit dem Fahrrad über die Straße gefahren.«

»Es tut mir leid, wenn Sie erschrocken sind«, entschuldige ich mich schnell, aber meine Gedanken sind schon ganz woanders. Denn es ist nicht das erste Mal, dass Hans im Straßenverkehr nicht aufpasst. Neulich haben wir bei schönstem Maiwetter eine Radtour gemacht und unterwegs jemanden getroffen, und ich habe kurz angehalten und mich unterhalten. Hans fuhr schon weiter. Und da blicke ich ihm nach und sehe, wie er den Radweg verlässt und quer über die Straße fährt, ohne sich ein einziges Mal umzusehen. Ich weiß nicht, ob ich ihn in Zukunft überhaupt noch Fahrrad fahren lassen soll. Wenn ein Auto gekommen wäre, hätte er tot sein können. Es ist sowieso nicht mehr angenehm, mit ihm unterwegs zu sein. Er wird immer ruhiger. Gestern waren wir auch wieder unterwegs, um seine Durchblutung anzuregen, und da habe ich ihm vorgehalten: »Du redest immer weniger mit mir, dann brauche ich auch nicht mehr mit dir Rad zu fahren. Du unterhältst dich gar nicht mehr mit mir.«

»Ist das so?«, hat er ganz überrascht gefragt.

»Ja, ich fahre immer neben dir her und warte, dass du auch mal was sagst.«

»Wirklich?«

»Ja, Hans. Das muss dir doch aufgefallen sein.«

Er schwieg.

»Hans, ich mache mir Sorgen. Du hast dich so verändert.« Meine Stimme klang flehentlich, ich wünschte mir, dass er eine Erklärung für alles haben möge.

»Ich weiß nicht, was du meinst«, tat er meine Sorge ab.

Entmutigt gab ich auf.

Er fährt auch oft einen anderen Weg. Wir haben normalerweise bestimmte Routen, zum Beispiel nach Hörste. Eine Strecke ist fünfzehn Kilometer lang, und dann essen oder trinken wir dort etwas und fahren wieder zurück. Und seit Neuestem nimmt er einen anderen Weg dorthin. Das ist ja nicht schlimm, vielleicht probiert er einfach nur etwas anderes aus. Aber manchmal fährt er einen großen Umweg. Einmal haben wir uns schon getrennt, weil ich entschieden habe: »Wenn du unbedingt dalang fahren willst, dann fahr. Ich nehm den anderen Weg.«

Er kam dann nach mir zu Hause an, allerdings nicht viel später. Aber er fährt auch schneller als ich.

Einige Wochen später sind wir beim Radiologen, um ein MRT von Hans' Kopf machen zu lassen – wie Dr. Geldern und auch Professor Kube vorgeschlagen haben. Wir sitzen im Wartezimmer und warten darauf, dass Dr. Mauritz uns hereinbittet. Es ist schrecklich. Was machen wir, wenn er uns gleich eröffnet: »Herr Dohmen, Sie haben einen Hirntumor und haben nur noch sechs Monate zu leben«?

Ich habe wahnsinnige Angst. Hans ist ganz ruhig, aber er ist ja immer ganz ruhig in letzter Zeit. »Machst du dir Sorgen?«, frage ich leise.

»Nein«, antwortet er. Sonst nichts. Ich finde das komisch, will ihn aber nicht beunruhigen. Ist doch schön für ihn, wenn er so gelassen sein kann, rede ich mir ein.

Dann bittet uns Dr. Mauritz herein, und wir nehmen Platz. Mein Herz schlägt mir bis zum Hals, ich hole ein paarmal sehr tief Luft, und doch scheint nicht genug Luft in meine Lungen zu gelangen. Es ist nicht nur die Angst vor der Diagnose, die mich so niederschmettert. Mindestens genauso ängstigt mich Hans' ganze Art. Ich fühle mich, als säße ich allein vor diesem Arzt. Und diese Ahnung, dass Hans krank ist. Es ist furchtbar, und ich kann mit niemandem darüber reden, denn wir wissen ja nicht, was Hans fehlt.

»Überhaupt nichts Auffälliges«, fasst Dr. Mauritz zusammen, »kein Tumor. Nichts!«

Puh, denke ich, und es geht mir schlagartig besser. Die größte Angst ist weg, ich bekomme wieder Luft. Ich blicke hinüber zu Hans, doch der sitzt einfach nur da und reagiert nicht. Ich frage mich, ob er überhaupt gehört hat, was der Arzt gesagt hat – so teilnahmslos wirkt er. Und ein Rest Unsicherheit bleibt. Kein Tumor, kein Alzheimer. Nichts Auffälliges. Was kann es dann sein?, frage ich mich. Denn irgendetwas hat Hans. Das spüre ich. Etwas anderes als eine Depression.

Auf dem Heimweg nehme ich seine Hand und drücke sie. Er erwidert den Druck nicht, sondern lässt es einfach geschehen. Wie alles in letzter Zeit. Manchmal denke ich, ich lebe mit einem Menschen, der sein Gefühl verloren hat. Es ist furchtbar, aber so ganz will ich es nicht wahrhaben. Es gibt sie ja, diese Momente: Am Hochzeitstag hat er mich in den Arm genommen. Auf dem Stadtfest hat er mich angelächelt. Sicher kommt es zurück.

Ich tröste mich damit, dass es zumindest geschäftlich zurzeit gut läuft. Wir haben die Firma jetzt doch verkauft. Es kam ein Angebot, das wir nicht ausschlagen konnten. Der Käufer, Herr Rottler, will die gesamte Belegschaft übernehmen. Sebastian hat Hans bei den Verhandlungen unterstützt, es ist eigentlich alles über ihn gelaufen. Ich bin froh. Ich weiß zwar, dass Hans gut verhandeln kann, aber im Moment hat er eine Phase, in der es ihm schwergefallen wäre. Da kam Sebastians Hilfe gerade recht. Dennoch bleibt auch hier ein mulmiges Gefühl: Letzte Woche sollte Hans sein Büro ausräumen, am nächsten Montag wird Herr Rottler dort einziehen. Ich bin zu Hans in die Firma gefahren, weil ich dachte, er würde vielleicht ein zweites Auto brauchen, um seine Sachen nach Hause zu bringen. Doch als ich das Büro betrat, sah alles aus wie immer. Die ganzen Ordner und seine andere Sachen standen noch da.

»So kannst du das aber nicht übergeben«, sagte ich, »das musst du doch erst ausräumen.«

»Okay, dann mache ich das«, antwortete er zerstreut.

Als ich am nächsten Tag wieder nachschaute, war alles weg. Das ganze Zimmer war leer. Alle Schränke, alle Schubladen, die Regale, alles. Ich habe keine Ahnung, wo die Sachen sind.

Mein Gott, das ging aber schnell, dachte ich. So schnell geht es, wenn einer wirklich will. Ich nehme an, dass ihm die Sekretärin oder jemand anders geholfen hat. Vielleicht hat er auch alles in den Reißwolf getan. Ich mag ihn nicht fragen, es geht mich ja auch nichts an. Ich bin ohnehin schon beschämt darüber, dass er den Eindruck gewinnen könnte, ich spioniere ihm nach. Das wollte ich gar nicht. Ich wollte nur helfen. Aber ich finde es sonderbar, dass alle seine Sachen auf einmal weg sind. Manchmal habe ich mich in der letzten Zeit schon bei dem Gedanken ertappt, ob Hans seine Angebote immer bis zum Schluss durchkalkuliert hat. Er hatte im vergangenen Jahr nicht mehr so viele Aufträge wie früher. Es lief schlecht. Vielleicht hatte er daran ja mehr Schuld, als ich denke? Ich schäme mich auch für diesen Gedanken, aber ich kann ihn nicht wegschieben, obwohl ich Hans schon so lange kenne und ihm mein Leben lang vertraut habe.

Nachdem wir die Firma verkauft haben, ändert sich eine grundlegende Sache in unserem täglichen Zusammenleben: Wenn ich aus der Schule komme, ist Hans zu Hause. Überhaupt ist er immer zu Hause, er unternimmt nichts, er geht nicht in die Garage zu seinem Oldtimer, er sitzt immer nur da und liest den *Spiegel*. Ich finde das beunruhigend, und da er nicht zu seinem alten Verhalten zurückzufinden scheint, obwohl die berufliche Belastung nun nicht mehr da ist, bin ich froh, dass wir drei Wochen nach dem Verkauf der Firma wieder einen Termin bei Professor Kube haben. Eigentlich hätten wir schon viel früher kommen sollen. Aber wegen des Verkaufs mussten wir den Termin mehrmals verschieben.

Als wir Platz genommen haben, fragt Professor Kube, wie wir hergekommen sind und wer gefahren ist. Das hat er doch letztes Mal auch schon wissen wollen, denke ich, warum fragt er das wieder? Ist das eine Standarderöffnung, oder will er andeuten, dass Hans nicht mehr selbst Auto fahren sollte? Da Hans nicht antwortet, antworte ich.

»Können Sie das bestätigen, was Ihre Frau sagt, Herr Dohmen?«, fragt Professor Kube.

Hans nickt. »Ja, ich bin selbst gefahren«, bestätigt er.

Professor Kube fragt nun, ob Hans in einem Verein ist, ob er sein Geld noch selbst verwaltet, ob er noch Zeitung liest und mit mir über das redet, was er gelesen hat, und ob Hans mehrere Dinge am Tag gleichzeitig tut oder ob er immer erst eine Sache zu Ende führt, bevor er eine neue beginnt. Hans beantwortet die Fragen entweder extrem knapp oder mit einem Seitenblick auf mich. In diesen Fällen antworte ich an seiner Stelle. Mir ist das Ganze schrecklich unangenehm, und als Professor Kube das Gespräch schließlich für beendet erklärt, bin ich erleichtert. Mich zieht es nach draußen, und ich zerre Hans fast hinter mir her, als wir zur Tür gehen. Auf mich wirkt er in diesem Moment verstört, als würde er allein nicht einmal mehr aus der Praxis hinausfinden. Aus irgendeinem Grund möchte ich nicht, dass Professor Kube ihn so sieht.

Als der Arztbrief einige Tage später ankommt, öffne ich ihn noch vor dem Mittagessen und bin sehr nervös dabei. Professor Kube schreibt, dass Hans zunehmend vergesslich wird und sich schlecht konzentrieren kann. Er stellt fest, dass Hans von sich selbst sagt, er habe keine Hobbys, und ihm ist aufgefallen, dass Hans Wortfindungsstörungen hat. Außerdem diagnostiziert er eine allgemeine Unsicherheit, eine Beeinträchtigung der Aufmerksamkeit und Affektivität, depressive Inhalte, muskuläre Verspannungen und Störungen des abstrakten Denkens.

Dieser Arztjargon! Dass diese Mediziner sich nicht normal ausdrücken können. Ich weiß ja, dass es ein Arztbrief ist, von dem Dr. Geldern eine Kopie bekommt. Aber trotzdem hört sich das alles so distanziert und theoretisch an, als ginge es hier um eine Karteileiche und nicht um den Mann, den ich liebe.

Professor Kube hat noch mehr herausgefunden: Hans' Wiedererkennungsleistung, Verarbeitungskapazität sowie Denk- und Problemlösefähigkeit sind seiner Meinung nach deutlich reduziert, mit Beeinträchtigung der Stimmungslage und globalem Vitalitätsverlust. Hans sei rasch erschöpft, müde und kraftlos. Professor Kube kommt zu dem Schluss, das Ganze sei ein »zerebraler Abbauprozess mit depressiver Komponente«.

Hans soll aber noch einmal wiederkommen, damit getestet werden kann, ob es sich um eine Demenz handelt. Bis auf Weiteres soll er das Tebonin einnehmen wie bisher.

Demenz, denke ich, das kann doch nicht sein. Wieso hat der Professor uns das nicht persönlich gesagt? Das hätte man doch in dem MRT sehen müssen. Aber ich bin erleichtert, dass er einen Ansatzpunkt gefunden hat. Nur so kann er Hans helfen. Mutter kann sich ja auch nicht mehr alles merken, und man kommt gut aus mit ihr. Wenn Hans eine Demenz hat und es so wird wie bei Mutter – damit könnte ich fertig werden. Aber ich glaube nicht, dass es Demenz ist. Bisher hat Professor Kube ja auch immer gemeint, es sei etwas anderes.

Hans zeige ich den Brief nicht – nicht, weil ich ihm etwas verheimlichen will. Aber er fragt nicht danach, und daraus schließe ich, dass er ihn nicht sehen will. Ich wundere mich nicht darüber. Zu sehr habe ich mich daran gewöhnt, dass er kein Interesse mehr an den Dingen hat.

Vier Wochen später ist Hans ein weiteres Mal bei Professor Kube, um den Demenztest zu machen. Ich bin auch diesmal dabei, ich habe mir wieder einen Tag frei genommen. Hans und ich werden in ein Untersuchungszimmer geführt, und eine Assistentin stellt ihm verschiedene Aufgaben: Er muss die Uhrzeit von Zifferblättern ablesen, doch das gelingt ihm nicht so richtig gut. Sie fragt ihn, ob er glaubt, dass er mehr Probleme mit dem Gedächtnis hat als seine Freunde und Bekannten, und er verneint das. Dann soll er schriftlich arbeiten: Sie legt

Kärtchen mit einer Reihe mit Begriffen vor ihn auf den Tisch, zum Beispiel »Nale – Sahe – Nase – Nesa – Sehna«, und er soll das Wort markieren, das einen Sinn ergibt. Bei leichten Wörtern gelingt ihm das, aber bei schweren wie zum Beispiel »Föderalismus« scheitert er. Anschließend soll er Zahlen und Symbole einander zuordnen. Eine 1 ist ein L, eine 2 wird durch ein Dreieck dargestellt und so weiter. Und dann stehen in einer Reihe Zahlen, und er soll die Symbole darunterchreiben. Das kann er gut. Die nächste Aufgabe ist ein Labyrinth, aus dem er herausfinden soll. Dann muss er Zahlen verbinden, sodass sie eine Figur ergeben – wie in einem Kindermalbuch. Er soll wieder rechnen, zum Beispiel 100 minus 7. Danach nennt ihm die Assistentin zehn Begriffe, und er soll anschließend diejenigen aufzählen, an die er sich erinnert.

Nun liest sie Fragen von einem Blatt ab: »Welcher Tag ist heute?«

»Donnerstag«, antwortet er, es ist aber Dienstag, und schlagartig bricht mir der Schweiß aus. Er weiß nicht, welcher Tag heute ist? Was soll ich davon halten?

»Wo sind wir?«, fährt die Assistentin unbeeindruckt fort.

Hans blickt mich an, und nach einer Pause meint er: »Beim Arzt.«

»In welcher Stadt?«, forscht sie nach.

»Bielefeld.« Das ist richtig.

»Und bei was für einem Arzt?«

»Kube«, antwortet Hans. Sie wollte natürlich hören, dass wir beim Neurologen sind, doch nun fragt sie nicht noch einmal nach. Das finde ich nicht richtig, aber ich traue mich nicht, etwas zu sagen, ich sehe ihr nur verunsichert dabei zu, wie sie Bemerkungen in ihren Fragebogen kritzelt.

Hans soll nun Sätze nachsprechen und sagen, wie gewisse Gegenstände im Raum heißen, auf die sie zeigt. Dann legt sie ein Blatt vor ihn und fordert ihn auf: »Nehmen Sie dieses Blatt in die rechte Hand. Falten Sie es in der Mitte. Legen Sie es auf den Boden.«

Und er folgt ihr, zögernd, unsicher. Anschließend soll er einen Satz auf das Blatt schreiben und eine Figur nachzeichnen.

Das misslingt ihm völlig, man kann überhaupt nichts erkennen. Dann schickt sie uns zurück ins Wartezimmer.

Nach etwa fünfzehn Minuten werden wir in Professor Kubes Zimmer gerufen. Er bittet uns, Platz zu nehmen. Ich fühle mich sehr unwohl, als sei er ein Richter, der gleich das Urteil über Hans sprechen wird. Ich versuche, mich selbst zu beruhigen: Hans hat sich doch ganz wacker geschlagen, rede ich mir ein, er konnte doch die meisten Aufgaben ganz gut lösen ... Doch es funktioniert nicht. Ich bin schrecklich aufgeregt. Professor Kube kommt direkt zur Sache. Er erklärt uns, dass Hans sich gut orientieren kann, und zwar zeitlich und räumlich. Ich wundere mich, denn immerhin wusste er nicht, welcher Tag heute ist. Was sind das denn für Maßstäbe, wenn so etwas als »gut« gilt? Damit wäre er doch im wirklichen Leben nie durchgekommen! Was ist das für ein Test, dieser Demenztest, überlege ich. Setzen sie etwa voraus, dass man bei den Testpersonen sowieso nicht mehr davon ausgehen kann, dass sie die Antworten wissen? Ich würde gern fragen, traue mich aber nicht.

Professor Kube spricht jetzt über Hans' Rechenleistung, dabei fällt ihm »eine leichte bis mittelgradige kognitive Beeinträchtigung« auf.

»Was bedeutet das?«, frage ich jetzt doch, während Hans stumm neben mir sitzt.

»Das heißt, dass Ihr Mann nicht depressiv ist«, übersetzt Professor Kube.

»Aber was ist es dann?«

»Sie müssen sich das so vorstellen: In jedem Gehirn finden gewisse Abbauprozesse statt. Nehmen wir an, normalerweise hat man zwanzig Eisenbahnwaggons zur Verfügung, dann sind bei Ihrem Mann drei bis sieben ausgefallen. Das ist nicht schlimm, man muss nur sehen, ob der Alltagsablauf dadurch gestört ist oder die Persönlichkeit.«

Ich starre ihn an, und das sieht er offensichtlich als Aufforderung, genauer zu werden.

»Sie müssen von einer cerebrovaskulären Insuffizienz mit leichten bis mittelgradigen kognitiven Störungen ausgehen«, fachsimpelt er und empfiehlt uns Gedächtnistraining. Außerdem soll Hans Tebonin intens einnehmen.

Ich denke, Eisenbahnwaggons, cerebrovaskuläre Insuffizienz, was soll das denn für eine Krankheit sein? Wenn ich schon seine erste Bemerkung mit den Eisenbahnwaggons nicht verstanden habe, warum wird er dann immer weniger verständlich? Eigentlich müsste er mir doch jetzt sagen: Ihr Mann hat das und das, und dies oder jenes tun wir, um ihn wieder gesund zu machen. Oder ist das eine zu naive Vorstellung? Ich würde den Professor gern fragen, was diese Diagnose für unseren Alltag bedeutet, wage es aber im Beisein von Hans nicht. Ich überlege: Vielleicht drückt er sich ja auch so schwer verständlich aus, damit Hans ihn nicht versteht? Denn das steht für mich ganz zweifelsfrei fest: Hans hat kein Wort verstanden von dem, was der Professor gesagt hat.

Wir gehen aus der Praxis, und ich nehme mir vor, dass wir das Gedächtnistraining machen werden, sooft es nur geht.

Im Dezember 2002 gehen wir zu einem neuen Arzt, Dr. Dettweiler. Er war früher Chirurg, doch dann hat er sein Skalpell weggelegt und den Kittel ausgezogen, weil er einen koreanischen Arzt kennenlernte, der mit alternativen Methoden Menschen heilte, die Dr. Dettweiler schon abgeschrieben hatte.

Wir mussten Hausstaub in einem Tütchen mitbringen, den ich zuvor auf doppelseitigem Tesaband gesammelt hatte, das wir außen am Haus und innen in den Räumen angeklebt hatten wie Fallen. Morgenurin hatten wir auch dabei, Blut wurde Hans in der Praxis abgenommen – ein einziger Blutstropfen genügte. Anschließend führte Dr. Dettweiler eine Irisdiagnose durch, eine Farbtherapie mit Steinen und viele energetische Dinge. Sieben Stunden dauerte das alles, Hans hing die ganze Zeit an Apparaten, Elektroden und auf einer Liege, die Energie auf den menschlichen Körper überträgt.

Die Diagnose stellte Dr. Dettweiler, indem er eine Elektrode an die Akupressurpunkte der Finger und Zehen hielt und das Ergebnis in den Computer einspeiste. So konnte er genau sagen, was bei Hans nicht in Ordnung ist. Anhand der Tesafilm-Messergebnisse schloss er eine Stauballergie aus, dafür stellte er eine Glutenallergie fest. Hans soll nun vorübergehend kein Gluten, also fast gar keine Getreideprodukte, mehr essen. Außerdem fand er heraus, dass Hans beim Bau unseres Hauses die Holzfenster mit Xylamon gestrichen haben muss, weil er eine Xylamonvergiftung habe. Und das ist die Lösung, die Ursache für Hans' Krankheit – das hoffe ich zumindest. Eine Vergiftung! Wenn man diese Vergiftung rückgängig macht, wird er vielleicht wieder gesund. An diesen Strohhalm klammere ich mich. Das Gluten müssen wir natürlich auch weglassen.

Anna hat sich aufgeregt über unseren Besuch bei Dr. Dettweiler.

»Das ist ein Scharlatan, Mama«, hat sie ins Telefon gerufen, obwohl sie ihn gar nicht kennt. »Ist er nicht«, entgegnete ich, »für die sieben Stunden, in denen er Hans untersucht hat, hat er nur 250 Euro genommen.«

Das hat sie ein bisschen beruhigt. Dennoch hat sie keine Ruhe gegeben. »Aber was hat es gebracht?«, wollte sie wissen. Sie ist immer so rational, manchmal habe ich auch das Gefühl, dass sie Hans schon ein bisschen abgeschrieben hat. Sie spricht eigentlich kaum noch mit ihm, wenn sie ihn sieht. Ich kann mit ihr aber nicht darüber reden, denn ich habe Angst vor ihrer analytischen Art. Angst davor, dass sie mir sagt: »Mama, du glaubst doch selbst nicht, dass er noch mal gesund wird.«

Also habe ich nur gesagt: »Ich tue das auch für *mich.*«

Das fand sie okay, es gefällt ihr, wenn ich etwas für mich selbst tue. Und es ist wirklich so. Ich tue das auch für mich. Denn ich vertraue Dr. Dettweiler, und ich kann ihn jederzeit anrufen. Morgens zwischen acht und neun Uhr hat er Telefonsprechstunde, und wenn ich Fragen habe, rufe ich ihn an. Das finde ich sehr gut. Es gibt mir unheimlich viel Hoffnung, auch wenn sich bei Hans bisher nichts verändert hat. Das mit der Xylamonvergiftung scheint doch nicht der entscheidende Punkt gewesen zu sein. Deswegen waren wir gestern noch einmal in der Sprechstunde.

Dr. Dettweiler hat ein neues Diagnose- und Therapiegerät. Es kommt aus Russland, ist sehr teuer, und in Deutschland gibt es bislang nur vier solche Geräte, sagt er. Die Patienten setzen sich eine Dreiviertelstunde lang vor das Gerät und halten in jeder Hand eine Elektrode. In dieser Zeit zeichnet ein Computer zwischen 6000 und 20 000 Aufnahmen vom Körper auf. Allein vom Auge macht er etwa fünfzig Aufnahmen. Die Brille muss man wie in einem MRT vorher absetzen. Vor dem Auge des Patienten erscheint dann eine Skala von eins bis sechs, wobei der Mittelwert, also drei, das Optimale ist. Wenn irgendein Organ nicht in Ordnung ist, schlägt der Pegel aus bis sechs. Der Apparat stellt sozusagen eine Diagnose, indem er den Zustand des Körpers misst. Nach der Diagnose schlägt die Amplitude immer wieder aus, aber ihr Ausschlag wird langsam kleiner, bis er sich schließlich bei drei oder vier einpendelt. So therapiert das Gerät gleichzeitig. Das hört sich unglaublich an, aber es stimmt. Es handelt sich um eine neue medizinische Errungenschaft, die von Ärzten entwickelt wurde – nicht von irgendwelchen Quacksalbern. Ich bin fasziniert davon. Anna hat die Hände über dem Kopf zusammengeschlagen, als ich ihr davon erzählt habe.

»Jetzt spinnst du total«, hat sie gesagt. Aber ich habe mich nicht beirren lassen. Ich will einfach daran glauben, dass Dr. Dettweiler Hans helfen kann.

Er hat abermals viele energetische Dinge mit ihm gemacht, zum Beispiel hat er mir geraten, ein Schachspiel auf Hans' Nachttisch zu stellen. Das habe ein starkes energetisches Feld. Er hat ausgetestet, welche Schachfiguren ich für Hans aufstellen soll. Das sind in seinem Fall Bauer, Turm und König.

Das werde ich auch tun, obwohl ich mir darüber im Klaren bin, dass Anna und sicher auch Sophie mich auslachen werden.

Er hat mir geraten, viel mit Nahrungsergänzungsmitteln zu arbeiten. Außerdem soll ich Hans drei Esslöffel basisch-mineralisches Salz ins Badewasser streuen, wegen der Rückfettung und Reinigung der Haut. Zusätzlich habe ich Pflaster bekommen, die Gift aus dem Körper ziehen. Diese muss man auf die Fußsohlen kleben. Das habe ich gestern Abend gleich gemacht, und heute Morgen war das Pflaster schwarz. Ich soll es Dr. Dettweiler wieder mitbringen, er will es untersuchen.

Außerdem hat er mir mehrere Dinge empfohlen, die ich für Hans kaufen soll. Allerdings nicht, wie Anna sofort vermutet hat, bei Dr. Dettweiler selbst. Vielmehr hat er mir die Adressen der Firmen gegeben. Zum Beispiel soll ich einen Biofeldregulator für Hans' Bett besorgen. Man muss ihn unter das Leintuch legen. Im Prospekt sieht er aus wie eine Scheckkarte. Daneben steht, dass der Regulator über das Biofeld geopathische Belastungen kompensiert, ebenso pathogene nichtthermische Wirkungen von Elektrosmog, und dass er Therapieblockaden löst, die durch Narben oder Allergene verursacht sind. Und dass man ihn nicht knicken darf. Ich kenne mich ein bisschen aus mit diesen esoterischen Begriffen, daher verstehe ich, um was es geht: Der Regulator neutralisiert den Einfluss von Wasseradern, von krank machendem Elektrosmog, und er überwindet die Blockaden im Energiekreislauf des Körpers, die zum Beispiel durch Narben verursacht werden.

Eine CD hat Dr. Dettweiler uns auch empfohlen, sie soll das Selbstbewusstsein aufbauen. Man muss sie nicht richtig hören, sondern ihre Botschaft geht tonlos über die Ohren ins Unterbewusstsein. Ich sollte spezielle Stöpsel für die Ohren und zwei sehr teure CDs kaufen, aber ich war nicht so ganz überzeugt und habe mir die CD in seiner Praxis lieber erst einmal mit Ton angehört. Der Text klang sehr abgehoben. Es ging darum, dass man bestimmte Gefühle, die ich allerdings nicht nachvollziehen konnte, akzeptieren sollte. Ich habe die CD trotzdem gekauft, weil Hans den Ton ja nicht hören wird. Und schaden kann es ja nicht, habe ich mir gedacht.

Für mich selbst soll ich auch etwas tun. Ich soll ein Glas mit Wasser füllen und alles hineinsagen, was mich belastet. Alle negativen Gedanken, zum Beispiel meine Angst, dass Hans etwas ganz Schlimmes hat. Oder meine Sorge, dass ich mit meiner Angst nicht fertig werde. Danach soll ich das Wasser wegschütten und neues Wasser in das Glas füllen und meine Wünsche hineinsprechen. Ich soll zum Beispiel sagen: »Ich wünsche mir, dass Hans wieder gesund wird.« Oder: »Ich wünsche mir, dass ich selbst die Kraft habe, dass es mir gut geht.« Oder: »Ich wünsche mir, dass meine Kinder und meine Enkel gesund bleiben.« Dann soll ich das Wasser mit einem Holzstab umrühren und über den Tag verteilt kleine Schlückchen davon trinken. Anna war natürlich außer sich, als ich ihr davon erzählte. Sie meinte, ich ließe mich von Dr. Dettweiler für dumm verkaufen, er betreibe Bauernfängerei. Ich kann sie sogar verstehen. Natürlich kann man sagen: »Das ist Humbug.« Aber wenn es mir hilft … Irgendwo muss ich diese Stärke ja hernehmen, die Anna und Sophie immer an mir beobachten und die sie so an mir loben. Sie fragen immer: »Du bist so stark, Mama, woher nimmst du das?«

Es sind auch diese esoterischen Dinge, die mir helfen.

Genau an seinem 61. Geburtstag, am 20. April 2003, hat Hans mit dem Fahrrad einen Jungen angefahren, der beim Ballspielen auf die Straße gerannt ist. Hans hat ihn gesehen, ist aber nicht ausgewichen. Der Junge, der schon elf ist, hat später erzählt, dass zuerst der Ball auf die Straße gerollt ist und er dann hinterherlief. Jeder, der sieht, dass ein Ball auf die Straße rollt, bremst intuitiv. Doch Hans ist einfach weiter geradeaus gefahren. Der Junge hat bei dem Unfall nur blaue Flecken davongetragen – ich habe ihn am nächsten Tag besucht –, aber Hans hat sich die Schulter gebrochen. Ich bin völlig am Boden: Der Junge tut mir leid, Hans tut mir leid, und ich frage mich, warum er nicht ausgewichen ist. Ich verstehe ihn einfach nicht. Was fehlt ihm, dass er so reagiert? Wie kommt es, dass er sich so sonderbar verhält? Und was haben Dr. Dettweilers Therapien bis jetzt bewirkt? Es scheint fast so, also ob es Hans schlechter geht – nicht besser. War ich zu blauäugig, als ich so große Hoffnungen in ihn gesetzt habe?

Er musste operiert werden, und ich wollte nicht, dass das Personal im Krankenhaus merkt, dass er krank ist. Wir wissen ja noch nicht einmal, was ihm genau fehlt, warum soll ich da die Pferde scheu machen? Ich wollte Hans seine Würde lassen, und man wird sich hier ohnehin nur um seinen Bruch kümmern.

Leider hat mein Plan, seinen Zustand geheim zu halten, nicht funktioniert. Eines Morgens, als ich Hans besucht habe, lachte er und erzählte mir: »Du, stell dir vor, der Chefarzt hat heute glatt zu mir gesagt: ›Wie sehen Sie denn aus? Wollen Sie sich denn heute gar nicht rasieren?‹«

»Da hat er auch allen Grund dazu gehabt«, habe ich geantwortet. Aber natürlich ist es mir sehr peinlich. So etwas sagt man doch nicht zu einem Patienten, vor dem man Respekt hat!

Zu meinen Sorgen um Hans kommt seit zwei Tagen noch eine Riesensorge hinzu: Die Firma ist insolvent. Ich habe nicht verstanden, wie das passieren konnte, und Sebastian hat es mir erklärt. Der Käufer, dieser Herr Rottler, hatte zwar schon alle Kaufverträge unterschrieben und die Geschäfte geführt, seit Hans ausgeschieden ist. Aber er war noch nicht Eigentümer der Firma, weil er den Kaufpreis noch nicht bezahlt hatte. Während der letzten Monate hat er aber schon Schecks ausgestellt und Überweisungen getätigt – obwohl er gar nicht unterschriftsbevollmächtigt war. Und er hat die Kredite der Firma erhöht. Unsere Hausbank hat ihm das genehmigt, obwohl er eigentlich gar nicht berechtigt war. Und obwohl er vierzehn Tage zuvor Privatinsolvenz anmelden musste. Das haben wir jetzt herausgefunden. Jedenfalls hat Rottler sehr viel Geld aus unserer Firma gezogen. Das ist dem zuständigen Mitarbeiter der Bank irgendwann aufgefallen, und er wollte das Geld zurück. So hat er uns in die Insolvenz getrieben. Obwohl inzwischen auch bekannt geworden ist, dass wir nicht die Einzigen sind, bei denen Rottler sich bedient hat. Er hat auch noch andere Firmen und Banken geprellt. Unsere Anwälte sagen, dass sie alles daransetzen werden, dass wir nicht haften. Mich beunruhigt die Sache trotzdem. Wenn wir haften, dann haften wir auch mit dem Haus. Nicht auszudenken, wenn Hans und ich hier ausziehen müssten. Ich will nicht darüber nachdenken, sonst werde ich verrückt. Ich muss mich ohnehin schon um alles kümmern, und es droht mir über den Kopf zu wachsen. Nachts schlafe ich kaum, weil Mutter immer wieder zur Toilette muss, und tagsüber bin ich so müde, dass ich mich manchmal wie in Trance bewege. Wenn ich dann doch einmal Zeit hätte, zu schlafen, liege ich wach und mache mir Sorgen. Wälze mich hin und her und frage mich, wie ich Hans helfen kann. Ich bin immer eine Frau gewesen, die die Probleme angepackt hat, wenn sie sich gestellt haben. Jetzt fühle ich mich hilflos, zum ersten Mal in meinem Leben. Ich weiß nicht, was ich tun soll.

Das Gedächtnistraining, der Sport und das Tebonin scheinen keine Verbesserung zu bringen. Im Gegenteil. Ich habe das Gefühl, es wird immer schlimmer. Hans ist dabei, der einsilbigste Mensch zu werden, den ich kenne. Er ist eins geworden mit seinem Sessel, selbst wenn Besuch kommt, ja selbst wenn Anna mit unseren Enkeln Luca und Max kommt, steht er nicht mehr auf, um sie zu begrüßen. Ich bin sehr besorgt, aber ich will mit Hans nicht mehr zu Professor Kube gehen. Ich finde nicht, dass er ihm besonders gut geholfen hat. Dr. Geldern hat uns auf meine Bitte hin einen anderen Arzt empfohlen, Professor Grieskamp. Am Telefon habe ich Professor Grieskamps Sekretärin bereits gesagt, dass Hans anders ist als früher: sehr ruhig, eigentlich zu ruhig, und dass Dr. Geldern uns geraten hat, uns um eine genaue Diagnose zu bemühen.

Und jetzt, es ist Anfang Mai 2003, sitzen wir also hier bei Professor Grieskamp, der einen kompetenten Eindruck macht und Sicherheit ausstrahlt. Ich schätze ihn auf Mitte fünfzig, er hat einen sehr aufmerksamen Blick und einen angenehmen Händedruck, irgendwie erinnert er mich ein bisschen an Sebastian, er ist der gleiche Typ, und ich habe sofort großes Vertrauen zu ihm, denn er wirkt sensibel und umsichtig.

Hans wirkt hilflos in dieser für ihn fremden Umgebung, und er spricht kein Wort, er sagt nicht einmal Guten Tag. Und bei allem, was er tun soll, schaut er mich Hilfe suchend an: Ich muss ihm sogar sagen, dass er seine Jacke ausziehen und sich hinsetzen soll. Das alles verunsichert mich selbst sehr. Wie muss Hans auf den Professor wirken! Er war doch immer ein gestandener Mann, ein Unternehmer! Mein Hans! Mein geliebter Hans! Während der Professor die Patientendaten im Computer aufruft, sehe ich ihn vor mir: auf der Ofenbank in der Skihütte, im Gärtchen bei der Mühle, ich höre seine Stimme, als er mich fragt, ob ich seine Frau werden will, und spüre noch immer den Blick, mit dem er mich dabei ansah. Hans war immer ein Teil von mir, und er ist es noch jetzt, aber ich verstehe nicht mehr, was mit ihm passiert. Er sitzt neben mir wie ein Häufchen Elend, und ich kann ihm nicht helfen. Aber Professor Grieskamp wird ihm helfen, da bin ich mir ganz sicher. Er wirkt so, als könnte er es.

»Sie sind also Hans Dohmen, geboren am 21.4.1940«, sagt er und wirft einen Blick auf Hans, als solle der das bestätigen. Doch das tut er nicht, er reagiert gar nicht.

»Welcher Tag ist heute, Herr Dohmen?«

»Dienstag.« Das ist falsch, so wie es auch bei Professor Kube falsch war, aber ich verbessere ihn nicht.

»Und welches Datum haben wir heute?«

»6. Mai 2003.« Das ist auch nicht richtig, es ist der siebte.

»Und Sie sind mit dem Auto hier?«

Hans nickt.

»Wo haben Sie geparkt?«

Hans antwortet nicht, sondern blickt mich Hilfe suchend an.

»Im Parkhaus gegenüber«, sage ich.

Der Professor lächelt mich an und sagt: »Danke, Frau Dohmen. Das habe ich mir schon gedacht.«

Ich nicke. Es ist schrecklich, dieser Unterhaltung zuzuhören und nichts tun zu können. Ich fühle mich, als ob man mir Hände und Füße gefesselt und mich in einen Fluss geworfen hätte. Ohnmächtig muss ich dabei zuschauen, wie Hans gedemütigt wird.

»Wie viele Stunden schlafen Sie nachts?«, fragt der Professor.

Wieder blickt Hans mich Hilfe suchend an.

»Ich sage jetzt nichts mehr«, sage ich. Dann wird es sehr still im Raum. Schließlich halte ich es nicht mehr aus und sage: »Neun Stunden ungefähr.«

»Und wann frühstücken Sie so?«

»Um acht«, antwortet Hans.

»Lesen Sie die Zeitung?«

»Ja.«

»Was machen Sie so am Vormittag?«

Wieder antwortet Hans nicht, aber diesmal fragt der Professor schneller weiter als zuvor, und die Stille lastet nicht so schwer im Raum.

»Gehen Sie spazieren?«

Hans zögert einen Moment. »Ja, schon.«

»Sehen Sie fern?«

»Ja.«

»Welche Sendungen sehen Sie gern?«

»Tagesthemen.«

So geht es immer weiter, bis der Professor irgendwann innehält und uns in ein kleines Untersuchungszimmer bittet. Hans will erst nicht hineingehen, ich muss ihn mehrmals ermuntern, bis er es tut. Dort macht eine Angestellte noch einige weitere Tests – zum Ernährungszustand, zu Seh- und Hörvermögen und zur Mobilität –, und dann können wir gehen. Wir sollen aber wiederkommen, zu weiteren Tests.

Auf dem Heimweg bin ich ziemlich deprimiert. Dass Hans das Datum nicht mehr weiß! Aber wieso sollte er sich dem Professor gegenüber auch anders verhalten als zu Hause?

An diesem Abend lege ich »Ticket to ride« von den Beatles auf – den Song, zu dem wir früher oft getanzt haben. Ich möchte die alten Zeiten heraufbeschwören, weil ich hoffe, dass damit der frühere Hans zurückkommt. Als die ersten Töne erklingen, gehe ich zu ihm und strecke ihm die Hand hin, um ihn aus seinem Sessel hochzuziehen.

»Ich möchte mit dir tanzen, Hans«, sage ich leise, die Hand ausgestreckt.

Er blickt zu mir hoch und reagiert nicht.

»Komm, Hans, tanzen«, wiederhole ich und greife nach seiner Hand, um ihn hochzuziehen. Er lässt sich von mir in die Mitte des Raumes führen, ich schlinge meine Arme um seinen Nacken und wiege uns beide im Takt der Musik hin und her. Eigentlich bräuchten wir für diese Art von Tanz einen Blues, schießt es mir durch den Kopf, doch dann spüre ich, wie er die Arme um mich legt. Das hat er so lange nicht getan, dass die Erinnerung daran zurückkehrt wie ein schmerzhafter Stich. Wie sehr ich ihn die ganze Zeit vermisst habe! Nun beginnt auch er, sich im Takt der Musik zu wiegen, zaghaft nur, aber unendlich beglückend. Die Gedanken jagen sich in meinem Kopf, ich sehe uns vor mir, sehe, dass das breite Flussbett, das unser gemeinsamer Lebensweg war, langsam schmaler wird und von Sandbänken durchzogen ist. Unser letzter Lebensabschnitt hat begonnen, Hilda, denke ich, aber wir werden ihn gemeinsam gehen. Ich schmiege mich an den Mann, den ich seit meinem vierzehnten Lebensjahr geliebt habe. So gern würde ich mich jetzt geborgen fühlen wie früher, aber vielleicht erwarte ich auch zu viel, vielleicht braucht er einfach Zeit. Und so schließe ich die Augen und genieße es, dass ich seinen Körper spüren kann.

Als das Lied zu Ende ist, löst Hans seine Umarmung. Er bleibt einen Augenblick vor mir stehen und sieht mich an. »Meine Hilda«, sagt er, und so etwas wie ein Gefühl kehrt in seine Augen zurück. Es ist wunderschön. Ich lächele und hebe den Kopf, um ihn zu küssen. Doch während ich noch zögere, weil er überhaupt nicht darauf reagiert, wendet er sich ab und geht langsam zu seinem Sessel zurück. Ich blicke ihm reglos nach, dann eile ich in die Küche, die Tränen unterdrückend.

Was soll ich tun? Was nur?

Als wir ein paar Wochen später den nächsten Termin bei Professor Grieskamp haben, fragt dieser zu Beginn abermals, wie wir hergekommen sind und ob wir gut hergefunden haben, aber natürlich gibt Hans wieder keine Antwort.

»Und wie schlafen Sie?«, will der Professor wissen.

»Gut.«

»Wie laufen Ihre Vormittage ab?«

»Gut«, wiederholt Hans, und ich erzähle, dass er im Garten und in der Küche mithilft, was Professor Grieskamp sich notiert, wie ich mit Genugtuung bemerke.

»Was machen die Hobbys?«, fragt er.

»Meine Eisenbahn.«

»Eine Modelleisenbahn?« Der Professor beugt sich interessiert vor.

»Ja.«

»Damit beschäftigen Sie sich regelmäßig?«

»Ja.«

»Na ja«, wende ich ein, »früher war es schon noch öfter, oder, Hans?«

»Ja.«

»Was machen Sie sonst so, Herr Dohmen?«

Hans schweigt. Ich sage: »Fernsehen und lesen.«

»Kann er Vereinbarungen einhalten? Also, wenn Sie ihn bitten, Kaffee zu kochen, macht er das dann?«

»Ja«, sage ich.

»Zuverlässig?«

»Nicht immer.«

»Wenn Sie gemeinsam etwas unternehmen, was ist das dann zum Beispiel?«

»Wir fahren Fahrrad«, sage ich.

»Und wie läuft das dann? Ist es harmonisch, oder gibt es Streit?«

»Sehr harmonisch«, sage ich, »wobei er manchmal auch allein unterwegs ist. Ich bin nicht immer dabei. Mein Mann fährt fast jeden Tag fünfzehn Kilometer, bei schönem Wetter auch dreißig.«

Er nickt und blättert ein bisschen in seinen Unterlagen. »Sie sind also seit mehr als dreißig Jahren verheiratet und haben zwei Kinder?«, fragt er dann, nun wieder an Hans gewandt.

Der nickt.

»Herr Dohmen, wie heißt Ihre Frau?«, fragt Professor Grieskamp jetzt.

Was für ein Quatsch, denke ich. Warum fragt er das?

»Meine Hilda«, antwortet Hans nach kurzem Zögern.

»Und wie heißen Ihre Kinder?«

Hans schweigt.

»Wie heißt ihr Bruder?«

Hans schweigt.

Ich blicke ihn an, es ist der schrecklichste Moment in meinem ganzen Leben. Ich blicke ihn an, und vor mir öffnet sich ein Graben, ich sehe, wie ich hineinfalle, Hans liegt schon drin, ich falle auf ihn und decke ihn mit meinem Körper zu, ich möchte ihn beschützen und bewahren, wärmen und wieder gesund machen. Doch in diesen endlosen Sekunden verstehe ich, dass das nicht so einfach ist, wie ich gehofft habe. Gleichzeitig spüre ich noch etwas anderes: Mitleid. Ich empfinde die ganze Situation als schrecklich entwürdigend. Ich nehme ihn in den Arm und sage zu Professor Grieskamp: »Ich möchte nicht, dass Sie meinen Mann noch weiter befragen.«

»Herr Dohmen, Ihre Krankheit ist schon viel weiter fortgeschritten, als wir gedacht haben«, sagt Professor Grieskamp mit warmer Stimme, und ich kann heraushören, dass auch er betroffen ist. »Ich schlage vor, dass Sie sich stationär aufnehmen lassen, damit wir eine Diagnose stellen können.«

Hans schweigt immer noch.

»Komm, Liebster, das ist doch eine gute Idee, du gehst da hin und dann lassen wir mal nachschauen, was mit dir los ist«, sage ich. Ich habe immer noch den Arm um ihn gelegt.

»Wenn du meinst«, flüstert er. Seine Stimme klingt in meinen Ohren auf einmal schutzbedürftig wie die eines kleinen Vögelchens. Oder klingt sie schon länger so, und es ist mir nur nie aufgefallen? In diesem Moment macht es mich fertig. Er war früher immer so dominant, ein richtiger Macho, und jetzt spricht er mit dieser Stimme, die gar nicht zu ihm passt. Ich sehe ihn an, und mir wird bewusst, dass er mir immer noch gefällt, wie er da sitzt, ein attraktiver Mann, der mit einer Stimme spricht, die nicht zu ihm passt. Und in diesen

Sekunden sehe ich wie im Zeitraffer, wie er sich verändert hat, ich sehe ganz klar, wie er war und wie er jetzt ist. Und das alles und dass er nicht mehr weiß, wie seine Kinder heißen, ist so unbegreiflich für mich, so unfassbar und unerträglich, dass mir die Tränen kommen. Ich spüre sie, dränge sie zurück, würge sie hinunter, denn so soll Hans mich nicht sehen, so darf er mich nicht sehen, sonst denkt er womöglich noch, er kann nicht mehr gesund werden.

»Frau Dohmen, dann sollten wir uns noch darüber unterhalten, ob Sie Ihren Mann beaufsichtigen sollten«, fährt Professor Grieskamp nun fort.

»Was meinen Sie?«, frage ich, immer noch mit den Tränen kämpfend.

»Ihr Mann ist Raucher, nicht wahr?«

»Nicht direkt, aber er raucht schon ab und zu mal.« Ich verschweige, dass er es vergisst, wenn ich seine Zigaretten verstecke.

»Es ist nicht ratsam, ihn allein mit Feuer hantieren zu lassen«, meint der Professor, »außerdem sollten wir auch überlegen, ob es sinnvoll ist, dass er allein Fahrradtouren unternimmt.«

»Können wir uns darüber ein anderes Mal unterhalten?« Meine Stimme klingt flehend. Ich kann nicht mehr, und außerdem will ich nicht, dass wir diese Dinge besprechen, wenn Hans mithört.

Der Professor nickt, und dann verabschieden wir uns.

Als wir nach Hause fahren, bemühe ich mich, mich normal zu geben. Damit Hans nicht merkt, was los ist. Er wirkt immer noch vollkommen ungerührt, als habe das Gespräch mit Professor Grieskamp überhaupt nicht stattgefunden. Ich überlege, was bei der nächsten Untersuchung herauskommen wird. Dass er irgendetwas Neurologisches hat, ist mir jetzt klar. Aber ich weiß nicht, was. Demenz, denke ich, vielleicht ist es eine Demenz. Aber es gibt noch viele andere Möglichkeiten. Man kann ihm bestimmt helfen, und dann geht es ihm wieder besser, rede ich mir ein. Wir müssen nur herausfinden, was er hat.

Drei Wochen später wird Hans stationär aufgenommen. Sebastian hat ihn hingebracht, ich musste ja in die Schule. Gestern Abend habe ich seine Tasche gepackt, ich habe viele Bücher hineingetan, damit ihm nicht langweilig wird, und heute Morgen, bevor ich losmusste, habe ich noch ein Blumensträußchen im Garten gepflückt und oben auf die Tasche gelegt. Außerdem habe ich dem Professor ein Fax geschickt, in dem ich ihn gebeten habe, Hans nicht mehr zu fragen, wie seine Kinder heißen. Ich will das nicht, weil ich mir vorstelle, dass es schrecklich sein muss für Hans, es nicht mehr zu wissen. Ich möchte ihm diese Demütigung ersparen.

Gleich nach Schulschluss fahre ich hin. Auf der Station frage ich, wo mein Mann liegt, und die Schwester antwortet: »Oh, ich glaube, der ist nicht mehr da.«

»Wie, er ist nicht mehr da?«, frage ich.

»Ja, gehen Sie erst mal nach hinten zum Professor!«

Ich klopfe an die Tür seiner Sekretärin, gehe hinein, und sie begrüßt mich mit den Worten: »Frau Dohmen, Ihr Mann ist weg!«

»Was heißt das: weg?«, frage ich.

»Er ist gegangen.«

»Wie, gegangen?«

»Gehen Sie mal zum Professor rein, ich glaube, der kann Ihnen mehr dazu sagen«, fordert sie mich auf und öffnet mir die Tür.

Professor Grieskamp ist besorgt, das spüre ich gleich. Ich setze mich und frage, was passiert ist, und es stellt sich heraus, dass Hans auf die Untersuchung warten musste, nachdem er angekommen war und Sebastian wieder gefahren ist. Er saß also allein in seinem Zimmer – und ich weiß, er konnte noch nie warten. So hat es ihm wohl zu lange gedauert, und er hat seine Sachen wieder gepackt und ist gegangen.

»Auf dem Handy ist er nicht zu erreichen, also haben wir ihn gleich gesucht«, sagt Professor Grieskamp, »er muss so um halb zwölf gegangen sein. Wir haben im Wald gesucht, in den Anlagen, überall. Aber wir haben ihn nicht gefunden. Haben Sie eine Idee, wo er hingegangen sein könnte?«

Ich bin schockiert, versuche aber, ruhig zu bleiben. »Nach Hause«, sage ich.

»Sind Sie sich da sicher?«

»Er kommt garantiert nach Hause, weil er immer nach Hause wollte, egal, wo er war. Er wollte einfach nach Hause.«

»Das ist aber ein ganz schönes Stück bis zu Ihnen nach Hause.«

»28 Kilometer oder so sind es«, sage ich.

»Hat er eine gute Konstitution?«

»Ja. Hat er. Aber er hat die Reisetasche dabei, mit mindestens fünf Kilo Büchern und dem ganzen anderen Gepäck ... zehn Kilo wird die schon wiegen.«

»Dann kommt er nicht weit«, befindet Professor Grieskamp. »Sie sollten jetzt nach Hause fahren und eine Vermisstenmeldung aufgeben, und wenn man ihn findet, informieren Sie mich bitte umgehend.«

Wie unter Schock mache ich mich auf den Heimweg, nachdem ich vergeblich versucht habe, Hans auf dem Handy zu erreichen – es klingelt, aber er geht nicht dran. Telefonisch informiere ich die Polizei. Der zuständige Beamte fragt, was Hans anhat, wie er aussieht, wie alt er ist. Ich mache die nötigen Angaben und füge hinzu, dass Hans auf der neurologischen Station war und von dort weggelaufen ist. Das fällt mir sehr schwer, es ist ein Eingeständnis, dass Hans krank ist. Der Beamte bleibt sachlich und erklärt mir, dass die Polizei die Suchmeldung an den Bahnhof und an alle Taxifahrer weitergeben wird. Und ich alarmiere meine Freundinnen, damit sie mir suchen helfen.

»Eine von euch muss den Weg nach Bielefeld rein fahren«, sage ich, »eine zum Bahnhof – vielleicht fährt er mit dem Zug heim. Sie sollte dort warten, zwei, drei Stunden lang. Eine sollte die verschiedenen Wege abfahren, die aus der Innenstadt in unsere Richtung führen. Eine sollte die Gegend um die Klinik herum abfahren. Und ich fahre den Weg, den er immer mit dem Auto aus Bielefeld nach Hause fährt. Wir bleiben alle per Handy in Kontakt.«

Nachdem sie alle ausgeschwärmt sind, setze ich mich ebenfalls ins Auto und fahre los. Ich habe Angst. Es ist kalt und düster draußen, und dann fängt es auch noch an zu regnen. Ich suche ihn den ganzen Nachmittag, stelle mir die schrecklichsten Dinge vor, die ihm zugestoßen sein könnten: dass er überfallen worden ist und mit blutendem Kopf im Straßengraben liegt oder dass er irgendwo erfriert oder dass er umgebracht wird von irgendeinem Psychopathen. Er hat ja auch seine Scheckkarte dabei, fällt mir ein. Und er ist hilflos, er könnte sich ja gar nicht wehren. Es ist alles meine Schuld. Es war ein Fehler, dass ich in die Schule gegangen bin, statt mir freizunehmen und ihn ins Krankenhaus zu bringen. Ich hätte nicht erst nach der Schule hinfahren dürfen. Ich hätte von Anfang an dabeibleiben müssen. Dann wäre er nicht weggelaufen. Ich mache mir solche Vorwürfe! Wieder und wieder rufe ich bei der Polizei an, frage: »Wissen Sie schon was?«

»Nein, aber machen Sie sich keine Sorgen, wir finden Ihren Mann«, sagen sie mir. Jedes Mal, wenn ich anrufe, ist ein anderer Beamter dran, aber sie wissen alle Bescheid, das finde ich gut, weil es mir zeigt, dass sie die Sache ernst nehmen.

»Finden Sie denn auch manchmal Leute *nicht* wieder?«

»Nein, das passiert nie, es ist ganz sicher, dass wir ihn finden, seien Sie ganz ruhig«, sagen sie mir immer wieder. Sie sind sehr freundlich und sehr nett, aber dennoch beruhige ich mich nicht.

Und wir finden ihn nicht! Als es dunkel wird, brechen wir die Suche ab. Ich fahre nach Hause und rufe Anna an. Sie setzt sich sofort ins Auto und ist eine Stunde später da. Sie muss sich sehr beeilt haben und sagt: »Er ist ja auch schon so krank auf eine Art, dass es vielleicht auch das Beste wäre.«

Ich weiche zurück, schlucke. Wie muss sie ihn sehen, wenn sie so etwas denkt und es sogar ausspricht? Und wie sehe ich ihn dagegen? Nehme ich ihn so anders wahr als sie? Ist er so viel kränker, als ich denke? Wie kann sie so etwas sagen, er ist doch ihr Vater! Ich verdränge den Gedanken und sage betont ruhig: »Nein, ich will ihn wiederhaben! So krank er auch ist, ich will ihn wiederhaben. Ich liebe ihn doch, ich will ihn zurück, egal, wie krank er ist.« Meine Stimme bricht, ich flüstere nur noch. »Ich will nicht, dass ihm etwas passiert. Ich will nicht, dass er irgendwelche Schmerzen hat, das will ich nicht.«

»Du liebst ihn wirklich sehr«, sagt sie, und es ist keine Frage. Ihr Blick drückt Mitleid aus, ihre Stimme ist nun ganz sanft, als bedauere sie ihre Worte von vorhin.

Ich nicke, die Tränen laufen mir jetzt über die Wangen, sie nimmt mich in den Arm und tröstet mich: »Sie finden ihn bestimmt. Ich schlafe heute Nacht bei dir. Und morgen früh haben sie ihn gefunden, du wirst schon sehen.«

Wir sitzen zusammen am Kamin, überlegen, wo er sein könnte, und während ich mich mit ruhiger Stimme mit ihr unterhalte, kriecht die Panik in mir hoch. Es passiert ja immer wieder, dass zum Beispiel eine alte Frau, die sich verirrt, in einer Scheune stirbt, weil sie nicht mehr herausfindet. Und Annas harte Reaktion eben hat mir klargemacht, dass Hans viel kränker ist, als ich wahrhaben will. Mit wird eiskalt bewusst, dass er nicht mehr wusste, wie seine Töchter heißen.

Um halb zwölf gehen wir ins Bett. Ich bin gerade im Bad und putze mir die Zähne, da klingelt es an der Haustür. Ich stürze hin, und da stehen zwei Polizisten und sagen: »Wir bringen Ihnen Ihren Mann zurück.« Ich bin so erleichtert, dass ich sie beide in den Arm nehme – einen nach dem anderen. Geld dürfen sie ja nicht annehmen. Hans ist noch im Auto, ich gehe hin und öffne die Tür, und da sitzt er und guckt mich an und sagt gar nichts.

»Komm raus, Hans, komm, du bist zu Hause«, fordere ich ihn auf, ich bin so froh, dass ich schon wieder weinen könnte, diesmal vor Erleichterung, aber ich reiße mich zusammen. Er soll nicht sehen, dass ich mir Sorgen gemacht habe.

»Wo haben Sie ihn gefunden?«, frage ich die beiden Polizisten.

»Da vorne an der Ecke«, sagen sie, »keine fünfhundert Meter von hier entfernt.«

Hans steigt jetzt aus, ich umarme ihn und drücke ihn ganz fest. Er ist klatschnass, bis auf die Unterhose. Als die Polizisten weggefahren sind, gehen wir hinein. Anna steht in der Tür und nimmt ihn auch in den Arm: »Hallo, Papa.«

»Sophie, bist du schon wieder da?«, fragt er sie. Sophie ist auf Klassenfahrt, und offensichtlich verwechselt er die beiden. Obwohl Anna viel älter ist und sie einander nicht besonders ähnlich sehen: Sophie ist viel kleiner als Anna, hat längere und viel dunklere Haare und eine sehr viel weiblichere Figur, eine niedliche kleine Stupsnase und ein paar Sommersprossen.

»Ich bin Anna, Papa, nicht Sophie«, stellt sie klar; sie ist nicht überrascht.

Wie sieht sie ihn?, frage ich mich abermals. Ahnt sie etwas, was ich nicht wahrhaben will?

»Vielleicht sollte er in die Badewanne?«, fragt sie mich, »damit er keine Erkältung bekommt.«

Das ist eine sehr gute Idee, und ich haste nach oben, um das Wasser einzulassen. Während es in die Wanne läuft, rufe ich in der Klink an und gebe Bescheid, dass Hans wieder da ist. Professor Grieskamp ist natürlich schon nach Hause gefahren, und ich frage, ob ich ihn direkt anrufen soll. »Nein«, meint die Nachtschwester, »das mache ich gleich selbst.«

Hans kommt mir nach, er zieht sich aus, und jetzt sehe ich, dass er dort, wo die Gurte der Reisetasche, die er sich wie einen Rucksack umgelegt hat, in seine Schultern eingeschnitten haben, lauter Blutergüsse hat. Dennoch – ich bin froh, einfach nur froh, ich bin so froh, dass ihm nichts passiert ist. Hauptsache, er ist wieder da, denke ich. Hauptsache, ihm ist nichts passiert.

Als er schließlich in der Wanne liegt, frage ich: »Wie bist du denn nach Hause gekommen? Wir haben dich überall gesucht, den ganzen Tag!«

»Über die Autobahn.«

Er muss den Wegweisern gefolgt sein, dreizehn Stunden lang. Mit der schweren Tasche, in die ich noch die Bücher gepackt hatte.

»Warum bist du denn nicht zu einem Haus gegangen und hast angerufen?«

»Ich hab geklopft, aber niemand hat aufgemacht!«

Natürlich, denke ich, wenn im Dunkeln jemand klopft, der eine Reisetasche auf dem Rücken hat, lässt einen niemand hinein.

Viel mehr reden wir nicht. Er hat kein Bedürfnis, wie immer in letzter Zeit, und er muss ja auch hundemüde sein, sage ich mir. Deswegen lasse ich ihn in Ruhe.

Er liegt zwanzig Minuten im Wasser, dann sage ich: »So, jetzt solltest du langsam raus.«

»Ja«, antwortet er. Er steht aber nicht auf.

Ich warte eine Weile, denke, er ist ja auch wirklich sehr erschöpft. Doch er rührt sich nicht.

»Jetzt komm doch raus, Hans«, sage ich.

Er richtet sich auf, hält sich rechts am Rand der Wanne fest und bemüht sich, herauszusteigen, aber es geht nicht.

Ich denke, mein Gott, was mache ich jetzt? Wie hole ich ihn heraus? Ich sehe nach, ob Anna noch wach ist, aber sie schläft schon. Soll ich sie wecken?, überlege ich, dann entscheide ich mich dagegen. Ich überlege hin und her, und schließlich lasse ich das Wasser ab. Unten in der Wanne liegt eine Gummimatte, damit man nicht ausrutscht, und dann helfe ich ihm, ziehe ihn hoch, und es geht.

Ab sofort darf er nur noch duschen, denke ich. Dann überlege ich: Nein, einmal werde ich es noch probieren. Vielleicht war das heute eine Ausnahme.

Wir gehen gemeinsam ins Bett, und sobald er neben mir liegt, schläft er ein. Ich merke es an seinen Atemzügen. Ich bin zwar auch erschöpft, kann aber trotzdem nicht einschlafen. Immer wieder sehe ich Bilder von früher vor mir. Als es uns gut ging. Als wir ein Paar waren. Nun sind wir schon lange kein Paar mehr, jedenfalls nicht körperlich. Und geistig eigentlich auch nicht.

Die Gedanken kommen und bedrängen mich und lassen sich nicht abschütteln. Sie kriechen in mein Herz hinein und machen es kalt und karg und dunkel. Ich fühle die Wellen der Verzweiflung, denke, Hilda, reiß dich zusammen, es wird schon alles wieder gut werden. Ich rolle mich ein, ziehe die Beine an die Brust und schlinge die Arme darum. Ich mache mich ganz klein, um mich zu halten, wenn es schon sonst niemand mehr tut. Ich fühle mich einsam, einsam und unendlich allein. Ich liege mit geöffneten Augen im Dunkeln, sehe die Bilder von früher vorbeiziehen, frage mich, wann Hans begonnen hat, sich zu verändern. Mir fallen all die Momente wieder ein, in denen ich mich über ihn geärgert habe, in denen ich ihn unmöglich fand, und frage mich, ob ich ihm damals nicht schon unrecht getan habe, ob er damals vielleicht schon krank war. Ich denke und überlege und kann nicht aufhören. Und dabei halte ich seine Hand, und ab und zu vergewissere ich mich, dass er noch atmet, und während ich seinen Atemzügen lausche, denke ich, Hilda, du musst jetzt wirklich schlafen, gleich weckt Mutter dich ohnehin wieder. Hans steht ebenfalls immer wieder auf, dann schnarcht er wieder, ich kann nie richtig schlafen.

Ich erfülle meine Pflichten tagsüber und nachts, und dann habe ich ja auch noch die wirtschaftlichen Sorgen wegen der Firma. Ich bin so belastet, dass ich überhaupt keine Zeit habe. Und in den kurzen Augenblicken, in denen ich doch Zeit habe, klammere ich mich verzweifelt an den Gedanken, dass man Hans sicher irgendwie helfen kann.

Einige Tage später bin ich allein bei Professor Grieskamp, um zu besprechen, wie wir weiter vorgehen sollen.

»Eine Untersuchung ist jetzt nur noch im geschlossenen Trakt möglich, Frau Dohmen«, teilt er mir mit, »ich kann Ihren Mann nicht mehr auf der Station aufnehmen.«

»Ich möchte nicht, dass er in die geschlossene Anstalt kommt – und sei es auch nur für ein paar Tage«, widerspreche ich. »Ich kann mich ja mit auf der Station aufnehmen lassen und aufpassen, dass mein Mann nicht noch mal wegläuft. Er ist ja auch nur deswegen weggelaufen, weil er so lange warten musste.«

»Nein, ich kann Sie nicht auf der Station mit aufnehmen«, wiederholt er. »Sie müssen Ihren Mann dann schon ein paar Tage in der Geschlossenen lassen. Aber die Oberärztin dort ist sehr nett, es ist alles ganz, ganz freundlich da. Es ist unsere einzige Chance, Ihren Mann richtig zu untersuchen.«

Ich denke, na ja, kein Wunder, dass er kein Risiko mehr eingehen will. Er hat in der Nacht, in der Hans vermisst wurde, auch nicht geschlafen. Die Nachtschwester hat ihn nicht angerufen, nachdem ich ihr Bescheid gegeben habe, dass Hans wieder da ist. Sie dachte, es genüge, wenn er das am nächsten Morgen erfährt.

Professor Grieskamp kommt jetzt noch einmal auf das Thema zurück, das er bei unserem ersten Besuch schon angesprochen hat: Ich soll Hans beaufsichtigen. Er spricht davon, dass Hans sich selbst gefährdet, davon, dass ein Zimmerbrand entstehen könnte durch eine vergessene brennende Zigarette, und dann fragt er mich, wie wir es eigentlich mit dem Geld halten: ob Hans frei über sein Geld verfügen darf oder ob ich unsere finanziellen Dinge regele. Ich weiß erst gar nicht, was er meint, denn selbstverständlich würde ich Hans in Geldfragen niemals kontrollieren. Wir haben absolutes Vertrauen zueinander, in allen Bereichen unserer Ehe. Aber dann lässt Professor Grieskamp die Katze aus dem Sack: »Frau Dohmen, Sie sollten überlegen, Ihren Mann unter Betreuung zu stellen.«

Ich schaue ihn fassungslos an. Meint er etwa, dass ich Hans entmündigen soll?

»Was meinen Sie damit?«, stammele ich schließlich.

»Früher sagte man, Sie sollten die Vormundschaft für ihn übernehmen«, erklärt er. »Heute sagt man: Sie werden seine gesetzliche Betreuerin. Spätestens seit Ihr Mann weggelaufen ist, ist klar, dass er zumindest zeitweise die Impulskontrolle verliert und vor allem krankheitsbedingt nicht mehr in der Lage ist, seine Situation und die Tragweite seiner Entscheidungen zu beurteilen«, führt Professor Grieskamp seine Gedanken weiter aus. »Deswegen ist es sehr wahrscheinlich, dass Ihr Mann wieder weglaufen wird. Und ich als Arzt kann auch nicht einfach bestimmen: ›Sie, Herr Dohmen, bleiben jetzt mal schön im Krankenhaus.‹ Jeder Patient hat jederzeit das Recht, eine Klinik zu verlassen.«

»Und wenn ich zustimmen würde, dass er in der geschlossenen Abteilung untergebracht werden kann?«, wende ich ein. Das erscheint mir auf einmal viel weniger schlimm als eine Entmündigung. »Von dort kann er doch nicht weglaufen, dann muss ich doch auch nicht seine gesetzliche Betreuerin werden.«

»Doch. Die Bestimmung des Aufenthalts darf nur ein Betreuer treffen, sonst habe ich nichts in der Hand, wenn er gehen will. Und auch die Entscheidung zumindest in medizinischen Fragen sollten künftig Sie treffen, da Ihr Mann auch hier die Tragweite einer Aufklärung über Untersuchungen und Behandlungen nicht erfasst.«

Ich bin schockiert. Ich soll Hans entmündigen! Ich starre den Professor einfach nur an und finde keine Worte.

»Betreuungsverfahren sind inzwischen in allen Kliniken tägliche Routine, schon bei der Aufnahme in Alten- und Pflegeheime wird das bei vielen Menschen gemacht, aber auch sonst in vielen anderen Situationen, in denen jemand nicht für sich selbst entscheiden kann«, will der Professor mich beruhigen. Aber ich bin in diesem Moment nicht zu beruhigen. Ich sehe nämlich ein, dass er recht hat. Und dass dieser Schritt, Hans unter meine Betreuung zu stellen, ein weiterer Schritt weg von der Normalität ist – hinein in die Krankheit, welche auch immer das sein mag. Der Strudel, der uns erfasst, dreht sich immer schneller, denke ich. Und mir wird klar: Noch befinden wir uns am Rand dieses Strudels. Wir wissen nicht, was innen drin sein wird.

In dieser Nacht weine ich so sehr, dass ich meinen Kissenbezug gegen drei Uhr wechseln muss. Meine Tränen haben ihn durchnässt. Um Hans nicht zu wecken, schnäuze ich mich unter der Bettdecke, sie ist meine warme Höhle, der ich meine Qualen anvertraue. Wenn Mutter mich ruft, torkele ich mit verquollenen Augen zu ihr, hebe sie aus dem Bett in den Rollstuhl, setze sie auf die Toilette, hebe sie wieder in den Rollstuhl und zurück in ihr Bett.

»Du sagst ja gar nichts, Hilda«, bemerkt sie, nachdem sie mich das fünfte Mal gerufen hat und ich dabei bin, sie wieder zuzudecken. »Fehlt dir was?«

Ich habe keine Kraft, zu leugnen, die Tränen fließen, sie hört mein Schluchzen. Obwohl sie fast blind ist, findet ihre

Hand sofort meinen Arm, sie zieht daran, »setz dich zu mir, Hilda.«

Ich gehorche. Ich sehne mich danach, ihr im matten Licht ihrer Nachttischlampe meine Sorgen anzuvertrauen. Bis jetzt habe ich ihr alles verheimlicht, weil ich sie nicht beunruhigen wollte. Während ich noch überlege, ob ich ihr alles erzählen soll, stellt sie fest: »Du weinst wegen Hans.«

Ich schniefe.

»Es ist mir aufgefallen, Hilda. Er ist nicht mehr der Alte. Was ist mit ihm?«

Selbst sie hat es bemerkt, denke ich, und meine letzten Bedenken, mich ihr anzuvertrauen, schwinden. »Ich weiß es nicht, Mutter«, flüstere ich. »Wir sind in Behandlung, aber wir haben noch keine Diagnose. Heute habe ich erfahren, dass ich ihn entmündigen lassen soll.« Meine Stimme gehorcht mir nicht mehr, meine Lippen verzerren sich, weil mein ganzer Körper von Weinkrämpfen geschüttelt wird. Ich hatte vergessen, wie schmerzhaft es ist, sein Leid anderen zu offenbaren. Mutter wartet, bis ich mich wieder gefangen habe und ihr erzählen kann, wie sehr sich Hans verändert hat. Während ich rede, streichelt sie die ganze Zeit meinen Arm. Als ich geendet habe, ist es still im Raum. Nur mein Schniefen ist zu hören. Sie streichelt mich weiter, ich lasse es geschehen, spüre aber keinen Trost.

»Es ist gut, dass du es mir gesagt hast, Hilda«, sagt Mutter schließlich. »Wenn ich dir helfen kann, tue ich es. Ich bin immer für dich da.«

»Danke, Mutter«, flüstere ich. Aber ich weiß, dass ich ihre Hilfe nicht in Anspruch nehmen werde. Sie kann mir nicht helfen, niemand kann das.

In den kommenden zwei Wochen beantrage ich die gesetzliche Betreuung für Hans. Ich muss aufs Amtsgericht, muss unsere Vermögensverhältnisse offenlegen, es ist mir unendlich peinlich. Formulare kommen per Post zu uns nach Hause, ich muss sie alle ausfüllen. Ein ärztlicher Gutachter meldet sich an. Er stellt fest, was Hans alles nicht mehr kann. Ein Sozialarbeiter hatte mir zuvor geraten, dass ich Hans das Wahlrecht lassen soll. Man könne jemanden schrittweise unter gesetzliche Betreuung stellen. Ich habe mich erkundigt: Es gibt die Bereiche Vermögenssorge, Gesundheitssorge und das Aufenthaltsbestimmungsrecht. Das Wahlrecht gehört einer dieser Obergruppen an. Und wenn man das Wahlrecht verliert, so sagte dieser Sozialarbeiter, wird dies in der Gemeinde veröffentlicht. Das wäre mir natürlich sehr unangenehm gewesen, also habe ich Hans dieses Recht gelassen.

Gestern Abend habe ich Hans' Sachen abermals gepackt, und jetzt stehen wir hier. Es ist eine Demenzabteilung, das muss eine Untergruppe in der geschlossenen Abteilung sein. Wahrscheinlich wollen sie Hans hier einquartieren, nur weil er nicht mehr wusste, wie seine Kinder heißen. Und es ist ja auch wirklich so, dass man jetzt untersuchen muss, was ihm fehlt. Sonst kann man ihn nicht richtig behandeln. Vielleicht hat er ja wirklich eine Demenz?

Hinter uns haben sich alle Türen automatisch geschlossen, ich habe mich umgedreht, man kommt von innen nicht hinaus. Und hier oben, im dritten Stock, macht es mich schaudern. Die Menschen hier, wie sie schauen, wie sie gehen, es ist gespenstisch. Ich habe so etwas noch nie gesehen. Eigentlich ist es ein typischer Krankenhausflur, hell, freundlich, und der Aufenthaltsraum ist auch mit Bedacht gestaltet worden: rosa-orange geblümte Vorhänge, weiß gefliester Fußboden, rosa-orangefarbene Sessel, die um runde Tische herum gruppiert sind. Und überall Topfblumen und Zimmerpflanzen. Man merkt, dass sie es hier gemütlich machen wollten. Deswegen ist es nicht die Einrichtung, die mich schockiert, sondern die Bewohner. Sie gehen alle hintereinander her, und alle halb schräg, wie gestaucht, und alle schauen uns an, als wären wir seltene Tiere im Zoo, die sie noch nie gesehen haben.

Auf den Tischen im Speisesaal, in den ich kurz hineinschaue, liegen Wachstischdecken, wie in einem Kindergarten.

Hans sagt: »Du glaubst doch wohl nicht, dass ich hier bleibe!«

»Nein«, antworte ich, »hier gehörst du nicht hin.«

Aber so ganz sicher bin ich mir nicht, dass wir wieder gehen sollen. Schließlich muss Hans untersucht werden, er braucht Hilfe. Und wenn man das hier leisten kann, vielleicht sollte er dann doch lieber bleiben? Es ist ja nur für ein paar Tage.

Eine Schwester kommt auf uns zu und fragt, wer wir sind. Ich stelle Hans und mich vor, und sie nickt: »Wir haben Sie schon erwartet.«

Dann führt sie uns in ein Zimmer und fordert uns auf: »Richten Sie sich ein, machen Sie sich's bequem.«

»Ich würde gern erst noch mit der Stationsärztin sprechen«, sage ich, »ich lasse meinen Mann nicht einfach so hier.«

»Warten Sie hier, ich schaue mal, ob ich sie finde.«

Nach etwa einer Viertelstunde kommt sie in Begleitung einer großen brünetten Frau um die vierzig zurück, die sich als Dr. Mertens vorstellt.

»Ich bin erschüttert, so haben wir uns das hier nicht vorgestellt«, sage ich zu ihr, nachdem wir einander begrüßt haben.

»Was haben Sie denn erwartet?«, fragt sie.

Ich schlucke. »Jedenfalls nicht, dass es *so* ist«, antworte ich dann. »Kann mein Mann denn wenigstens in seinem Zimmer essen?«

Sie schüttelt den Kopf. »Das sehen wir nicht gern.«

»Also, wenn Sie wollen, dass er etwas isst, muss er in seinem Zimmer essen. In diesem Speisesaal mit den Wachstischdecken und in dieser Atmosphäre bringt er keinen Bissen runter, das kann ich Ihnen gleich sagen.«

»Aber Ihr Mann passt doch ganz gut hierher, zu den Dementen!«

Ich starre sie an, es fühlt sich schrecklich an. Es tut weh, unendlich weh. Wie kann man nur so gefühllos sein? Und das als Ärztin! Als Ärztin, die mit diesen Menschen umgeht, der diese Menschen ausgeliefert sind!

»Ich bin nicht dement«, sagt Hans in die Stille hinein, die zwischen uns beiden Frauen entstanden ist. Ich sehe ihn an, die Tränen schießen mir in die Augen. Mein lieber Hans. Mein lieber, liebster Hans. Wie wach du noch bist. Wie wehrhaft.

Wie stolz. Bleib so, bitte bleib wenigstens so, wie du jetzt bist. Ich liebe dich noch immer.

»Noch nicht«, antwortet Dr. Mertens, und in diesem Moment kommt sie mir nicht nur unverschämt und gefühllos vor, sondern abgrundtief böse. Ich werde innerlich ganz hart, ich will nur noch raus hier, durch diese verschlossenen Türen, raus aus diesem Haus, ins Auto und nach Hause, dahin, wo niemand uns beleidigen kann, wo ich Hans beschützen und versorgen kann. Ich ziehe Hans hinter mir her, ohne mich richtig zu verabschieden, ich gehe wie in Trance, während sie uns die Türen öffnet, das immerhin tut sie, wahrscheinlich ist sie froh, dass wir gehen.

Eines muss ich allerdings noch tun, bevor wir nach Hause fahren: Ich muss Professor Grieskamp informieren. In seinem Vorzimmer sage ich zu seiner Sekretärin: »Die geschlossene Anstalt kommt für meinen Mann nicht infrage.« Sie winkt mich gleich durch, wahrscheinlich, weil ich so erregt bin. Ich erzähle Professor Grieskamp, was vorgefallen ist, und er entschuldigt sich.

»Normalerweise ist Dr. Mertens nicht so«, erklärt er.

Trotzdem bin ich überzeugt, dass Hans hier nicht bleiben kann.

Wir haben auf Anraten von Professor Grieskamp noch einmal den Arzt gewechselt und sind in der Uniklinik in München. Dort sind sie angeblich auf Fälle wie den unseren spezialisiert. Hans ist selbst hingefahren, 600 Kilometer über die Autobahn. Er hat mich ja nie fahren lassen. Da wollte ich ihm jetzt nicht sagen: »Ich fahre, du kannst es nicht mehr.« Ich wollte, dass er es sich noch zutraut. Ich habe aber nicht geschlafen, wie früher immer auf langen Strecken. Ich dachte, pass lieber mit auf, und wenn irgendetwas ist, übernehme ich das Steuer. Aber es ging alles gut, obwohl er unwahrscheinlich schnell gefahren ist.

In München wird Hans stationär aufgenommen, in der Neurologie. Er teilt sich das Zimmer mit einem anderen Mann, der einen Schlaganfall hatte und der sehr nett ist. Aber eigentlich unterhalte nur ich mich mit ihm, während ich Hans' Sachen aus dem Koffer in den Schrank räume. Hans redet sehr wenig. Ich ertappe mich bei dem Gedanken, dass ich froh wäre, wenn Hans »bloß« einen Schlaganfall hätte, und beneide den Mann um sein vermeintlich leicht zu tragendes Schicksal. Während ich darüber nachdenke, wie ungerecht es ist, dass man sich die Krankheit, die einem auferlegt wird, nicht aussuchen kann, lege ich den *Spiegel* und die Bücher auf Hans' Nachttisch. Meine eigene Tasche stelle ich vorerst in die Ecke. Ich gehe davon aus, dass ich ebenfalls mit aufgenommen werde. Ich muss ja aufpassen, dass er nicht wieder wegläuft. Die Klinik ist nicht abgeschlossen, es ist ein öffentliches Krankenhaus. Nicht auszudenken, wenn Hans einfach durch den Ausgang spazieren würde! Ich würde ihn in München nie mehr wiederfinden.

Nachdem wir uns eingerichtet haben, führt uns die Schwester zu Professor Weber, einem großen, ein bisschen einschüchternd wirkenden Mann um die sechzig mit Hornbrille und tiefen Falten. Als er mir die Hand gibt, fühle ich mich wie eine Marionette, die ihm ausgeliefert ist.

»Von wo sind Sie angereist?«, fragt er uns, nachdem er uns begrüßt hat und wir uns gesetzt haben.

»Aus Ostwestfalen«, sage ich.

»Da komme ich auch her«, erzählt er, und auf einmal fürchte ich mich ein bisschen weniger vor ihm, »wo sind Sie denn langgefahren?«

Ich schildere unsere Route, er fragt, ob wir gut durchgekommen sind.

»Viereinhalb Stunden«, sagt Hans, und der gestrenge Professor wird ganz bleich um die Nase.

»Viereinhalb Stunden?« fragt er, »das sind doch mehr als 600 Kilometer!«

»Mein Mann fährt immer so schnell«, sage ich, und ich merke, wie Hans neben mir wächst. Er ist stolz.

»Herr Dohmen, wie fühlen Sie sich?«, fragt Professor Weber ihn. Seine Stimme klingt jetzt weicher.

»Gut.«

»Erzählen Sie mal ein bisschen was über sich.«

»Es geht mir gut«, wiederholt Hans, nachdem er einige Sekunden überlegt hat.

»Er hat nie viel geredet«, sage ich, »er war nie ein Schwätzer. Er war immer ruhig und knapp.«

»Was machen Ihre Hobbys?«, fragt Professor Weber.

Hans schweigt, und ich sage, dass er kaum noch Interesse an seinem Oldtimer, seinen Briefmarken und der Modelleisenbahn hat.

»Und wie funktioniert das Gedächtnis?«, fragt der Professor.

»Gut«, antwortet Hans. Ich widerspreche nicht, ich will ihn nicht bloßstellen.

»Der Stapel auf Ihrem Schreibtisch: Wie hoch ist der ungefähr?«, fragt Professor Weber.

»Mit den unbearbeiteten Papieren?«, frage ich, da Hans keine Anstalten macht, zu antworten.

Er nickt.

»Mein Mann arbeitet nicht mehr«, sage ich.

»Haben Sie Enkel?«, will er wissen.

Hans blickt mich an, und ich spüre, wie die Tränen in mir hochsteigen.

»Wir haben zwei Enkel«, sage ich schnell, »Luca und Max.«

»Gut«, sagt Professor Weber, »wir sollten möglichst bald mit dem klinischen Teil der Untersuchung beginnen.«

Dann entlässt er uns. Als wir an der Tür stehen und Hans schon ein paar Schritte vorgegangen ist, frage ich: »Kann ich noch kurz allein mit Ihnen sprechen?«

Ich will ihm all das sagen, was Hans nicht hören soll.

»Wir können doch auch zu dritt reden«, wendet er ein.

»Ich möchte vor meinem Mann nicht über das reden, was sich bei ihm verändert hat.«

»Gut.« Er blickt mich aufmunternd an.

Ich muss es nun alles sagen, denke ich, jetzt ist der Augenblick. Und dennoch zögere ich, es fällt mir unendlich schwer. Denn ich komme mir vor, als sei ich die Hauptbelastungszeugin in einem Verfahren, in dem über Hans' Leben entschieden wird. Wenn ich sagen würde: Alles ist okay, Hans benimmt sich wie immer, nichts hat sich verändert – dann würde vielleicht niemand hier in der Klinik bemerken, dass er krank ist. Aber dann würde ihm auch nicht geholfen, und das will ich nicht. Also muss ich ihn belasten, um ihm zu helfen. Und das werde ich nun tun.

»Mein Mann hat sich sehr verändert«, sage ich schnell und mit leiser Stimme, damit Hans, der nun einige Meter entfernt wartet, mich nicht hört. »Er hat kaum noch Gefühle, für mich nicht und für andere auch nicht. Sein Gedächtnis ist schon seit fast zwei Jahren sehr schlecht, außerdem redet er kaum noch.«

Der Professor nickt, aber ich bin nicht sicher, ob er verstanden hat, wie dramatisch die Veränderung ist. »Früher war mein Mann wortgewandt, schlagfertig und vielseitig interessiert«, fahre ich daher fort. »Er ist auch nervös geworden, und langsamer.«

Ich fühle mich schrecklich. Was wird er nun von Hans denken?

»Es ist gut, dass Sie mir das sagen«, meint er, und ich merke, wie sich etwas in meiner Brust zu lösen beginnt, was sich dort über Jahre hinweg angestaut hat. Ich bin nicht mehr allein mit meiner Last. Hier ist jemand, der sich der Sache annehmen wird. Wir werden hier so lange bleiben, bis wir wissen, wie wir Hans helfen können. Ich bin jetzt so weit, dass ich die Augen nicht mehr länger verschließen will vor Hans' Krankheit – wie auch immer sie aussehen mag. Ich werde nicht mehr allein sein mit meiner Hilflosigkeit, wenn wir nach Hause fahren, sondern der Professor wird den Kampf gegen die Krankheit für mich führen. Und morgen schon wird er damit beginnen.

Als wir wieder auf der Station sind, stellt sich heraus, dass ich nicht mit aufgenommen werden kann. Ich muss mir also ein Hotel suchen und hoffen, dass Hans nicht wegläuft, während ich dort bin. Ich bleibe noch bei ihm, bis er im Bett liegt, lege ihm seine Kleidung für morgen zurecht und sage, als sein Bettnachbar im Bad ist: »Das musst du morgen anziehen, und morgen früh bin ich wieder da. Lauf bitte nicht wieder weg, mein Liebster, hörst du?«

»Ja«, antwortet er, er sieht mich dabei an, doch dann schweift sein Blick ab und bleibt im Nirgendwo hängen.

Ich streiche sanft über seinen Kopf, spüre die warme Haut unter seinen kurzen Haaren. Was geschieht mit seinem Gehirn?, frage ich mich. Wieder und wieder streichele ich ihn, doch er schweigt, wie fast immer in letzter Zeit.

»Hans, wir schaffen das schon«, flüstere ich, ich möchte so gern noch mit ihm reden, ein paar Worte nur.

»Klar«, sagt er, »schaffen wir.«

Ich habe das Gefühl, er hat keine Ahnung, was ich gemeint habe.

Am nächsten Tag um acht Uhr stehe ich wieder an Hans' Bett, und ich bin erleichtert, dass er noch darin liegt. Ich helfe ihm beim Aufstehen. Vielleicht habe ich mich gestern Abend ja getäuscht und er will selbst endlich wissen, was mit ihm los ist, denke ich. Sonst würde er doch wieder weglaufen. Aber sicher bin ich mir nicht. Ich bin einfach nur froh, dass er noch da ist, dass er überhaupt da ist, dass es ihn gibt. Ich nehme ihn in den Arm, aber er bleibt steif und hölzern stehen und erwidert meine Umarmung nicht. Ich lasse ihn los, er zieht sich an, und wir gehen spazieren. Er geht voraus, den Krankenhausflur entlang bis zum Lift und drückt auf »E«, verlässt den Lift zielstrebig wieder und geht in den Innenhof des Gebäudes, der angelegt ist wie ein kleiner Park. Ich wundere mich über seinen Orientierungssinn.

»Du kennst dich ja gut aus hier, Hans«, bemerke ich.

»Sicher«, sagt er bloß, er sieht mich gar nicht an dabei. Zumindest die Betonung ist die alte, er hat früher oft auf diese selbstverständliche und leicht provozierende Art »sicher« gesagt, wenn ich ihn für irgendetwas bewundert habe – zum Beispiel für sein handwerkliches Geschick oder für seine Belesenheit.

Wir spazieren durch den Park, ich plaudere mit ihm, doch er ist sehr einsilbig, sodass ich fast erleichtert bin, als er wieder zurückgeht. Ohne Probleme findet er das richtige Stockwerk und den Weg zurück in sein Zimmer. Über sein Orientierungsvermögen freue ich mich allerdings, denn zu Hause hatte er ja große Schwierigkeiten, auf unseren Radtouren oder auf dem Weg zu Professor Kube den richtigen Weg zu finden. Ich hatte deswegen erwartet, dass er sich in dieser großen Klinik auf keinen Fall zurechtfinden würde.

Als Erstes müssen wir an diesem Morgen in die Neuropsychologie. Dr. Uhlendorf, ein junger Assistenzarzt, der Hans untersuchen soll, begrüßt uns in seinem Zimmer und fragt Hans dann: »Herr Dohmen, welche Probleme haben Sie zurzeit?«

Hans blickt mich an.

»Er ist ein bisschen vergesslich geworden, nicht wahr, Hans?«, antworte ich.

Dr. Uhlendorf nickt. »Haben Sie körperliche Erkrankungen?«

Hans schüttelt den Kopf.

»Psychische Probleme?«

»Nein«, sagt Hans.

»Und Ihre Stimmung?«, möchte Dr. Uhlendorf wissen.

»Gut.«

Als Nächstes legt Dr. Uhlendorf ihm einen Bogen vor, auf dem die Begriffe »blau«, »grün«, »rot« und »gelb« stehen. Die Schriftfarbe der Wörter wechselt und sie entspricht nicht der Bedeutung des jeweiligen Wortes. Das Wort »blau« ist zum Beispiel in Grün geschrieben und das Wort »gelb« in Rot. Hans soll sagen, in welcher Farbe das jeweilige Wort geschrieben ist. Das gelingt ihm nur mit großer Mühe.

Dann soll Hans möglichst viele Wörter aufzählen, die mit S anfangen. Anschließend legt Dr. Uhlendorf ihm eine Zeichnung vor, auf der ein Mann zu sehen ist, der im Winter auf einem zugefrorenen Teich eingebrochen ist und gerade von einem anderen Mann gerettet wird. Hans soll beschreiben, was auf dem Bild zu sehen ist, aber alles, was er sagt, ist: »Der hilft dem.«

Dr. Uhlendorf liest ihm nun zehn Wörter vor, die Hans direkt danach wiederholen soll, danach zehn Zahlen. Beides gelingt ihm. Anschließend legt der Arzt ihm ein Holzbrett mit Holzwürfeln vor; Hans soll die Würfel in der gleichen Reihenfolge antippen, in der Dr. Uhlendorf sie zuvor angetippt hat. Dabei macht Hans sehr viele Fehler. Dr. Uhlendorf zeigt ihm dann fünf Bilder, darauf sind ein Schuh, eine Tasse, ein Buch, ein Fahrrad und ein Stuhl zu sehen. Hans soll die Dinge, die er gesehen hat, aufzählen, nachdem der Arzt die Bilder wieder weggeräumt hat. Dann legt er ihm mehrere Bilder vor, darunter auch die von vorhin, und Hans soll auf die fünf Bilder zeigen, die er zuvor gesehen hat. Das klappt überhaupt nicht. Als Nächstes liest Dr. Uhlendorf ihm eine Geschichte vor, und Hans soll sie danach möglichst genau nacherzählen. Das schafft er nur sehr eingeschränkt. Anschließend soll er eine geometrische Figur abzeichnen, was ihm nur in groben Zügen gelingt. Dann werden ihm Fotos von Haustüren vorgelegt, und er soll diese Haustüren danach auf größeren Bildern, auf denen mehrere verschiedene Haustüren abgebildet sind, wiedererkennen. Das klappt ganz gut. Danach soll er die zuvor gezeichnete geometrische Figur noch einmal aus dem Gedächtnis zeichnen, was er nicht tut. Stattdessen legt er den Kugelschreiber wieder aus der Hand, nachdem er vergeblich versucht hat, sich zu konzentrieren, blickt mich an, lässt den Blick aber dann an mir abgleiten und kauert sich auf seinem Stuhl zusammen, mit hängendem Kopf. Ich bin kurz davor, in Tränen auszubrechen. Doch Dr. Uhlendorf ist noch nicht fertig. Er zeigt ihm nun Fotos von Helmut Schmidt, Willy Brandt, Franz-Josef Strauß und Helmut Kohl, und Hans soll sagen, wie sie heißen. Das schafft er. Der Arzt fragt ihn, was am 11. September 2001 geschah und wann die Mauer fiel. Dann soll er die Bilder einer Bildergeschichte in die richtige Reihenfolge bringen.

Schließlich fragt ihn Dr. Uhlendorf: »Herr Dohmen, was bedeutet das Sprichwort ›Der Apfel fällt nicht weit vom Stamm?‹«

Hans überlegt, dann antwortet er: »Dass da innerhalb der Familie richtig was zur Familie gehört.«

Ich blicke ihn an und denke: Es kann nicht sein, dass er nicht mehr in der Lage ist, sich anders auszudrücken. Hier, vor diesem Arzt, wo es doch so sehr darauf ankommt! Ich selbst habe mich an seine Ausdrucksweise gewöhnt, doch aus Sicht von Dr. Uhlendorf dürfte sein Sprachniveau allenfalls dem eines Fünfjährigen entsprechen. Das ist mir entsetzlich unangenehm, und gleichzeitig liebe ich Hans für sein Bemühen, alle Fragen zu beantworten, obwohl er doch merken muss, dass er es nicht mehr kann. Ich habe das Gefühl, dass er es für mich tut.

»In welchem Bundesland befinden wir uns?«, fragt Dr. Uhlendorf.

»Nordrhein-Westfalen.«

»Und in welcher Stadt?«, fragt Dr. Uhlendorf.

»Bielefeld«, antwortet Hans.

»Welchen Monat haben wir?«

»März.« Das ist falsch, es ist Mai. Ich erinnere mich an die Fragen, die Professor Kube und Professor Grieskamp Hans gestellt haben; auch bei ihnen hat er sich mit dem Datum schwergetan. Das kann kein Zufall mehr sein.

»Wann war der Erste Weltkrieg?«

»1922 bis 1923.« Jede falsche Antwort fühlt sich für mich an wie ein Nagel zu seinem Sarg, ich zucke innerlich zusammen und muss mich zurückhalten, um nicht zu rufen: Er hat ein Unternehmen geführt! Er war immer viel intellektueller als ich! Er hat wahrscheinlich mehr Wissen gehabt als Sie!

»Und der Zweite Weltkrieg?«, fragt Dr. Uhlendorf weiter, der nichts von meinen Gedanken ahnt.

»1939 bis 1944.«

Und so geht es noch eine ganze Stunde lang weiter, mit immer neuen Aufgaben, die ihm mal mehr, mal weniger Schwierigkeiten bereiten, und ich denke die ganze Zeit nur: Lassen Sie ihn doch endlich in Ruhe, Sie haben doch schon längst gesehen, dass er es nicht mehr kann. Es ist schrecklich für mich, ich würde am liebsten hinausgehen, aber allein lassen will ich ihn auch nicht, und so bleibe ich und leide.

Als wir fertig sind, wird ihm in einem Untersuchungszimmer in einer Lumbalpunktion Nervenwasser aus dem Rückenmark entnommen. Dr. Uhlendorf sticht zwischen seinen Bandscheiben hindurch etwa drei Zentimeter weit in die Wirbelsäule hinein und zieht eine kleine Spritze auf. Danach können wir gehen, doch der Untersuchungsmarathon geht weiter. Hans muss noch einmal ins MRT – Professor Weber möchte prüfen, ob seit der Untersuchung in Bielefeld Veränderungen eingetreten sind. Anschließend wird sein Zuckerstoffwechsel gemessen, dazu spritzt man ihm radioaktiv markierte Glukose in die Vene.

»Wozu soll das gut sein?«, erkundige ich mich.

»Das Gehirn benötigt Sauerstoff und Zucker, um zu arbeiten«, erklärt mir die Assistentin, die die Untersuchung durchführt. »Deswegen zieht es die Glukose an. Durch die Radioaktivität kann man dann sehen, in welche Region des Gehirns sie gezogen wird, und dadurch findet man heraus, in welcher Region die Nervenzellen aktiv sind.«

Am letzten Tag in der Klinik, dem 21. Juli 2003, haben wir ein abschließendes Gespräch mit Professor Weber. Ich fürchte mich davor. Was wird dabei herauskommen? Gleichzeitig habe ich auch Hoffnung, denn eine Diagnose ist besser als keine Diagnose, weil sie Klarheit und somit eine Behandlungsmöglichkeit mit sich bringt.

Franziska ist angereist, sie kommt um halb elf auf Hans' Zimmer, und um elf Uhr haben wir den Termin bei Professor Weber. Ich wollte, dass sie dabei ist, weil sie medizinische Dinge aufgrund ihres Berufes besser versteht als Hans und ich. Als wir uns in den Armen liegen und sie meinen Rücken streichelt, rieche ich ihr Parfum, und dieser Geruch von »draußen«, aus der Welt fernab dieses Krankenhauses, verdeutlicht mir wie in einem Brennglas, dass sie diese Reise unternommen hat, weil auch sie weiß, dass der Professor uns gleich etwas Entscheidendes sagen wird. Ich halte sie länger im Arm, als wir es normalerweise tun, wenn wir einander begrüßen, und natürlich spürt sie meine Angst. »Hilda, was auch immer geschieht, du kannst auf mich zählen«, flüstert sie in mein Ohr.

»Danke«, flüstere ich zurück, dann lasse ich sie los, damit sie Hans begrüßen kann, der auf seinem Bett sitzt und im *Spiegel* blättert.

Es tut mir so gut, dass sie da ist und mir das Gefühl gibt, dass ich mich bei ihr anlehnen kann! Das ist etwas, was mir, seit Hans krank ist, am meisten fehlt: dass ich mich manchmal anlehnen kann. Ich muss immer alles selbst entscheiden und organisieren.

Als Professor Webers Sekretärin uns pünktlich um elf Uhr in sein Zimmer bittet, pocht mein Herz so stark, dass ich froh bin, mich setzen zu können. Ich sehe mich in dem Raum um und fühle mich wie eine Angeklagte vor Gericht, über die gleich das Urteil gesprochen werden wird: wehrlos und ängstlich.

»Wir kommen jetzt zu einer Bewertung meines klinischen Eindruckes und der zusätzlich erhobenen Befunde«, beginnt Professor Weber, er blickt uns alle drei der Reihe nach an und macht eine Pause. Da niemand von uns Anstalten macht, etwas einzuwenden – was sollten wir auch einwenden? –, fährt er fort: »Herr Dohmen leidet unter einem Verlust seiner geistigen Fähigkeiten im Zuge einer frontalen Demenz. Es handelt sich um ausgeprägte kognitive Beeinträchtigungen, seine Impulskontrolle, Verantwortungs- und Kritikfähigkeit sind deutlich eingeschränkt, sein Arbeitsgedächtnis ist deutlich reduziert, die Fähigkeit des Planens und Konzeptbildens ist deutlich eingeschränkt.«

Er redet weiter, doch ich höre nicht mehr zu, weil ich ihm gedanklich nicht so schnell folgen kann, wie er spricht. Das Einzige, was bei mir hängen bleibt, ist das Wort *Demenz*.

Also doch eine Demenz, denke ich. Das Zimmer scheint sich auf einmal zu drehen, ich habe Kreislaufprobleme und fürchte, ich muss mich hinlegen. Dann fällt mir dieser Witz ein: »Welchen Vorteil hat es, wenn man Alzheimer hat? Man lernt jeden Tag neue Leute kennen.«

»Im Unterschied zu einer Demenz vom Alzheimer-Typ sind bei einer frontalen Demenz zunächst weniger das Gedächtnis und die räumliche Orientierung betroffen, sondern das Verhalten der Patienten verändert sich, sie werden sozial auffällig und ihre soziale Verantwortung nimmt ab«, höre ich

Professor Weber jetzt wie durch eine Wand aus Watte sagen. Ich bin immer noch damit beschäftigt, nicht von meinen Stuhl zu fallen, vor meine Augen schiebt sich immer wieder Schwärze – unter normalen Umständen müsste ich mich jetzt hinlegen, aber das will ich nicht, es wäre mir zu peinlich. Ich bemühe mich, ruhig, tief und gleichmäßig zu atmen, und überlege dabei, ob ich jemanden kenne, der dement ist. Aber mir fällt niemand ein, es ist im Moment auch alles zu viel für mich. Ich versuche mir vorzustellen, was dieses Wort »Demenz« für Hans und mich, für unser weiteres gemeinsames Leben, bedeutet. Aber ich kann es nicht. Ich weiß eigentlich nicht viel über die Krankheit, außer, dass sie schlimm ist.

Ich denke noch, dass ich eigentlich immer gelacht habe über diesen Alzheimer-Witz mit den neuen Leuten, die man jeden Tag kennenlernt. Und dass ich das in Zukunft wohl nicht mehr tun werde. Dann fällt mir die geschlossene Anstalt wieder ein, in der ich Hans nicht lassen wollte, weil der Anblick der dementen Insassen, die an diesen schrecklichen Tischen mit den Wachstischdecken saßen, mich vollkommen entmutigt hat.

»Auto fahren darf Ihr Mann von jetzt an nicht mehr«, fährt der Professor jetzt fort, »das können Sie ihm nicht mehr erlauben. Es ist zu gefährlich für ihn selbst und für andere, da gibt es kein Pardon.«

Wie durch einen Nebel höre ich seine Worte, aber dass Hans nicht mehr Auto fahren darf, dringt doch messerscharf zu mir durch. Es ist sonderbar, aber dieses Detail schockiert mich fast mehr als die Diagnose selbst. Denn wenn jemand nicht mehr Auto fahren darf, so scheint es mir, dann muss es ja wirklich schlimm um ihn stehen. Und gleichzeitig bin ich auch irgendwie erleichtert, denn ich habe wirklich Angst gehabt in letzter Zeit, wenn ich mit Hans mitgefahren bin. Ich wollte, dass er fährt, um ihm seine Würde zu lassen, aber es ging mir nicht gut dabei. Und nun habe ich von ganz oben die Weisung, es nicht mehr zu erlauben. Nicht ich bin es, die es verbietet, sondern ich handele im Namen des Professors. Fortan muss ich keine Angst mehr um unser Leben haben.

»Ich glaube, dass diese Erkrankung weiter fortschreiten wird und wir präventive Maßnahmen ergreifen müssen. Frau Dohmen, Sie müssen in Zukunft mehr Verantwortung übernehmen als bisher. Nicht nur das Autofahren, auch das Hantieren mit Feuer und alle anderen Dinge, mit denen Ihr Mann sich selbst und andere in Gefahr bringen kann, müssen Sie in Zukunft unterbinden.«

Ich schluchze auf, das ganze Ausmaß seiner Worte dringt allmählich zu mir vor, dabei will ich doch nicht weinen, um Hans zu schonen. Er soll nicht das Gefühl bekommen, dass es schlimm steht um ihn.

Franziska legt den Arm um mich, und der Professor nimmt seine Brille ab und sieht mich mit einem mitfühlenden Blick an. »Ich bin mir vollkommen darüber im Klaren, dass diese Diagnose eine der schlimmsten ist, die man überhaupt stellen kann«, erklärt er. »Meine Einschätzung wird jedoch durch die Ergebnisse des MRT gestützt, und ich bin mir sicher, dass ich richtigliege. Sie müssen von jetzt an hart sein zu Ihrem Mann, Frau Dohmen. Sie müssen ihm viele Dinge verbieten. Das ist insofern besonders schwer, als Sie das Lebenswerk Ihres Mannes – wer er einmal war, was er geleistet hat – vollkommen außer Acht lassen müssen. Sie dürfen ihn nicht mehr wie einen erfolgreichen Unternehmer behandeln, sondern sie müssen mit ihm umgehen wie mit einem kleinen Kind.«

Wieder macht er eine Pause, dann fügt er hinzu: »Es tut mir sehr leid.«

Nun weine ich, aber kein Laut kommt mehr über meine Lippen. Die Tränen laufen in Bächen meine Wangen hinunter. Ich kann nicht sprechen, sondern wühle mit gesenktem Kopf in meiner Handtasche, um ein Taschentuch zu suchen. Franziska fragt den Professor nun irgendetwas, ich verstehe nicht, worüber sie reden, ich kann eigentlich gar nicht mehr richtig denken. In all meinem Unglück bin ich froh, dass sie da ist. Er wird nie mehr gesund werden, denke ich. Nie mehr, nie mehr, nie mehr, hämmert es nun in meinem Kopf. Wenn ich zu Hause bin, muss ich mich erst einmal über die Krankheit informieren, vielleicht ist es ja auch ein milder Verlauf, vielleicht haben wir noch viele Jahre. Und dann gibt es ja auch Medikamente. Damit kann man die Krankheit sicherlich aufhalten.

Professor Weber und Franziska reden noch eine ganze Weile miteinander, und in dieser Zeit versuche ich, mich wieder zu fangen. Ich zwinge mich, positiv zu denken. Natürlich bin ich jetzt, wo ich diese Diagnose habe, am Ende, sage ich mir. Aber eigentlich ist das falsch. Denn zuvor, als wir noch nicht wussten, was er hat, waren wir doch viel schlechter dran. Nun haben wir einen klaren Auftrag, eine Handlungsanweisung. Sie lautet: Bekämpfe die Demenz. Wir können etwas tun.

Und tatsächlich funktioniert es. Ich spüre, wie die Kraft zurückkommt. Mir fällt ein, dass Anna mir schon vor Wochen, als Hans den Demenztest gemacht hat, empfohlen hat, mich an die Deutsche Alzheimer Gesellschaft zu wenden. Von dort werde ich mir Informationsmaterial schicken lassen. Und vielleicht suche ich mir eine Selbsthilfegruppe. Ich muss Dr. Geldern fragen, ob es bei uns in der Nähe eine solche Gruppe gibt.

Als wir Professor Webers Zimmer eine Dreiviertelstunde später verlassen, gehe ich sehr aufrecht, mit erhobenem Kopf. Hans, der neben mir geht, soll mir nicht ansehen, wie betroffen ich bin. Franziska hat ihn untergehakt und erzählt ihm von Rolfs Reiseplänen – er hat das Outback und das Sabbatical inzwischen verworfen und strebt eine dreimonatige Urlaubstour durch Feuerland an. Franziska erzählt, um Hans in Normalität zu wiegen. Und ich bin ihr dankbar dafür. Ich habe jetzt nicht die Kraft, mich um ihn zu kümmern. Ich habe genug mit mir selbst zu tun.

Auf dem Heimweg, zurück nach Bielefeld, fahre ich. Mittags machen wir an einer Autobahnraststätte halt, weil Hans unbedingt etwas essen will. Wir gehen hinein, obwohl ich diese Raststätten überhaupt nicht mag. Das Essen dort ist wirklich schlecht, aber was soll's, denke ich nun, wenn er Hunger hat, soll er essen. Ich gehe natürlich davon aus, dass er einen Teller Nudeln oder ein Käsebrötchen bestellen wird. Wurst oder Fleisch essen wir auch in guten Restaurants nur, wenn sie aus ökologischer Erzeugung stammen. Doch jetzt stehen wir an der Theke, und Hans bestellt sich ein Würstchen. Ich starre ihn an, er hat immer gesagt, »wenn du jemanden umbringen willst, musst du mit ihm bloß irgendwo Würstchen essen gehen«. Und jetzt bestellt er sich hier ein Würstchen, an der Autobahnraststätte! Ich widerspreche nicht, aber dieses Würstchen erscheint mir wie ein Symbol dafür, wie weit die Krankheit schon fortgeschritten ist.

Die Broschüre von der Alzheimer Gesellschaft ist angekommen. Ich lese sie abends im Bett, als Hans schon schläft. Es steht eigentlich alles darin, was man wissen muss; am meisten beschäftigt mich aber das Kapitel: »Welche Symptome und Stadien hat die Alzheimer-Krankheit?«

Am Anfang haben die Kranken der Broschüre zufolge vor allem Gedächtnisstörungen: Sie konnen sich nicht mehr merken, worüber sie sich unterhalten oder was sie gelesen haben, und sie erinnern sich nur bruchstückhaft an Dinge, die erst kurz zuvor passiert sind. Das ist bei Hans auch so, und in gewisser Weise finde ich es tröstlich, zu erfahren, dass sein Verhalten krankheitsbedingt ist. Es erscheint dadurch verständlicher.

Ich lese weiter. Angeblich verlegen demente Menschen auch oft etwas und suchen danach, oder sie vergessen Verabredungen. Das ist bei Hans nicht der Fall. Ich bin beruhigt – er scheint noch nicht besonders krank zu sein, man kann ihn mithilfe von Medikamenten sicherlich auf diesem Niveau einpendeln.

Die Fähigkeit, Urteile zu fällen, Entscheidungen zu treffen und Probleme zu lösen, ist bei den Patienten eingeschränkt, erfahre ich. Viele sind auch antriebsarm und wollen nichts mehr unternehmen. Hans, wie er in seinem Sessel sitzt, kommt mir in den Sinn. Auch ist in der Broschüre von Reizbarkeit und ausgeprägten Stimmungsschwankungen die Rede – das trifft auf Hans gar nicht zu; aber da steht auch, dass das nicht bei allen Kranken der Fall ist. Manche Patienten haben Probleme, beim Sprechen die passenden Wörter zu finden oder sich beim Autofahren zurechtzufinden. Das ist bei Hans auch so. Bei komplizierten Aufgaben (bei Bankangelegenheiten, Reiseplanungen und bei Vertragsabschlüssen) brauchen sie Hilfe. Meist können sie ihre berufliche Tätigkeit nicht mehr ausüben, sodass eine Rente beantragt werden muss. Das habe ich bei Hans auch versucht, aber seine Versicherung gegen Berufsunfähigkeit zahlt ab dem 61. Lebensjahr nicht mehr. Das war genau der Zeitpunkt, zu dem ich sie beantragen wollte.

Ich lese weiter: »Im frühen Krankheitsstadium sind sich die Betroffenen über das Nachlassen ihrer Leistungsfähigkeit bewusst. Meist fühlen sie sich dadurch verunsichert, deprimiert und beschämt. Es ist verständlich, dass sie versuchen, Fehler zu verschleiern, Ausreden zu gebrauchen und Bloßstellungen zu vermeiden.« Das habe ich nicht gewusst. Hans wirkt auf mich immer so, als registriere er gar nicht, wie er sich verändert. Zu erfahren, dass er sich dieser Veränderung bewusst ist, macht mich zutiefst betroffen. Denn wenn er darum weiß – warum vertraut er sich mir dann nicht an? Warum hat er alle meine Versuche, mit ihm zu reden, abgewehrt? Wenn es stimmt, was dort steht, dann hat er aus Scham so gehandelt. Aber er braucht sich doch vor mir nicht zu schämen! Ich kann mir das nicht erklären.

Ich stehe auf, gehe ein paar Schritte hin und her und überlege, ob die Dinge, wie sie in der Broschüre dargestellt sind, wirklich auch auf Hans zutreffen. Zum Teil sicherlich – aber gibt es nicht bei jeder Krankheit einen unterschiedlichen Verlauf? Ich setze mich wieder, um weiterzulesen. Ich muss mir erst ein vollständiges Bild von dem Text machen, um darüber urteilen zu können.

Unter der Überschrift »Mittleres Stadium« heißt es, die Patienten brauchten zunehmend Hilfe bei einfachen Aufgaben des täglichen Lebens, zum Beispiel wenn sie Verkehrsmittel benutzen, einkaufen, Mahlzeiten zubereiten, Haushaltsgeräte bedienen, baden und duschen oder zur Toilette gehen wollen. Da Hans nicht mehr selbst Auto fährt, sollte ich wohl davon ausgehen, dass er den Rest auch nicht mehr kann. Ich kann das aber gar nicht beurteilen, denn einkaufen, kochen und Hausarbeiten erledigen – das hat er noch nie getan. Aber auf die Toilette geht er selbstverständlich allein, und das Baden hat nach dem einmaligen Aussetzer in der Nacht, als er verschwunden war, auch wieder geklappt, tröste ich mich.

In der Broschüre heißt es weiter, die Patienten brächten die Tageszeit und das Datum durcheinander, verlören allmählich das Zeitgefühl, verliefen sich außer Haus oder fänden in der Wohnung die Zimmer nicht. Mir wird ein bisschen unbehaglich, denn selbst wenn einzelne Symptome auf Hans nicht zutreffen, so beschreiben ihn die anderen doch recht genau. Ist es nur eine Frage der Zeit, bis ich auch die anderen Verhaltensweisen an ihm beobachten werde? Und wenn ja, wie lange dauert das?

Viele Patienten können keine vollständigen Sätze mehr bilden und sind dadurch schwer zu verstehen, lerne ich. Auch fassten sie außer einfachen und kurzen Mitteilungen nicht mehr auf, was man zu ihnen sagt; die Erinnerung an lang zurückliegende Ereignisse verblasst. Die Kranken wüssten nicht mehr, wen sie geheiratet oder welchen Beruf sie ausgeübt haben, wie ihre Kinder heißen oder wie alt sie sind. Ein Kloß bildet sich in meinem Hals. Dann wäre Hans ja schon im »mittleren Stadium«! Denn es ist ja schon Monate her, dass er nicht mehr wusste, wie Anna und Sophie heißen. Hans, denke ich, mein Hans, ich habe nicht geahnt, wie krank du bist! Wenn ich es doch bloß früher gewusst hätte! Dann hätte ich dir nicht manchmal solche Vorwürfe gemacht.

Auch die Wahrnehmung, krank zu sein, geht weitgehend verloren, heißt es in der Broschüre weiter. Es könne vorkommen, dass die Patienten sich fühlen wie im besten Erwachsenenalter und im Vollbesitz ihrer körperlichen und geistigen Kräfte, dass sie ihre längst verstorbenen Eltern besuchen oder zur Arbeit gehen wollen. Manchmal erkennen sie ihre nächsten Angehörigen nicht mehr oder erschrecken vor ihrem eigenen Spiegelbild. Ich lese mit zunehmender Beklemmung. So eine Demenz ist ja wirklich schlimm, denke ich.

Zu den genannten Symptomen kommen demnach ausgeprägte Veränderungen des Verhaltens hinzu. »Sie sind für die Angehörigen besonders belastend«, heißt es. Die Angehörigen, das bin in dem Fall ich, und ich fühle, wie das Selbstmitleid in mir hochkriecht. Ich unterdrücke es und lese weiter. Die Broschüre berichtet, dass die Patienten äußerst unruhig sind, dass sie rastlos auf und ab gehen und gereizt und aggressiv sein können. Und dann, gegen Ende des Abschnitts, steht da ein Satz, der mich trifft wie ein Schlag in die Magengrube: »Gegen Ende des mittleren Stadiums bekommen manche Patienten Probleme, die Blasenentleerung zu kontrollieren (Inkontinenz).«

Das habe ich nicht gewusst. Ich wusste nicht, dass eine Demenz auch körperliche Folgen haben kann. Aber das muss ja bei Hans nicht so sein, tröste ich mich sogleich.

Im »fortgeschrittenen Stadium« zeigt sich der Broschüre zufolge ein hochgradiger geistiger Abbau, die Sprache beschränkt sich auf wenige Wörter oder versiegt ganz, die Patienten sind bei allen Verrichtungen des täglichen Lebens auf Hilfe angewiesen. Ich überfliege die Sätze jetzt nur noch, denn dieses Stadium wird Hans nicht erreichen, dafür werden die Medikamente sorgen. In der Regel geht anscheinend auch die Kontrolle über Blase und Darm sowie über die Körperhaltung verloren, erfahre ich dennoch, die Kranken können nicht mehr alleine gehen und werden bettlägerig. Ferner können Schluckstörungen und Krampfanfälle auftreten. Die Anfälligkeit für Infektionen steigt. Die Alzheimer Krankheit selbst führt nicht zum Tod. Die häufigste Todesursache ist eine Lungenentzündung.

Ich bin nun am Ende angelangt und rede mir ein, dass Hans nicht wirklich dement sein kann. Denn das meiste von dem, was in diesem Text beschrieben wird, trifft auf ihn ja nicht zu. So schlecht geht es ihm wirklich nicht. Und es ist unvorstellbar, dass es ihm jemals so schlecht gehen könnte.

Im August 2003 machen Hans und ich Urlaub in Langenargen am Bodensee. Wir hatten schon lange gebucht, und wir wollten nicht absagen. Sophie begleitet uns für zwei Tage, danach will sie weiter nach München, um eine Freundin zu besuchen. Es ist herrliches Wetter, und ich genieße es trotz Hans' Krankheit, hier zu sein. Ich liebe den Süden Deutschlands – von hier stammen wir, hier ist unsere Heimat. Wenn ich auch in Ostwestfalen zu Hause bin – mein Herz schlägt immer noch höher, wenn ich die Berge sehe. Auch die Menschen haben hier eine andere Art, miteinander umzugehen, sie sind herzlich, unkompliziert und direkt, was mir gut gefällt. Hans scheint es ebenso zu gehen, auch er blickt mit für seine Verhältnisse wachen Augen umher – ich erkenne es daran, dass er seinen Blick schweifen lässt und die Dinge nicht nur fixiert – und richtet seit Langem wieder einmal von sich aus das Wort an mich, als er mich fragt, ob wir ein Segelboot mieten sollen. Er liebt das Wasser, früher war er ein begeisterter Segler.

»Hans, ich weiß nicht, ob das eine gute Idee ist. Und wir haben deinen Segelschein ja auch gar nicht dabei. Vielleicht sollten wir lieber mit dem Dampfer fahren?«, schlage ich vor. Bei dem Gedanken, ihn an die Pinne einer Jolle zu lassen, verkrampfe ich, denn dort wäre ich ihm ebenso ausgeliefert, wie wenn er ein Auto steuern würde.

Er senkt den Kopf, zieht die linke Schulter hoch, ringt die Hände und beißt sich auf die Lippen. Wie ein kleiner Junge, der etwas ausgefressen hat, sieht er aus – schuldbewusst und unterwürfig. Es zerreißt mir fast das Herz, ihn so zu sehen, weil ich es ja bin, die ihm seinen Wunsch verwehrt. Ich fühle mich schuldig, es tut weh, ich blinzele die Tränen weg, die in meine Augen drängen. Sophie steht neben mir und drückt meine Hand. »Ich weiß, Mama«, flüstert sie, »es ist schwer. Aber es muss sein, das wissen wir beide.«

Ich nicke und schlage mit mühsam erzwungener Fröhlichkeit vor: »Wir könnten ja zum Beispiel mit dem Ausflugsdampfer nach Meersburg fahren und uns die Stadt und das Schloss angucken. Was meint ihr?«

»Eine super Idee«, stimmt Sophie mir betont euphorisch zu, »was meinst du, Papa, sollen wir?«

Hans hebt den Kopf, blickt sinnierend vor sich hin, lässt die Augen über das Wasser schweifen; die sanften Wellen des Sees leuchten in der Sonne, eine leichte Brise geht, es ist wunderschön. Dann sieht er mich an, lange, wortlos, und seine Augen sind unendlich traurig. Ich muss an die Stelle in der Broschüre denken, wo es heißt, dass die Patienten sich ihres Unvermögens manchmal bewusst werden und dann traurig sind. Ist dies so ein Moment?, frage ich mich, während ich Hans' Blick erwidere und ihn schließlich in den Arm nehme. Wie soll ich reagieren? Soll ich ihn auf seine Traurigkeit ansprechen? Vielleicht geht es ihm besser, wenn ich es tue?

»Hans, es tut mir leid wegen dem Segeln«, sage ich, »es ist nur, dass es vielleicht zu gefährlich sein könnte, weißt du.«

Wieder senkt er den Kopf und verfällt in die schuldbewusste Haltung eines kleinen Jungen. Ich beiße mir auf die Zunge; was ich getan habe, war definitiv falsch. Ich habe ihn noch mehr beschämt, als er es ohnehin schon war. Aber jetzt ist es zu spät, und ich flüchte mich in Geschäftigkeit, weil ich meinen verzweifelten Gefühlen nicht nachgeben will.

»Da vorn ist doch gleich eine Anlegestelle, lasst uns mal hinübergehen und nachschauen, wann der nächste Dampfer fährt und wohin. Hans, du kennst dich ja hier am besten aus von uns dreien, du weißt am besten, wo es schön ist, du entscheidest dann, wohin wir fahren, okay?«

Ich sehe, wie er sich aufrichtet, sein Blick schweift wieder über das Wasser, ich habe die richtigen Worte gefunden.

»Ja«, sagt er und lächelt, »das ist eine gute Idee. Ich war ja schon …«, er zögert, sucht nach Worten, »oft hier.«

Strammen Schrittes geht er los, wir nehmen ihn in die Mitte und lassen uns von ihm führen. Als wir vor dem Kassenhäuschen stehen, blickt Hans ratlos auf die vielen Hinweise, die dort stehen – wahrscheinlich ist er nicht mehr in der Lage, schlau daraus zu werden. Jedenfalls macht er keine Anstalten, einen Zielort vorzuschlagen, obwohl sich von den Abfahrtszeiten her eigentlich Meersburg aufdrängt. Sophie und ich warten eine Weile lang unschlüssig ab, blicken uns immer wieder an, um zu sehen, ob die andere eine Idee hat, wie wir Hans nun eine Brücke bauen sollen. Schließlich sage ich: »Ich werde nicht so recht schlau aus den Hinweisen hier, Hans, was meinst du, soll ich mal an der Kasse nachfragen, was für uns am günstigsten wäre?«

»Ja«, antwortet er und nickt.

Also stelle ich mich an und löse drei Karten nach Meersburg. Kurze Zeit später legt der Dampfer an, und wir gehen an Bord.

Die Fahrt verläuft harmonisch, wir drei haben gute Sitzplätze ergattert und genießen die Sicht und das gute Wetter. Sophie und ich unterhalten uns, Hans in der Mitte, und beziehen ihn immer wieder mit ein, doch bis auf wenige knappe Antworten, wenn wir ihn direkt ansprechen, trägt er nichts zu unserem Gespräch bei. Irgendwann kurz vor Friedrichshafen kommt mir die Idee, uns ein Gläschen Sekt zu spendieren, und ich bitte Hans, mich zu begleiten, damit er mir tragen hilft. Wir gehen zur Bar, ich bestelle, doch als ich mich umdrehe, ist Hans weg. Ich kann es zuerst gar nicht glauben und lasse meine Blicke durch den Raum schweifen, aber es nützt nichts, er ist spurlos verschwunden. Panik kriecht in mir hoch, denn auf dem Schiff wimmelt es von Menschen. Ich laufe zu Sophie zurück, rufe: »Papa ist weg, wir müssen ihn suchen!«

»Wir legen gleich an«, sagt Sophie, »lass uns einen Platz hier oben suchen; von da aus sehen wir die Leute, die von Bord gehen.«

Gar nicht auszudenken, wenn er hier an Land ginge. Wir würden ihn nie wiederfinden. Wir drängen uns an die Reling, und als das Schiff nach einigen Minuten anlegt, schauen wir von oben herunter – und tatsächlich sehen wir Hans, wie er zum Ausgang geht.

»Hans, Hans!«, rufen wir nun beide aus vollem Hals, sodass sich alle Leute zu uns umdrehen. So laut habe ich schon lange nicht mehr geschrien. Aber das ist mir egal, denn es ist unsere einzige Chance, ihn aufzuhalten. In meinem Körper pulsiert es, ich zittere fast vor Erregung, und gleichzeitig fühle ich mich hilflos, denn ich kann nichts anderes tun als rufen. Wenn wir versuchen würden, uns zu ihm durchzukämpfen, hätten wir keine Chance. Es ist zu voll, das würde ewig dauern.

Wie durch ein Wunder hört Hans uns schließlich. Er dreht den Kopf und blickt suchend in unsere Richtung. Wir winken, und dann sieht er uns.

»Bleib stehen«, rufe ich, »ich komme zu dir runter.«

Sophie bleibt an der Reling stehen, und ich gehe los. Als ich mich zu ihm durchgewühlt habe, wirkt er erleichtert.

Er lächelt: »Sollen wir noch gar nicht raus?«

Ich beobachte keine Spur von Irritation an ihm, keine Verunsicherung, gar nichts. Das verstehe ich nicht, denn vorhin war er doch so traurig, dass er sich das Boot nicht ausleihen durfte. Wieder muss ich an die Broschüre denken. Sie zu lesen hat mir wirklich geholfen. Ich sehe Hans jetzt mit anderen Augen. Ich unterdrücke die leise Stimme in mir, die raunt: Wenn es dir geholfen hat, warum glaubst du dann nicht auch alles andere, was dort steht? Wie kannst du denken, dass Hans nicht dement ist? Du verdrängst alle Gedanken, die dir nicht in den Kram passen, Hilda.

Ich schiebe die Stimme weg und lächele auch. »Nein, wir wollen doch nach Meersburg, Hans. Komm wieder mit hoch, zu Sophie, ja?«

Und dann verlieren wir ihn noch einmal an diesem Tag. Wir schauen uns das Schloss in Meersburg an, danach trinken wir einen Kaffee, und da sagt er: »Ich gehe mal eben einen neuen Film kaufen.«

Er geht los, aber er kommt nicht zurück.

Nach etwa zehn Minuten sage ich zu Sophie: »Du, das dauert aber lang. Wo bleibt er denn?«

»Meinst du, er findet uns nicht mehr?«

»Ja. Ich mache mir Sorgen. Komm, lass uns zahlen und ihn suchen.«

Wir gehen hinaus und treffen ihn zufällig auf der Straße ganz in der Nähe des Cafés.

»Warum bist du nicht zurück ins Café gekommen?«, fragt Sophie.

»Ich hab's nicht gefunden«, gesteht er und mustert den Boden.

Mein Herz macht einen Satz, und ich nehme seine Hand. Ich liebe ihn sehr in diesem Moment und möchte ihn so gern beschützen. Die Trauer darüber, dass ich es nicht kann, fühlt sich dumpf und schwer an. Schweigend gehen wir zurück zum Dampfer. Ich sehe Sophie an, dass sie sich den Urlaub anders vorgestellt hat.

Abends im Bett, als Hans neben mir schon schläft, denke ich, dass ich wohl bald nicht mehr mit ihm in Urlaub fahren kann. Die Angst, die vorher nur in meinem Herzen war, kriecht nun auch in meine Brust. Ich spüre, wie sie mehr und mehr Platz einnimmt. Wie ein schwarzes Wesen mit kalten grauen Augen stelle ich sie mir vor.

Dann denke ich mir: Sei positiv. Zwing dich dazu.

Ich muss an Professor Genschmer denken, einen angesehenen Arzt und alten Freund meiner Eltern. Er war öfter bei uns zu Hause zu Gast, und ich saß als junges Mädchen gern dabei, weil er sehr unterhaltsam war. Eines Tages beim Kaffeetrinken erzählte er, dass sein Enkel in der Schule gefragt worden war:

»Was betest du zu Hause denn so?« Der Lehrer wusste natürlich, dass Professor Genschmer, der angesehene Arzt, der Opa dieses Jungen war, und wollte wahrscheinlich ein bisschen in die Familie »hineinhorchen«.

Und da antwortete der Enkel: »Ich bete das Gleiche wie mein Großvater.«

»Und was ist das?«, hakte der Lehrer nach.

»Gute Nacht ihr Sorgen, leckt mich am Arsch bis morgen.«

2. TEIL

Nicht was wir erleben,
sondern wie wir empfinden, was wir erleben,
macht unser Schicksal aus.

Marie von Ebner-Eschenbach

Januar 2004

Mein Verhältnis zu Hans verändert sich langsam. Es fällt mir auf, als wir eines Nachmittags zusammen Kaffee trinken. Das tun wir immer oben in Mutters Zimmer, weil sie nicht mehr die Treppe hinuntergehen will. In den Treppenlift traut sie sich nur an Weihnachten, wenn die ganze Großfamilie unten im Wohnzimmer sitzt und sie unbedingt dabei sein will. Wir sitzen also oben in ihrem Zimmer, und Mutter und Hans sprechen wie immer ziemlich wenig. Weil ich auch nicht so viel zu erzählen habe, da mein Tagesablauf ja hauptsächlich aus Schule besteht und darin, Mutter und Hans zu pflegen, lese ich Witze aus einem neuen Witzebuch vor, das Franziska uns zu Weihnachten geschenkt hat.

Ein junges Pärchen sitzt vor dem Fernseher und schaut sich einen Tierfilm an.

Fragt sie ihn: »Schatz, findest du nicht auch, dass alle Nagetiere faul und gefräßig sind?

Antwortet er: »Ja, mein Mäuschen.«

Mutter lacht, ich lache, aber Hans sitzt da, als hätte er nichts gehört. Ich stutze, denke dann jedoch: Vielleicht hat ihm der Witz ja nicht gefallen. Daher lese ich noch einen vor:

Zwei Oldtimerfahrer unterhalten sich.

Sagt der eine: »Sie haben Ihren Hosenladen auf.«

Sagt der andere: »Ich mache einen Versuch. Gestern bin ich den ganzen Morgen mit offenem Kragen gefahren, und jetzt habe ich einen steifen Hals.«

Hans lacht wieder nicht. Obwohl er Oldtimer liebt. Früher hätte er gelacht, da wäre es so gewesen, dass wir beide Mutter gemeinsam aufgeheitert hätten – zwei Gesunde lesen einer Kranken Witze vor. Und jetzt ... Es kommt mir so vor, als gehöre Hans jetzt eher zu den Kranken. Aber vielleicht findet er ja auch die ganze Situation blöd – wie wir drei da oben in Mutters Zimmer hocken. Andererseits geht er oft hoch in ihr Zimmer und bleibt bei ihr sitzen, bis ich aus der Schule komme. Ich habe zwar nur eine halbe Stelle und bin auch nicht mehr Klassenlehrerin, seit Mutter bei uns lebt, sondern unterrichte nur noch Mathematik, Religion und Sport in der 4a und zusätzlich Mathematik in der 4c. Alles andere könnte ich nicht mehr bewältigen. Aber dennoch bin ich jeden Morgen von Viertel nach sieben bis dreizehn Uhr weg. Wahrscheinlich geht Hans zu Mutter, damit er in dieser Zeit nicht allein ist. Sie redet dann mit ihm. Er selbst spricht sehr wenig in letzter Zeit – noch weniger als früher.

Und es gibt immer mehr Dinge, die er nicht mehr kann.

In gewisser Weise ist es gut, dass ich nun weiß, welche Probleme er hat. So ärgere ich mich nicht mehr über ihn. Aber gleichzeitig tut er mir auch unendlich leid, und Mitleid ist keine gute Basis für eine Partnerschaft. Aber was heißt das überhaupt noch in unserem Fall? Eine Partnerschaft ist es schon lange nicht mehr. Die Bewältigung des Alltags steht im Vordergrund – und mein Bemühen, Hans seine Würde zu lassen. Zum Beispiel hätte ich gern, dass er mir beim Kochen hilft, damit er sich nützlich fühlt und wir Dinge gemeinsam tun. Das Problem dabei ist, dass er noch nie kochen konnte. Aber so schlimm ist das auch wieder nicht. Ich sage ihm eben, was er tun soll. Zum Beispiel kann er Salatsoße zubereiten, wenn ich ihn auffordere: »Nimm drei Löffel Olivenöl und anderthalb Löffel Balsamessig.« Das klappt.

Bei anderen Dingen ist es schwieriger. Zum Beispiel beim Telefonieren. Dabei verwählt er sich in letzter Zeit immer häufiger. Neulich hat er mich gebeten: »Ach, mach du das.« Meine Hände haben gezittert, als ich die Tasten des Telefons gedrückt habe, so erschrocken war ich.

Aber ich habe nichts gesagt. Was hätte ich auch sagen sollen?

Er verlegt auch ständig irgendwelche Dinge: Seinen Geldbeutel, den Fotoapparat, die Schlüssel … Wenn ich nach der Schule nach Hause komme, lege ich die Schlüssel jetzt immer in die Schublade in der Kommode im Flur, weil er die nicht öffnet.

Sein Handy ist auch weg, ich finde es nicht mehr, denn als ich gemerkt habe, dass es fehlt, war der Akku schon leer, und ich konnte es nicht mehr anrufen. Seine Uhr ist ebenfalls verschwunden, und die war teuer. Ich habe keine Ahnung, wo er sie hingetan hat. Wahrscheinlich in den Müll. Denn ich habe schon überall gesucht.

Er erzählt nie, dass er etwas verlegt hat. Ich glaube, es ist ihm gar nicht bewusst, was er da tut. Es ist schlimm für mich, wie er mir langsam entgleitet. Ich kann seine Gedanken nicht mehr nachvollziehen, und er teilt sie schon lange nicht mehr mit mir. So entsteht eine Kluft zwischen uns, von der ich weiß, dass wir sie nie wieder schließen können. Das ist furchtbar.

Die Nächte sind am schlimmsten. Da wache ich tausendmal auf und denke, dass er mich allein gelassen hat. Dass wir uns nie mehr richtig unterhalten werden, nie mehr Vertrautes oder Privates miteinander besprechen können. Dass ich jetzt die ganze Verantwortung für uns beide tragen muss … Und wenn ich dann gerade wieder eingeschlafen bin, ruft Mutter.

Im Februar waren wir beim Urologen, weil Hans so oft auf die Toilette muss. Egal, wo wir sind, er muss jede Stunde. Ich dachte schon, dass er eine Blasenschwäche hat, daher habe ich ihm seit Weihnachten immer wieder Kürbiskerne zu essen gegeben. Der Urologe hat ihm zusätzlich Medikamente verschrieben. Bis sie wirken würden, sollte Hans Einlagen tragen. Doch als wir nach Hause fuhren, beschwerte er sich: »Ich gehe doch aufs Klo, ich brauche doch keine Einlagen.«

Ich wendete ein: »Es ist doch nur für kurze Zeit. Bis die Medikamente wirken. Weil wir ja wirklich kaum noch was unternehmen können, wenn du immer aufs Klo musst.«

Er schwieg.

Ich schwieg auch und fühlte mich schrecklich.

Ich muss mich jetzt oft durchsetzen gegen ihn, er sieht nichts mehr ein. Das ist schwer für mich, weil wir immer eine gleichberechtigte Partnerschaft geführt haben und ich mit meiner neuen Rolle nicht zurechtkomme. Äußerlich hat sich Hans nicht verändert, und auf einmal soll ich ihn so anders behandeln! Obwohl es mir schwerfällt, weiß ich, dass ich standhaft bleiben muss, zum Beispiel bei der Sache mit den Einlagen. Er *muss* sie tragen, er muss einfach!

Doch es wird immer schlimmer mit Hans' Blasenschwäche. Vier Wochen nach dem Termin beim Urologen sind wir in Bielefeld beim Einkaufen, und er muss wirklich in jedem Geschäft, das wir betreten, auf die Toilette. In jedem! In einem Buchladen sage ich zu Hans: »Ich gucke noch eben die Neuerscheinungen an.«

Und als ich mich umdrehe, ist er weg. Ich denke mir natürlich, dass er wieder auf die Toilette musste, und sehe dort nach. Doch ich finde ihn nicht. Wo könnte er sein, überlege ich, habe ich doch im Laufe der Zeit ein wenig Routine bekommen und versuche, mich in seine Gedanken hineinzuversetzen. Vielleicht gegenüber, im Kaufhaus? Ich verlasse die Buchhandlung, suche im Kaufhaus, doch ich finde ihn nicht. Ich gehe wieder hinaus, suche in den anderen Geschäften, in denen wir zuvor waren, auf allen Toiletten, die er während unserer Einkaufstour aufgesucht hat. Aber ich finde ihn nicht. Er ist weg. Also gehe ich zum Parkplatz, wie immer, wenn ich ihn suchen musste in letzter Zeit. Doch auch dort ist er nicht. Panik steigt in mir auf, gleichzeitig denke ich: Er wird sich zu Fuß auf den Heimweg gemacht haben, bleib ruhig, Hilda.

Aber die rationalen Gedanken sind das eine und die Gefühle sind das andere, und wie immer siegt bei mir das Gefühl, was in diesem Fall bedeutet: die Panik. In meiner Not fahre ich schließlich nach Hause und rufe meine Freundinnen an, genau wie letztes Mal. Zu viert – Sophie hilft auch mit – schwärmen wir aus.

Sophie ist es, die ihn schließlich findet. Als sie ihn entdeckt, ruft sie mich an. »Er läuft stadtauswärts, er ist auf dem Heimweg!«, ruft sie aufgeregt.

»Bleib an ihm dran, aber sprich ihn nicht an«, bitte ich sie, »ich möchte ihn selbst finden, das ist schöner für ihn, weißt du?«

»Klar.«

Und dann fahre ich zu der Stelle, die sie mir beschrieben hat, ich sehe ihn von hinten marschieren, leicht nach vorn gebeugt, zielstrebig, es schnürt mir das Herz zusammen, ihn so zu sehen, noch immer liebe ich ihn, aber ich spüre, wie sich die Liebe langsam verändert und zu dem Wunsch wird, ihm ein schönes Leben zu bereiten. In diesem Augenblick fühle ich seinen Wunsch, nach Hause zu gehen, fast körperlich. Zu Hause zu sein, geborgen, aufgehoben – bei mir?

Ich muss daran denken, wie er gestern Abend im Bett meine Hand genommen hat. Wir hatten das Licht schon ausgemacht, die Sorgen krochen aus ihren dunklen Höhlen hervor und verdrängten die arbeitsamen Gedanken des Tages, voller Vorfreude auf eine weitere Nacht, in der sie mit ihren langen Kaulquappenschwänzen (denn so stelle ich sie mir vor) meine Nerven reizen würden, um mir keine Ruhe zu lassen, um mir den Schlaf zu rauben, um mir die Tränen in die Augen zu treiben. Während ich immer tiefer in dem Strudel versank, der mich Nacht für Nacht wachhielt, spürte ich plötzlich, wie Hans mit seiner Hand unter meine Bettdecke kam, tastend, und meine Hand suchte. Früher sind wir immer Hand in Hand eingeschlafen. Er stieß zuerst gegen mein Knie, da ich meistens mit angewinkelten Beinen schlafe, doch da kam meine Hand ihm schon entgegen, und als wir uns trafen, war es wie eine lang ersehnte Umarmung, wie ein Wiedersehen nach langer Abwesenheit, wie das Aufflammen eines Scheites auf einem Bett aus Glut. Ich genoss diesen Augenblick so sehr, dass die Sorgen zurückhuschten in ihre Höhlen, vielleicht waren sie voller Ehrfurcht darüber, dass unsere Liebe der Krankheit immer noch standhielt.

»Hans«, flüsterte ich, »ich liebe dich.«

»Meine Hilda«, er sprach mit normaler Stimme, »Hilda …«

Ich schmiegte mich an ihn, streichelte sein Gesicht, seinen Kopf, seinen Rücken, küsste ihn und legte alle meine Gefühle für ihn in meine Berührungen. Fünf, zehn Minuten lang streichelte ich ihn, während er mit geschlossenen Augen dalag, dann hörte ich, wie sich sein Atem veränderte – er war eingeschlafen. In dieser Nacht schlief ich besser, vielleicht weil der Gedanke daran, wie unsere Hände sich getroffen hatten, in mir nachhallte und die Sorgen in ihre Schranken wies.

Als ich Hans eingeholt habe und auf gleicher Höhe mit ihm bin, halte ich an und öffne die Beifahrertür. Er schaut mich überrascht an.

»Hallo, Hans, steig ein, wir fahren nach Hause«, fordere ich ihn auf und lächele unter Tränen.

Wir reden nicht viel auf dem Heimweg, aber das kenne ich ja nun schon. Die Gedanken, die ich habe, sind mir auch nicht neu. Leider machen sie mich genauso traurig und verzweifelt wie zuvor. Ich versuche, mich damit zu trösten, dass er dieses Mal nicht so weit gehen musste. Aber es gelingt mir nicht. Ich hadere mit unserem Schicksal: dass wir uns nicht auf den Ausbruch der Krankheit vorbereiten konnten; dass wir so spät gemerkt haben, wie krank Hans war. Als er die Diagnose bekam, hat er nicht einmal mehr dagegen rebelliert – weil er nicht mehr begriffen hat, was sie bedeutete. Wir konnten nicht mehr darüber sprechen, wie wir mit der Krankheit umgehen würden. Hans ist mir einfach so entglitten, unmerklich, jeden Tag ein bisschen mehr. Die wenigen Male, als ich ihn auf die Veränderung, die in ihm vorging, angesprochen habe, war es schon viel zu spät. Wir haben uns nicht gegenseitig trösten, nicht halten, nicht zusammen weinen und nicht besprechen können, was werden soll. Diese Gedanken machen mich so unendlich traurig, dass ich die Tränen kaum noch zurückhalten kann. Aber ich darf jetzt nicht weinen. Wie sollte ich Hans das erklären? Also fahre ich uns schweigend nach Hause, mit einem dicken Kloß im Hals, und schweigend gehen wir ins

Haus und essen zu Abend. Anschließend versorge ich Mutter, und als ich schließlich ins Bett falle, ist Hans schon eingeschlafen. Nun kann ich meinen Tränen freien Lauf lassen. Aber besser wird es dadurch nicht.

Im April bin ich noch einmal bei Professor Grieskamp. Weil ich ihm vertraue, möchte ich mit ihm über das sprechen, was auf Hans und mich zukommen wird. Ich möchte ausloten, wie viel von dem, was in der Broschüre der Deutschen Alzheimer Gesellschaft steht, sich bewahrheiten wird.

»Wird mein Mann denn noch in der Lage sein, seinen Alltag zu bewältigen?«, frage ich, weil ich das Gefühl habe, dass er das immer weniger kann. Ich will, dass der Professor mir Mut macht. Aber das tut er nicht.

»Na ja«, meint er, »es kann schon sein, dass er Termine vergessen oder Schlüssel verlegen wird.«

Ich nicke. So weit ist es schon, denke ich. »Und wie geht das dann weiter, wenn die Krankheit fortschreitet?«

»Manche Menschen finden sich irgendwann zu Hause nicht mehr so gut zurecht«, seine Stimme klingt vorsichtig, und das macht mir Mut, weiterzufragen.

»Und noch später?«

»Noch später kann es sein, dass er selbst alltägliche Dinge wie sich die Zähne putzen oder sich anziehen nicht mehr hinbekommt. Oder essen.«

Ich schlucke. »Und dann?«

»Die Kontrolle über die Körperfunktionen kann verloren gehen. Auch die Sprache.«

Das wird bei Hans alles nicht passieren, da bin ich mir ganz sicher. Obwohl er sich neulich morgens nicht einmal geduscht hat.

»Hans, willst du dich nicht duschen?«, habe ich ihn gefragt, als wir am Frühstückstisch saßen.

»Meinst du?«, entgegnete er.

»Ja.«

Doch nach dem Frühstück hatte er es wieder vergessen.

»Wie reagieren denn Verwandte und Freunde auf das veränderte Verhalten Ihres Mannes?«, fragt der Professor, der nichts von meinen Gedanken ahnt, »haben sich manche zurückgezogen?«

»Nein.« Seine Frage erstaunt mich.

»Sie sollten mit engen Freunden offen darüber sprechen, dass Ihr Mann sich nicht mehr richtig mitteilen kann, und sie auch fragen, was für einen Eindruck sie haben«, rät mir der Professor, »und entferntere Bekannte sollten Sie zunächst gar nicht einbeziehen.«

»Ja, gut.«

»In der Regel ziehen sich die Freunde von Demenz-Betroffenen und deren Familien zurück«, erklärt er.

»Unsere nicht. Nicht die, die wir kennen«, wende ich ein, »das ist unmöglich.«

»Es gibt natürlich auch erfreuliche Ausnahmen: einzelne Menschen, die Betroffene und Angehörige begleiten.«

Ich nicke. Das Gespräch macht mich benommen, und ich möchte es auf einmal möglichst schnell beenden, obwohl ich den Professor nett finde. Also verabschiede ich mich bei der erstbesten Gelegenheit und mache mich auf den Heimweg. All diese Antworten – sanft vorgetragen, aber in dem, was sie besagen, so grausam. Und dann seine Frage nach den Freunden … Ich bemühe mich, die in mir aufsteigende Panik zu unterdrücken. Aber als ich im Auto sitze und stadtauswärts in unseren Vorort fahre, ist mir doch sehr unbehaglich zumute.

Die Arztbesuche reißen nicht ab. Anfang Mai sind wir abermals beim Urologen. Ich sage ihm, dass seine Medikamente nichts nützen, weil es immer schlimmer wird mit Hans' Harndrang.

»Vielleicht hängt das auch mit seiner Krankheit zusammen«, erwidert er.

Ich spüre sofort, dass der Mann recht hat. Auf einmal fällt es mir wie Schuppen von den Augen: Hans' Unbekümmertheit in diesen Dingen. Sein fehlendes Gespür dafür, wie peinlich seine Inkontinenz ist. Das wäre bei jemandem, der ansonsten gesund ist, ganz anders.

Mir fällt eine Szene wieder ein, die sich letzte Woche zugetragen hat. Wir waren einkaufen und standen beim Obst und Gemüse, und ich legte Radieschen in meinen Korb, und auf einmal plätscherte es neben mir. Es bildete sich eine kleine Pfütze auf dem Boden; lief durch die Boxershorts und durch die Sommerhose.

Was mache ich jetzt, dachte ich. Wir waren so ungefähr die einzigen Kunden, und so legte ich ihm einfach den breiten Schal, den ich dabeihatte, über die Schulter. Nun sah man nicht mehr, dass die Hose im Schritt dunkel war. Mit Taschentüchern putzte ich anschließend die Pfütze weg, und tatsächlich bemerkte niemand etwas. Aber ich war nass geschwitzt. Ich wollte nicht, dass die Leute ihn so sehen. Ich will ihm ersparen, dass er seine Würde verliert.

Ich wünschte so sehr, ich könnte mehr für ihn tun, aber leider muss ich mich mehr und mehr darauf beschränken, für ihn zu sorgen. Der Urologe sieht das genauso. Als ich ihn frage, was ich gegen die Inkontinenz tun kann, sagt er: »Sie können nichts tun, Frau Dohmen. Sie sollten aber darauf bestehen, dass Ihr Mann künftig Einlagen trägt. Sie müssen auch an sich denken.«

Ich nicke, dann verabschiede ich mich. Hans folgt mir schweigend. Auf dem Heimweg denke ich, dass mich jeder Arztbesuch mit Hans noch mehr deprimiert als der vorhergehende.

Wir sind bei einer Gruppe für Demenzkranke, die von der Diakonie organisiert wird. Ich scheue mich immer noch, das Wort »Demenz« zu verwenden, ja, es auch nur zu denken fällt mir schwer. Zu Hans habe ich einfach gesagt: »Wir gehen heute Nachmittag einen Kaffee trinken, das Wetter ist so schön, vielleicht können wir ja sogar draußen sitzen.«

»So?«, hat er bloß entgegnet, in dem fragenden, leicht spöttischen Ton, den er früher immer anschlug, wenn er mir etwas nicht glaubte. Dann fuhr er sich mit der Hand über die Augen, als sei er unendlich müde.

»Ja«, erwiderte ich, »das ist von der Diakonie und soll ganz schön sein. Kuchen gibt es auch. Für uns zwei zu backen lohnt sich ja nicht mehr so richtig, und du isst doch so gern Kuchen, nicht?«

»Ja«, sagt er.

»Dann komm, Hans«, fordere ich ihn auf, und er erhebt sich schwerfällig aus seinem Sessel.

Eigentlich ist die Gruppe eine Art Modellprojekt, das einmal in der Woche stattfindet. Ein Beschäftigungs- und Förderprogramm mit geistiger Aktivierung, Rhythmusübungen, Bewegung und geselligem Beisammensein, mit viel Musik und Gesang. Jeder Nachmittag steht unter einem besonderen Thema, das ganzheitlich erschlossen wird. Heute wird es »der Mai« sein. Die Patienten müssen keiner Konfession angehören, was ich sehr angenehm finde, weil es von Toleranz und Menschenliebe zeugt. Die Leiterin, Frau Erhardt, hat uns einige Tage vorher zu Hause besucht, um Hans und sein Umfeld kennenzulernen. Sie fragte nach seinen Hobbys, schaute sich Fotos an und den Garten, ließ sich sein altes Auto zeigen und war sehr interessiert an allem, was ihn betraf.

Als ich das Auto auf dem Hof vor dem Haus parke, in dem die Gruppe sich trifft, kommt sie uns bis zum Auto entgegen und lobt nochmals, was für einen tollen Oldtimer Hans hat. Mit keiner Silbe erwähnt sie, dass er nicht selbst gefahren ist. Anschließend führt sie uns ins Haus und sagt: »Schön, dass Sie da sind, Herr Dohmen.«

Die Atmosphäre ist sehr angenehm. Maiglöckchen stehen auf den Tischen, und nachdem alle Gäste da sind, singt die ganze Gruppe »Der Mai ist gekommen«. Es ist sehr gepflegt und schön, für jeden der etwa zwanzig Patienten ist eine ehrenamtliche Kraft da. Während wir Platz nehmen und mit den anderen Kaffee trinken, beobachte ich Hans. Viele Fragen gehen mir durch den Kopf: Wie fühlt er sich in dieser Umgebung? Es ist das erste Mal, dass er ein Kranker unter Kranken ist – merkt er das? Macht es ihm etwas aus? Früher hätte er es gehasst, hier zu sein. Er verabscheute Kaffeekränzchen mit sozialpädagogischer Ausrichtung in jeglicher Form, und gesungen hat er noch nie gern. Er interessierte sich für schnelle Autos, für Segelboote und für Skipisten. Auf den Geburtstagsfeiern älterer Damen in unserem Verwandtenkreis, wo er wegen der Tischordnung keinen passenden Gesprächspartner fand, ging er immer nach draußen und wartete – so lange, bis sich ein Gleichgesinnter zu ihm gesellte.

Falls er sich in dieser anheimelnden, sehr weiblich geprägten Umgebung (alle Betreuerinnen sind Frauen) also unwohl fühlen würde, würde ich ihn nicht hier lassen. Doch er verhält sich wie immer – isst seinen Kuchen, trinkt seinen Kaffee und sitzt ansonsten stumm da. Obwohl ich eigentlich nichts anderes erwartet habe, bin ich doch unglücklich darüber, dass er die Situation ganz offensichtlich nicht mehr richtig einschätzen kann. Ich tröste mich damit, dass es so besser ist für ihn – wenigstens leidet er nicht.

Als wir fertig sind mit Kaffeetrinken, fasse ich Hans am Arm und erkläre: »Ich gehe mal eben noch einkaufen, in spätestens zwei Stunden bin ich wieder zurück, okay?« So habe ich es mit Frau Erhardt abgesprochen – auch die anderen Patienten sind ohne ihre Angehörigen hier.

Er sieht mich an, nicht erstaunt, sondern gleichgültig, und antwortet: »Ja, ja.«

Es scheint ihm vollkommen egal zu sein, ob ich neben ihm sitze oder nicht, und ich spüre einen Stich in der Magengegend. Dennoch stehe ich auf und gehe hinaus, bleibe aber noch hinter der Tür stehen, höre zu und wünsche Hans in Gedanken, dass er Spaß hat. Irgendwann spähe ich um die Ecke, er sitzt immer noch da und sieht aus wie immer, sodass ich schließlich wirklich gehe.

Als ich zwei Stunden später komme, um Hans abzuholen, kommt Frau Erhardt gleich auf mich zu. »Leider wollte Ihr Mann nicht bleiben. Er ist weggelaufen. Wir haben ihn ins Haus zurückgeholt, jetzt sitzt er da drüben.« Sie deutet auf einen Einzeltisch am Rande der Gesellschaft, und tatsächlich, da sitzt er mit einer Betreuerin und sieht nicht besonders glücklich aus. Obwohl ich Hans so kenne – die Mundwinkel zeigen nach unten, der Kopf ist geneigt, die Schultern hängen – schmerzt es mich, ihn so zu sehen.

»Das tut mir sehr leid«, sage ich, »ich könnte ja vielleicht nächstes Mal nur so tun, als ob ich gehe, und im Flur warten, und wenn er dann wegläuft, bin ich da?«

»Gern«, erwidert sie, »das können wir versuchen.« Sie ist sehr nett und lädt mich dann noch zu einem Gesprächskreis für Angehörige von Demenzkranken ein.

»Hat es dir nicht gefallen, Hans?«, frage ich, als wir nach Hause fahren.

»Nein.«

»Warum denn nicht?«, hake ich nach, »bevor ich gegangen bin, fandest du es doch ganz gut, oder?«

Doch er gibt keine Antwort mehr, und ich lasse ihn in Ruhe. Es hat keinen Sinn, weiter in ihn zu dringen. Ich vermute, er wollte sich einfach nicht mit wildfremden Leuten an einen Tisch setzen. Und »Der Mai ist gekommen« hat ihn auch noch nie interessiert. Wenn es vielleicht Jazz gewesen wäre ... Vielleicht wäre er dann geblieben. Ich weiß es nicht. Ein Mal werden wir es noch versuchen, und wenn er wieder wegläuft, zwinge ich ihn nicht mehr. Aber schade fände ich das, denn bei dem Treffen bekommt er Anregungen, die ich ihm so nicht geben kann.

Zwei Wochen später besuche ich den Gesprächskreis von Frau Erhardt. Auch bei diesem Treffen ist der Raum sehr nett hergerichtet, und es gibt Tee oder Wasser und etwas zum Knabbern. Außer mir sind alle Anwesenden mit der Pflege ihrer dementen Eltern befasst, und ich höre schnell heraus, dass diese Eltern noch ins Demenzcafé von Frau Erhardt gehen, aus dem Hans weggelaufen ist. Sie laufen noch nicht weg von dort, sie sind noch nicht so krank wie er, obwohl er so viel jünger ist als sie! Hans' Krankheit ist so sinnlos, so ungerecht und so willkürlich! Warum gerade wir? Warum gerade Hans? Warum so früh? Warum so schnell? Warum nur?

Die anderen reden über ihre Sorgen. Eine Frau erzählt, dass sie Probleme mit dem Pflegedienst hat, und Frau Erhardt findet die richtigen Worte, um sie zu beraten. Anschließend spricht sie uns alle an. Sie empfiehlt uns, angesichts der Krankheit, an der unsere Angehörigen leiden, immer nur von einem Tag zum anderen zu denken, um uns unseren Lebenswillen zu erhalten.

»Machen Sie kleine Schritte«, fordert sie uns auf, und ich weiß sofort, was sie meint. Ich habe ja jetzt schon Angst davor, dass Hans irgendwann nicht mehr sprechen kann. Oder gehen. Sie meint, daran dürften wir nicht denken. Vielmehr soll ich mir sagen: Es ist wunderbar, dass Hans noch gehen kann. Und wenn er morgen nicht mehr gehen kann, soll ich mich auf das konzentrieren, was er dann noch kann, und mir entsprechende Hilfe suchen.

Dann liest sie einen Auszug aus »Momo« von Michael Ende vor, in dem Beppo, der Straßenkehrer, erklärt, wie er seine Arbeit in kleine Schritte einteilt, wenn er eine sehr lange Straße vor sich hat. Wenn dieser Beppo früher dachte, dass er seine Arbeit nicht bewältigen könne, hat er sich immer beeilt, um schneller fertig zu werden. Aber jedes Mal, wenn er aufblickte, sah er, dass sie gar nicht weniger wurde. Er strengte sich noch mehr an, bekam es mit der Angst, und zum Schluss konnte er nicht mehr. Die Straße lag aber immer noch vor ihm. Es war also falsch, sich so zu beeilen. »Man darf nie an die ganze Straße auf einmal denken«, las Frau Erhardt vor, und ich saugte ihre Worte auf wie ein trockener Schwamm, »man muss nur an den nächsten Schritt denken, an den nächsten Atemzug, an den nächsten Besenstrich. Und immer wieder nur an den nächsten.« Und dann merke man auf einmal, dass man Schritt für Schritt die ganze Straße gekehrt habe, ohne erschöpft zu werden.

Ich bin sehr ergriffen von dem Text, weil er die Situation, in der ich mich befinde, so gut auf den Punkt bringt. Ich fühle mich verstanden; es ist wahr, was Michael Ende seine Figur sagen lässt. Ich habe mich zwar unterbewusst schon zuvor an seine Worte gehalten, ich werde das in Zukunft aber auch bewusst tun.

Gegen 21.30 Uhr löst sich der Kreis auf. Als wir hinausgehen, nimmt Frau Erhardt mich beiseite: »Haben Sie eigentlich schon eine Pflegestufe für Ihren Mann beantragt?«

»Nein, noch nicht«, entgegne ich überrascht.

»Das sollten Sie unbedingt machen, es ist höchste Zeit. Das ist bestimmt schon Pflegestufe 2 oder so was.«

Ich nicke benommen – Mutter hat Pflegestufe 3 – und bedanke mich. So schlimm, hämmert es in meinem Kopf, auch nach außen hin ist es also schon so offensichtlich. Aber es nützt nichts, ich muss den Tatsachen ins Auge blicken. Ich wollte bislang wohl einfach nicht wahrhaben, dass er ein Pflegefall geworden ist. So kurz nach der Diagnose. Morgen werde ich eine Pflegestufe beantragen. Der Sachbearbeiter bei der betreffenden Stelle kennt mich ja schon.

Und dann fällt Hans eines schönen Junitages vom Fahrrad. Auf den Bordstein. Dabei bricht er sich den Finger. Dr. Geldern schickt uns zum Unfallchirurgen, damit der ihn weiterbehandelt. Ich weise bei der Anmeldung darauf hin, dass Hans aus Krankheitsgründen nicht warten kann.

»Sie kommen gleich dran«, antwortet die Sprechstundenhilfe. Aber kaum sitzen wir eine Minute im Wartezimmer, steht Hans auf und geht. Wir warten also draußen vor der Tür und kommen dann Gott sei Dank wirklich sehr schnell dran. Wahrscheinlich hat Dr. Geldern seinen Kollegen telefonisch informiert.

Als wir wieder zu Hause sind, setzt sich Hans in seinen Sessel, und ich gehe in die Küche, um uns einen Tee zu kochen. Als ich mit dem Tablett zurück ins Wohnzimmer komme, hat Hans den Gips abgenommen. Er liegt vor ihm auf dem Tisch. Hans' Blick folgt mir, doch er ist leer.

»Hans«, rufe ich aus, »warum hast du denn den Gips abgemacht? Der sollte doch dranbleiben!«

»Ach so?«, fragt er nur.

Ich bin nicht verwundert. Jede Woche, so scheint es mir fast, verliert er mehr von dem, was er einmal konnte. Es ist eine schleichende, aber unaufhaltsame Veränderung. Wer nicht wie ich jeden Tag mit Hans zusammen ist, nimmt die vielen Dinge wahrscheinlich nicht wahr, die mit ihm passieren. Aber inzwischen vergeht kein Tag mehr, an dem er nicht irgendetwas verlernt, von dem ich denke, dass er es am Tag zuvor noch gekonnt haben muss. Und sein Gedächtnis ist so schlecht, dass man kaum noch von einem Gedächtnis reden kann. Er scheint ausschließlich im Moment zu leben. Es ist beängstigend, und ich frage mich Nacht für Nacht, wo das hinführen soll, obwohl ich doch eigentlich in kleinen Schritten denken will. Doch vor Hans will ich mir nichts anmerken lassen, und so lächele ich nur und erwidere: »Ja, sonst kann dein Finger ja nicht verheilen. Aber weißt du, was? Wir gehen einfach morgen wieder hin, und er soll dir eine neue Schiene machen, ja?«

Hans nickt, ohne mich anzusehen, und dreht den Kopf weg. Er sieht aus, als schäme er sich, und ich gehe schnell zurück in die Küche, um ihn nicht so sehen zu müssen. Mit ein paar Keksen traue ich mich wieder zu ihm zurück, ich sehe ihn an und denke, dass er die neue Schiene natürlich auch wieder abnehmen wird. Er ist so krank, dass man nicht einmal mehr sicherstellen kann, dass der Bruch gut verheilt.

Aufgrund seines Allgemeinzustandes bekommt Hans im Juni 2004 auf Anhieb Pflegestufe zwei. Als ich die vielen Fragen des beurteilenden Arztes beantworte, fällt mir zum ersten Mal auf, wie umfangreich die Pflege schon ist, die Hans braucht. Drei Stunden am Tag bin ich mindestens damit beschäftigt, ihn zu versorgen: Zum Beispiel benötigt er Hilfe bei der Körperpflege. Untenrum wäscht er sich selbst, aber seinen Oberkörper dusche ich, und ich halte auch den Duschkopf und das Handtuch. Die Zähne putze ich ihm auch, das Essen muss ich ihm klein schneiden, die Getränke eingießen und ihn daran erinnern, dass er trinken soll. Und mit den Einlagen muss ich ihm behilflich sein. Das alles kam so schleichend, dass ich es mir nie im Ganzen vergegenwärtigt habe, insbesondere, da Mutter noch viel mehr Hilfe benötigt und mir die Pflege von Hans daher vom Aufwand her als weniger belastend erschien. Nun merke ich, dass ich nur nicht wahrhaben wollte, wie viel ich bereits für ihn tue. Dennoch wundere ich mich über die Riesenschritte, die die Krankheit macht! Ich dachte eigentlich, dass es langsamer geht. Das hört man doch immer.

Ich habe mich verpflichtet, meinen Pflegeeinsatz alle sechs Monate durch eine anerkannte Pflegeeinrichtung prüfen zu lassen – zum Beispiel durch die Caritas. Das heißt, dass zweimal im Jahr jemand kommen wird, um nachzusehen, ob ich Hans gut versorge. Nachdem die Gesetzesänderung in Kraft getreten ist, finden die Kontrollbesuche oft unangekündigt statt; Verdachtsfällen wird auch in Pflegeeinrichtungen gezielter nachgegangen, wo bekanntlich vieles im Argen liegt. Um Hans zu helfen, probiere ich eine Fülle von Heilmethoden aus. Bachblüten, Homöopathie, traditionelle chinesische Medizin. Ich habe mir einen Plan machen müssen, um den Überblick über die verschiedenen Mittel zu behalten, die ich ihm den ganzen Tag über verabreiche. Daneben machen wir Gedächtnistraining. Ich habe ein Buch gekauft mit Aufgaben. Es geht zum Beispiel darum, spezielle Zahlen innerhalb einer langen Zahlenreihe zu entdecken, wobei die gesuchten Zahlen zum Teil auch rückwärts geschrieben sind. Bei anderen Aufgaben muss man rückwärts lesen. Dann gibt es Aufgaben, bei denen man sich Namen merken soll, die gewissen Bildern zugeordnet sind. Wenn man umblättert, sind die Bilder wieder da, aber die Namen fehlen, und man soll sie aus dem Gedächtnis darunterschreiben.

Gestern hat Hans die Aufgaben zum ersten Mal wortlos von sich weggeschoben. Er wollte nicht, und ich habe ihn in Ruhe gelassen, weil ich mir dachte, er kann ruhig mal einen Tag lang pausieren. Heute aber bin ich entschlossen, wieder mit ihm zu üben. Ich setze mich neben ihn und schlage das Buch vor ihm auf.

»Komm, Hans, wir machen noch ein bisschen mit dem Gedächtnistraining weiter«, fordere ich ihn auf.

Doch er dreht sich weg und sagt mit leiser Stimme: »Du quälst mich.«

Ich erstarre vor Schreck. Ihn quälen ist das Letzte, was ich will. Hilflos blicke ich ihn an, so als erwarte ich, dass er mich gleich anblicken und lachend ausrufen wird: »Ich hab nur Spaß gemacht!«

Ich sehe ihn vor mir, wie er mich früher angelacht hat – wann habe ich ihn eigentlich das letzte Mal lachen hören?, frage ich mich, doch es fällt mir nicht ein, so lange ist es schon her. Mit fliegenden Händen klappe ich das Buch zusammen und lege es weg. Heute werde ich ihn noch mal pausieren lassen, denke ich. Aber morgen machen wir weiter. Bis dahin wird er vergessen haben, dass er es gestern und heute nicht wollte.

Ich habe auch einen Hometrainer gekauft, weil Hans seit seinem Unfall nicht mehr draußen Fahrrad fahren darf und die Bewegung wichtig ist für seine Durchblutung. Er setzte sich auf den Sattel und trat ein paar Mal in die Pedale, aber viel mehr als das Treten interessierte ihn der Computer, der vorn am Lenker befestigt ist und der Herzfrequenz und Kilometerleistung anzeigt. Am Anfang konnte ich ihn noch durch Tricks dazu bewegen, sich auf das Fahrrad zu setzen. Ich sagte zum Beispiel: »Komm, Hans, jetzt fahren wir in den *Grünen Baum* und vespern da was, ja?« Dann trat er in die Pedale. Und ich stand neben ihm, blickte ihn an und konnte nicht glauben, dass ich ihn mit diesem billigen Trick zum Radeln motiviert haben sollte. So gut sah er aus, so sportlich immer noch in seinem karierten Hemd und der Cordhose auf diesem Hometrainer, der auf dem Teppich im Wohnzimmer vor dem großen Bücherregal steht. Seine Haut war leicht gebräunt, und wenn sich auch sein Blick inzwischen verändert hat, weil er leerer geworden ist, so glich sein Profil immer noch dem des gesunden Hans. Ich stellte mich so, dass ich ihn im Profil sah, und dachte an unsere frühen Radtouren zum Baggersee, bis es so sehr schmerzte, dass ich mich abwenden musste. Als habe er nur mir zuliebe geradelt, hielt Hans inne, stieg ab und verharrte vor dem Bücherregal. Ich trat hinter ihn und umfing ihn mit den Armen.

»Gut hat du das gemacht, mein Liebster«, lobte ich ihn und lehnte meine Wange an seinen Rücken.

Da er nicht antwortete, blieben wir wortlos stehen, und ich lehnte mich an ihn, doch zeigte er keine Reaktion. Das Klingeln des Telefons beendete unsere Umarmung; es war Anna, die mich zur Geburtstagsfeier von Max einlud. Ich sagte unter Vorbehalt zu, denn ich musste erst Marika fragen, ob sie an dem Tag kommen würde, um Mutter zu versorgen. Marika ist eine Seele von Mensch und kümmert sich auch um Hans, wenn ich in der Schule bin. Marika stammt aus Spanien und lebt seit dreißig Jahren in Deutschland. Früher hat sie mir im Haushalt geholfen, nun hilft sie mir auch bei der Pflege. Sie ist ein bisschen korpulent, hat blondierte Haare, die sie sorgfältig toupiert, und ist der herzlichste Mensch, den man sich denken kann. Auch sie hat schon viel Leid in ihrem Leben erfahren: Ihr Sohn ist zuckerkrank und sitzt im Rollstuhl.

Außerdem habe ich einen Gerontopsychologen gebeten, uns einen Besuch abzustatten. Ich hatte mir von diesem Besuch weitere Anregungen versprochen, wie ich mit Hans umgehen soll, denn immerhin hat der Mann ja eine spezielle Ausbildung in diesem Bereich. Leider haben sich meine Erwartungen nicht erfüllt. Er hat lediglich festgestellt, dass ich alles richtig mache, und hat Hans Antidepressiva verschrieben. Doch die braucht Hans nicht. Darin sind Dr. Geldern und ich uns einig. Hans ist nicht depressiv. Im Gegenteil. Manchmal finde ich ihn noch ganz schön pfiffig. Zum Beispiel hat er neulich, als wir einkaufen waren, Schokolade gestohlen. Einfach in die Tasche gesteckt. Ich habe es erst zu Hause bemerkt. Es war seine *Lieblingssorte*. Ich bin dann zurück in den Laden gegangen und habe sie bezahlt. »Mein Mann hat aus Versehen zwei Tafeln Schokolade mitgenommen«, habe ich erklärt, und die Verkäuferin, die ihn kennt, hat genickt.

Bei der Osteopathin waren wir auch. Ich dachte, dass sie vielleicht durch eine craniosakrale Behandlung, also eine Behandlung des Kopfes, etwas für Hans tun kann. Aber ich bin mir nicht sicher, ob all diese Dinge wirklich etwas verbessern. Ich will einfach nur nichts unversucht lassen. Und vor allem will ich etwas dagegen tun, dass Hans neuerdings so aggressiv ist. Ich habe keine Ahnung, wie ich das machen soll. Neulich hat er Annemarie ins Gesicht geschlagen, als sie ihm zur Begrüßung die Wange gestreichelt hat. Franziska hat er fast mit dem Feuerhaken geschlagen – er hat ihn schon über seinem Kopf geschwungen, mit einem wilden und gefährlichen Ausdruck in den Augen. Sie stand im Flur und konnte weder vor noch zurück, weil er vor ihr stand und hinter ihr die Haustür war. Sie wäre fast wieder abgereist, aber mir zuliebe hat sie ihre Angst vor ihm unterdrückt. Ich bin ihr dankbar dafür.

Ich habe mich bei Dr. Geldern erkundigt, warum Hans manchmal so aggressiv ist. Er hat mir erklärt, dass das verschiedene Gründe haben kann. Es kann sein, dass Hans sich in die Enge gedrängt fühlte, als er allein mit Franziska im Flur stand – sie könnte die Schutzzone überschritten haben, die er um sich herum aufgebaut hat, um sich vor unangenehmen Erfahrungen zu schützen. Dass Annemarie ihn gestreichelt hat, hat ihn vielleicht beschämt, da er ihr Mitleid gespürt haben könnte. Beides kann bei dementen Personen zu Aggressionen führen, es gibt aber noch viele weitere Ursachen.

Ich selbst habe keine Angst vor ihm. Wenn ich ihm die Zähen putze, beißt er zwar hin und wieder die Zahnbürste durch, und irgendwann erwischt er sicher meinen Finger ... Aber ich fürchte mich trotzdem nicht, weil ich mir nicht vorstellen kann, dass er mir etwas tun könnte.

Geärgert habe ich mich auch sehr. Nachdem ich die gesetzliche Betreuerin von Hans geworden bin, habe ich von Frau Erhardt erfahren, dass das gar nicht nötig gewesen wäre. Es hätte auch eine Vollmacht genügt: Hans selbst hätte mich bevollmächtigen können, über seinen Aufenthaltsort zu entscheiden. Eine Unterschrift hätte genügt; ein paar Krakel – nicht mehr als eine Art Zacke mit zwei Spitzen – bringt er noch zustande. Mit dieser Vollmacht hätte ich ihn ebenso in die geschlossene Abteilung einweisen lassen können wie mittels der gesetzlichen Betreuung.

Es reicht aus, den Kranken für alle Dinge Vollmachten schreiben zu lassen, solange er noch schreiben kann. Man muss einen Menschen nicht entmündigen. Nun mache ich mir Vorwürfe, dass ich Professor Grieskamps Rat so kritiklos gefolgt bin, denn ich fand den ganzen Vorgang der Entmündigung entwürdigend für Hans. Wenn ich in der damaligen Situation nicht so unter Druck gestanden hätte, Hans in die Klinik einweisen zu lassen, wäre ich vielleicht besonnener gewesen und hätte mich eingehender beraten lassen. Aber damals dachte ich, jeder Tag zählt – je schneller er eine Diagnose bekommt, desto schneller wird er wieder gesund. Manchmal wünsche ich mir heute, ich könnte noch einmal so naiv sein. Es lebte sich leichter damals. Die Last auf meinen Schultern war schwer, aber im Vergleich zu dem, was ich heute empfinde, wog sie nicht mehr als eine Feder.

Rückgängig machen kann ich die Betreuung jetzt nicht mehr. Theoretisch wäre das zwar möglich. Aber nur, wenn es Hans besser ginge. Und das ist leider nicht der Fall.

Im Gegenteil. Hans hat seit neuestem *Halluzinationen*. Er liegt abends im Bett und behauptet: »Du, da sind fremde Leute hier im Schlafzimmer.«

Die ersten Male habe ich falsch reagiert. Ich hätte ihm sagen müssen, dass alles in Ordnung ist oder dass wir sie wegjagen. Stattdessen habe ich erwidert: »Komm, wir schauen mal, wo sie sind.«

Wir haben nachgesehen und dann habe ich gesagt: »Siehst du, es ist niemand da.«

Doch er hat ja nicht gesehen, dass es so ist. Für ihn waren die Leute nach wie vor real. Zu spüren, dass ich dachte, er sieht »Gespenster«, muss ihm sehr unangenehm gewesen sein.

Kurze Zeit später meinte er wieder: »Hier sind ganz viele Leute im Schlafzimmer.«

Und da habe ich das Licht angemacht: »Schau nach, jetzt sind sie weg.«

Das war falsch. Ich hätte ihn ernst nehmen müssen. Er hat dann nichts mehr gesagt, sondern ist zurück ins Bett gekommen und hat noch ein paar Mal nachgesehen.

Inzwischen habe ich gelernt, mich richtig zu verhalten. Dr. Geldern hat es mir erklärt. Ich sehe es ein, finde aber, anders als bei anderen Verhaltensweisen, die ich im Umgang mit ihm lernen musste, nicht, dass man als medizinischer Laie in dieser Situation instinktiv richtig handelt. Ich dachte immer, er nimmt mich nicht für voll, wenn ich ihm zustimme. Aber das ist nicht so. Ich muss ihn in dem Moment in seinem Glauben lassen – damit es ihm nicht peinlich ist und um ihn nicht zu verunsichern.

Ursache für die Halluzinationen sind vermutlich die Medikamente. Das Aricept. Er bekommt jetzt eine geringere Tagesdosis, aber ganz absetzen sollen wir es nicht, rät Dr. Geldern. Denn wir wüssten nicht, wie es ihm dann ginge. Vielleicht ist Hans noch ein bisschen wacher dadurch, und für jedes Quäntchen Anteilnahme, das er am Leben nimmt, bin ich dankbar. Ich denke, dass sein Leben schöner und bunter ist, wenn er sich noch für ein paar Dinge interessiert.

Musik liebt er noch wie früher. Als er neulich von seinem Zimmer in die Küche ging, um zu frühstücken, nickte er im Takt der Musik, die ich jeden Morgen anstelle. Ich weiß nicht, ob es Zufall war, jedenfalls ergriff ich die Gelegenheit beim Schopf, trat auf ihn zu, legte die Arme um seinen Hals und wiegte uns beide zur Musik hin und her. Hans war nie ein großer Tänzer, aber dennoch fühlte ich mich an früher erinnert, denn seine Hände legten sich nun auf meine Hüften und blieben dort. Ich genoss den Körperkontakt, legte den Kopf auf seine Schulter und versuchte, meine Sorgen zu vergessen. Hans ist hier, dachte ich, der Mann, den ich seit einem halben Jahrhundert liebe, dem ich vertraut habe und mit dem ich zwei Kinder habe. Ich kann ihn anfassen, ihn ansehen und für ihn sorgen. Wie viel schöner ist das doch, als allein zu sein!

Wie so oft, wenn ich gerade einmal ein wenig Atem holen kann und es einigermaßen läuft mit Hans, musste ich in diesem Augenblick an die Insolvenz denken. Als hätte ich nicht schon genug Sorgen und als hätte ich nicht endlich einmal das Recht, mich wenigstens einen kurzen Augenblick lang fallen zu lassen. Wie ein Damoklesschwert hing sie über meinem Kopf, denn noch immer war nicht geklärt, ob wir das Haus würden behalten dürfen. Ich schüttelte den Gedanken ab wie ein lästiges Insekt und sagte mir: Diesen betrügerischen Rottler werden sie schon noch kriegen. Ich muss nur ganz fest daran glauben. Und dann können wir das Haus behalten. Dazu wiegte ich mich weiter mit Hans im Takt der Musik, um mich zu beruhigen.

Nach einigen Minuten war es vorbei, Hans ging einfach weg. Ich blickte ihm nach und dachte: Hilda, du bist schon besser geworden. Inzwischen hast du gelernt, die kleinen Momente zu genießen.

Musik, so scheint es mir manchmal, ist im Augenblick Hans' Tor zur Welt. Das zeigt mir nicht nur der Tanz, zu dem er sich von mir hat verleiten lassen. Er spielt auch ein bisschen Xylophon, wenn ich es auf den Tisch vor seinem Sessel lege, und er bläst in die Mundharmonika und schlägt die Triangel, wenn ich sie ihm gebe. Ich habe auch einen »Waldgeist« und einen »Donner« gekauft –Instrumente, die man zum Beispiel im Puppentheater benutzt, um Geräusche zu machen. Er benutzt sie nur selten, aber das ist besser als nichts. Anna hat Spielsachen von den Kindern mitgebracht, die sie nicht mehr brauchen. Eine Rassel, ein Puzzle mit zehn Teilen, eine kleine Trommel … Als sie sie mir zeigte, stiegen mir Tränen in die Augen. So weit ist es schon, dachte ich.

Natürlich singe ich auch viel für ihn. Ich habe ein großes Repertoire von Liedern, die wir noch aus unserer Kindheit kennen, eins aber singe ich jedes Mal, und es sieht so aus, als gefalle es ihm sehr: »Auf der schwäb'sche Eisebahne«, jenes Lied von der Eisenbahn, die zwischen Stuttgart und Durlesbach hin und her fährt. Eines Tages steigt ein Bauer ein, der einen Bock dabeihat. Er bindet den Bock hinten am letzten Wagen an, und als er aussteigen will, findet er bloß noch Kopf und Seil. Voller Zorn ergreift er da den Kopf des Bockes und wirft ihn dem Schaffner an den Kopf, genauer: an die Ohren. Er gibt ihm die Schuld an dem Malheur und fordert Schadenersatz.

Hans lacht, wenn ich singe, er singt sogar mit, so gut er kann. An der Stelle, wo der Bauer dem Schaffner den Bock an die Ohren wirft, greife ich ihm immer an die Ohren, und er singt »Ohre« und lacht, bis er Tränen in den Augen hat. Ich muss dann auch lachen, wenigstens für einen Moment.

Im August bin ich wieder beim Gesprächskreis. Eine Frau, die bestimmt zehn Jahre älter ist als ich – in meinem Alter ist sowieso nie jemand da – erzählt, dass sie ihren Mann ins

Heim gegeben hat, weil sie ihn zu Hause nicht mehr versorgen konnte. Er sei Tag und Nacht im Haus herumgelaufen und habe alles Mögliche angestellt: sein Geschäft in die Ecke gemacht und so weiter. Sie habe ihn zu Hause nicht mehr angemessen betreuen können, berichtet sie. So besuchte sie ihn jeden Tag und schob seinen Rollstuhl. Doch als sie eines Tages dort hinkam, fand sie ihn an den Rollstuhl geschnallt und mit anderen dementen Insassen auf dem Flur sitzend.

»Die haben immer so mit dem Kopf genickt und gesabbert, und der eine hat geschrien, und der andere hat so ins Leere geguckt«, sagt sie unter Tränen, denn einer dieser Menschen war ja der Mann, den sie einst geheiratet hatte. Sie ist am Boden zerstört und erzählt uns von ihren Schuldgefühlen.

Ich frage: »Warum haben Sie sich nicht Hilfe ins Haus geholt?«

»Ja, wie sollte ich denn? Ich kann ihn doch nicht Tag und Nacht betreuen lassen, das ist doch viel zu teuer, und allein kann ich es nicht machen, ich muss ja auch irgendwann schlafen.«

Ich erwidere nichts darauf, aber für mich ist es undenkbar, dass Hans ins Heim kommt. Ich weiß, dass dort in der Regel niemand besonders viel Zuwendung erhält. Deswegen pflege ich auch Mutter selbst. Ich gebe das Pflegegeld einfach dafür aus, dass Hans und Mutter von Marika betreut werden, wenn ich in der Schule bin.

Frau Erhardt beruhigt die Frau: »Es ist richtig, was Sie gemacht haben. Sie sind mit der Situation nicht mehr zurechtgekommen.«

Aber ich würde versuchen, es anders zu lösen. Ich bekomme 410 Euro Pflegegeld in der zweiten Pflegestufe. Davon kann ich zwar niemanden bezahlen, der die ganze Nacht über bleibt und auf Hans aufpasst. Aber das geschähe im Heim auch nicht. Patienten, die unruhig sind und nachts aufstehen, werden am Bett festgeschnallt, um Unfälle oder anderes zu verhindern. »Fixieren« nennt man das. Und das könnte ich zu Hause auch tun. Ich könnte Hans nachts zu Hause am Bett festbinden, wenn es nötig würde.

Während ich zuhöre, was die anderen aus dem Gesprächskreis erzählen, wird mir bewusst, dass die meisten Menschen, die ihre Angehörigen ins Pflegeheim gegeben haben, unter diesem Schritt leiden, weil sie Schuldgefühle haben – selbst wenn sie zu Hause mit der Pflege überfordert waren. Ich fühle mich auf einmal besser. Was ich tue, scheint richtig zu sein.

Am Sonntag darauf feiert Max seinen fünften Geburtstag. Marika ist gekommen, um auf Mutter aufzupassen, und Hans und ich haben uns fein gemacht und sind zu früh losgefahren, um auf jeden Fall pünktlich zu sein. Hans trägt eine helle Stoffhose und ein blau-weiß kariertes Hemd, ich selbst habe ein weißes Top an und einen kunterbunten Wickelrock, den ich eigentlich für Anna gekauft habe, aber er hat ihr nicht gefallen. Als Hans neben mir im Auto sitzt, schaue ich ihn stolz an. Wenn ich nicht wüsste, dass er krank ist – ich würde mich auch heute noch in ihn verlieben.

Anna und Sebastian feiern immer an einem Tag mit den Freunden der Kinder und an einem anderen Tag mit den Verwandten. Der Sonntag ist der Verwandtschaftstag; neben Hans und mir sind noch Annemarie und Rolf eingeladen, außerdem ein Paar um die sechzig aus Annas und Sebastians Nachbarschaft, das öfter auf die Kinder aufpasst. Ich habe mich sehr auf diesen Tag gefreut, weil ich so selten rauskomme und das Gefühl habe, mich zwischen Schule und Pflege aufzureiben.

Anna und Sebastian wohnen in einem mit viel Liebe renovierten Fachwerkkotten, der in einen traumhaften Bauerngarten eingebettet ist. Die Gartenarbeit erledigt Sebastian, Anna ist für die Hausarbeit zuständig. Als wir aus dem Auto steigen, fühle ich die Sonne auf meiner Haut, atme die Landluft und fühle mich herrlich entspannt und glücklich. Es tut gut, zu wissen, dass es Anna gut geht, dass sie ein schönes Zuhause, einen wunderbaren Ehemann und zwei tolle Kinder hat. Anna öffnet uns die Tür, umarmt Hans, streichelt über seinen Kopf und sagt: »Hallo, Papa. Schön, dass du da bist.«

»Hallo«, erwidert er, ohne sie richtig anzusehen, und marschiert strammen Schrittes an ihr vorbei ins Haus hinein.

Nun wendet sie sich mir zu, umarmt mich lange und streicht mir dabei über den Rücken. Wie mager sie ist, denke ich, aber ich unterdrücke meine Sorgen und freue mich über ihre Herzlichkeit. Sie wirkt zwar manchmal sehr kalt, aber im Grunde ihres Herzens ist sie eine Liebe, das spüre ich immer wieder.

Sie führt mich ins Wohnzimmer, wo Hans schon in einem Sessel sitzt. Sebastian steht mit einem Glas Wasser vor ihm und scheint sich mit ihm zu unterhalten – so gut das eben noch geht. Nun sieht er mich, stellt das Glas ab und kommt auf mich zu, um mich ebenfalls zu umarmen. Ich schätze ihn sehr, ich habe ihn ins Herz geschlossen. »Hilda, du siehst super aus«, sagt er fröhlich, nachdem wir einander begrüßt haben. Ich freue mich über das Kompliment, doch bevor ich etwas entgegnen kann, hören wir Fußgetrappel, Max kommt angelaufen, er ruft schon von Weitem: »Mama, Luca hat mit Eiern geworfen!«

Er ist ganz außer Atem, als er schließlich vor uns steht, aber seine Augen blitzen vergnügt. Ich sehe ihn an und finde ihn zum Fressen süß. Er hat dunkle Locken, braune Augen und ein spitzbübisches Gesicht. Er ist inzwischen fünf Jahre alt und wird im nächsten Sommer in die Schule kommen.

»Was hat er?«, fragt Anna.

»Mit Eiern geworfen!« Nun jubelt Max fast, aber er bemüht sich immer noch, betroffen auszusehen. Anna und ich laufen die Treppe hinauf in Lucas Zimmer, und tatsächlich: An der Wand neben dem Bett rinnt Eigelb herunter, auf der Matratze sind dunkelgelbe Flecken, und auf dem Nachttisch sammelt sich glibberiges Eiweiß.

Wir gehen die Treppe wieder hinunter und hinaus in den Garten. Luca gießt nun die Blumen und sieht aus, als könnte er kein Wässerchen trüben.

»Luca«, sagt Anna, sie bemüht sich um einen ruhigen Tonfall, »hast du mit Eiern geworfen?«

»Nein«, sagt er, er ist vorgestern drei geworden, schüttelt empört den Kopf und macht riesige unschuldige Augen, als sei er das Jesuskind persönlich und ihr Verdacht allein schon ein Frevel. Auch er ist dunkelhaarig, hat aber keine Locken, und seine Augen sind blau. Er trägt eine Lederhose und ein rot-weiß kariertes Hemd, auf dem man Spuren von rohem Ei sieht.

»Luca«, wiederholt Anna, »ich schimpfe auch nicht, aber sag mal ganz ehrlich: Hast du mit rohen Eiern geworfen?«

»Nur ein bisschen«, sagt er und zieht mit den Gummistiefeln Linien in den Sand.

Anna und ich werfen uns einen Blick zu, dann beuge ich mich zu ihm hinunter und sage: »Du kleiner Räuber, wenn du Mama jetzt mal schnell aufwischen hilfst, darfst du danach dein Geschenk auspacken.«

Ich bringe dem Kind, das gerade nicht Geburtstag hat, immer auch eine Kleinigkeit mit. »Juhuu!«, ruft er und saust ab in Richtung Kinderzimmer.

»Mal schnell aufwischen – das ist wohl eher ein frommer Wunsch«, meint Anna. »Hast du gesehen, wie es da drin aussieht?«

Ich nicke. »Komm, wenn wir beide mithelfen, haben wir das Schlimmste in einer halben Stunde beseitigt«, sage ich munter.

Als wir schließlich alle am Kaffeetisch sitzen, ist es schon halb fünf. Aber das ist mir egal, denn ich genieße jede Sekunde, die mich aus meinem Alltagstrott herausreißt. Selbst meine Arbeit als Lehrerin kommt mir oft vor wie eine Ferienfreizeit im Vergleich zu dem, was ich zu Hause leiste.

Anna hat zwei wunderbare Kuchen gebacken, einen Schokoladenkuchen und einen Apfelkuchen. Max pustet die Kerzen aus, wir singen »Viel Glück und viel Segen«, die Sonne scheint auf den Tisch und die Vögel zwitschern. Dann packt Max seine Geschenke aus: ein ferngesteuertes Auto von Annemarie und Horst, einen Pullover mit Hose von dem älteren Ehepaar und einen Feuerdrachen von Playmobil, der zu seiner Ritterburg passt, von Hans und mir. Das Leben hat doch auch schöne Momente, denke ich, als ich in seine strahlenden Augen blicke.

Einige Wochen später hat mich der Alltag bereits wieder fest in seinen Fängen. Obwohl ich Frau Erhardt menschlich sehr schätze und sie auch für äußerst kompetent halte, entscheide ich mich, den Gesprächskreis nicht mehr zu besuchen. Es bringt mir nichts mehr, denn eine Tochter mit ihrer Mutter ist dazugekommen, deren Vater beziehungsweise Mann gerade erste Anzeichen von Demenz zeigt. Der Mann ist 83. Ich denke mir: Es wäre wohl leichter zu bewältigen, wenn Hans in dem Alter dement würde. Die beiden erzählen sehr ausführlich, sodass für die Themen, die Frau Erhardt vorbereitet hat, nicht mehr genug Zeit bleibt. Aus diesem Grunde gehe ich nicht mehr hin.

Stattdessen war ich mit Hans bei der Sprachtherapie – bei der Logopädin. Es kam mir so vor, als hätte sich seine Sprache verändert, sie ist von so vielen Aaahhs durchsetzt … Und sie wird auch immer dürftiger. Neulich waren wir mit Max und Luca spazieren, und da habe ich ihn aufgefordert: »Sag mal *Luca.*« Weil das Kind noch nie seinen Namen aus Hans' Mund gehört hat. Hans sagte tatsächlich »Luca«. Aber ohne zu verstehen.

Mir ist an dem Tag auch zum ersten Mal aufgefallen, dass Hans Probleme mit dem Gehen hat. Aber das muss nichts bedeuten. Er fängt sich sicherlich wieder, er muss. Weil sein Leben schöner ist, wenn er läuft: Er kann raus, er kann unter der Dusche stehen, er muss nicht im Bett liegen. Das ist schöner für ihn. Und ich glaube daran, dass es wieder besser wird.

Dr. Geldern hat mir wegen Hans' Sprachproblemen ein Rezept für zwei Logopädie-Sitzungen gegeben: »Gehen Sie einfach mal hin und lassen Sie sich beraten«, meinte er.

Die Therapeutin hat mir dann erklärt, dass das eine Aphasie ist – eine *Wortfindungsstörung*. Und dass Hans irgendwann gar nicht mehr sprechen wird.

»Da kann man nichts machen«, hat sie gesagt.

Ein paar Tage später war ich allein bei ihr, weil ich es nicht glauben konnte. Ich habe gedacht: Nein, das passiert Hans nicht. Er kann ja noch reden. Aber dann hat sie mir erklärt, dass es hoffnungslos ist. Dass man wirklich überhaupt nichts machen kann. Und da dachte ich: Mein Gott, jetzt redet keiner mehr mit dir.

Aber noch spricht er ja ein bisschen. Es muss ja nicht ganz weggehen. Es *kann*. Das ist die Sache mit den kleinen Schritten – ich beherzige sie wirklich. Bei jedem neuen Abschnitt denke ich: Vielleicht bleibt es so. Vielleicht verschlechtert es sich nur bis hierhin und nicht weiter. Natürlich ist das Unsinn, weil es das Merkmal der Krankheit ist, dass es nicht so bleibt. Das weiß ich ja. Aber dennoch denke ich bei jeder Sache, die sich verschlimmert: Vielleicht hat er nur einen schlechten Tag. Etwa bei der Körperpflege: Am Anfang, als Hans immer vergaß, sich zu duschen, dachte ich, ich müsste ihn bloß daran erinnern, und dann würde er sich duschen. Ich weigerte mich zu glauben, dass er sich nicht mehr duschen würde. Obwohl ich wusste, dass es so sein würde, weil es in der Broschüre der Deutschen Alzheimer Gesellschaft steht und Professor Grieskamp mir diese Dinge auch erklärt hat. Aber ich habe es nicht wahrhaben wollen, weil jeder Fall anders verläuft. Als Hans sich schließlich gar nicht mehr selbstständig duschte, dachte ich: Es kann ja auch einen anderen Grund haben – zum Beispiel das Alter.

Wenn ich nicht in ganz kleinen Schritten denke … dann kann ich es nicht.

Anna wundert sich immer über meine Beharrlichkeit: »Du weißt doch sowieso, dass es immer schlechter wird und dass er sterben wird.«

Sie kann das so schwer verstehen. Sie sagt: »Du weißt, dass er sterben wird, und dass das vielleicht sogar besser ist für ihn. Und trotzdem klammerst du dich an jeden Strohhalm.«

Aber ich bin wahrscheinlich ein Gefühlsmensch.

Ich wünsche mir nie, dass er stirbt.

An einem wunderschönen, eiskalten Dezembermorgen machen wir schließlich einen Spaziergang. Es sind minus fünfzehn Grad, die Sonne scheint von einem wolkenlosen Himmel herab. Ideales Wetter, um ein kurzes Stück zu gehen – einmal um den Teich herum. Also ziehe ich Hans warm an,

Mantel, Mütze, Schal, dicke Handschuhe und Winterstiefel. Wir fahren mit dem Auto hin und gehen in dem hellen Licht durch den Schnee. Der Himmel ist blau, und der Teich ist zugefroren. Es ist traumhaft schön. Man kann leider nicht behaupten, dass wir uns auf unserem Spaziergang unterhalten, aber ich erzähle Hans, wie schön ich es finde und was die Enten jetzt machen; dass es sehr kalt ist und so weiter. Nach einer Dreiviertelstunde gehen wir zurück zum Parkplatz. Ich mache Hans die Autotür auf, aber er steigt nicht ein.

Ich versuche, ihn zu überreden. »Steig doch ein, es ist so kalt, jetzt gehen wir heim und trinken einen heißen Tee, Hans.«

Doch es ist nichts zu machen. Er geht um das Auto herum. Und ich gehe hinterher.

»Hans, komm, steig doch ein!«

Hans reagiert nicht. Eine halbe Stunde lang versuche ich es immer wieder – wir gehen um das Auto herum, ein paar Schritte weg, wieder hin, wieder herum, vor, zurück, und die ganze Zeit rede ich auf ihn ein. Es ist eiskalt. Ich friere entsetzlich, und er auch. Seine Lippen sind blau. Gott sei Dank ist gerade Mittagszeit, die sonnigste Zeit am Tag. Ich warte noch einmal zehn Minuten. Irgendwann muss ihm so kalt sein, dass er einsteigt. Aber er geht immer wieder vor, zurück zur Kirche, ein Stück hin und her und wieder zurück zum Auto. Nach einer halben Stunde beschließe ich, dass wir zu Fuß nach Hause gehen, eineinhalb Kilometer. Wir brauchen eineinhalb Stunden für den Weg, und als wir zu Hause ankommen, ist mir so kalt wie noch nie in meinem Leben. Hans ist sicher auch durchgefroren, aber er sagt nichts.

Wir trinken heißen Tee, und ich mache ihm eine Wärmflasche. Danach mache ich mir selbst eine – ich lege sie auf den Boden und stelle die Füße darauf. Mir fällt ein, dass wir vor Kurzem einen Spaziergang im Teutoburger Wald gemacht haben. Auf dem Rückweg haben wir eine Abkürzung genommen und sind einen kleinen Weg hinuntergegangen. Doch auf einmal blieb Hans stehen und ging keinen Schritt mehr.

Im Nachhinein vermute ich, dass ihm der Weg zu schmal gewesen sein muss. Und mir wird bewusst, dass ich in Zukunft noch mehr darauf achten muss, wohin wir gehen und wann.

Die Zeit vergeht mit Riesenschritten, und Hans' Zustand verschlechtert sich immer mehr. Es ist ein stetiger Abwärtsstrudel, unser Alltag ist gegen Ende des Jahres 2005 zu einer einzigen Herausforderung geworden. Ich bemühe mich, mit viel Fantasie darauf zu reagieren. Für jedes Problem, für jede Verschlechterung gibt es eine Lösung. Das habe ich inzwischen für mich herausgefunden. Man muss sich nur damit arrangieren *wollen*. Wenn man wirklich will, geht es. Aber wenn einen der Mut verlässt, wenn man keine Kraft mehr hat oder wenn der andere einem zur Last wird, kommt man irgendwann in dieser unaufhaltsamen und vorhersehbaren Abwärtsspirale zu dem Schluss: »Das schaffe ich nicht – jetzt muss mein Partner ins Heim.«

Für unser Auto habe ich kürzlich Bremsklötze gekauft. Wenn wir auf den Markt fahren oder im Supermarkt einkaufen, will Hans nämlich nicht mehr aussteigen. Und ich habe Angst, dass er die Handbremse lösen könnte und das Auto wegrollt, während ich einmal eine Viertelstunde weg bin. Die Straße ist ja nicht immer ganz eben. Die Bremsklötze waren ursprünglich grellgelb, doch ich habe sie zum Lackierer gebracht und ihn gebeten, sie schwarz zu lackieren, damit sie nicht so auffallen. Jetzt lege ich sie je nach Gefälle vor oder hinter die Reifen, wenn ich Hans warten lasse. So bin ich sicher und ruhig. Das Auto schließe ich natürlich ab.

Ich habe auch Angst, dass mit dem Zigarettenanzünder etwas passieren könnte. Deswegen habe ich das Teil, an dem man ihn herauszieht, entfernt und etwas darübergelegt, damit er nicht bemerkt, dass etwas fehlt, und sein Interesse nicht geweckt wird.

Außerdem habe ich überlegt, eine Standheizung einbauen zu lassen. Damit Hans im Winter nicht friert, wenn er im Auto auf mich wartet, während ich Besorgungen mache. Aber im Autohaus haben sie mir abgeraten. Allerdings habe ich ihnen auch nicht erklärt, wozu ich sie brauche. Das wollte ich nicht. Sie kennen Hans, und ich wollte nicht sagen, dass es mit seiner Demenz zu tun hat.

Hans ist nun in die Pflegestufe 3 eingestuft worden, die Pflegekasse zahlt mir jetzt 665 Euro im Monat. Weil neben der Pflege zusätzliche Betreuung nötig ist, stehen Hans weitere 460 Euro im Jahr nach Paragraph 45 Sozialgesetzbuch 11 zu. Davon bezahlt die Pflegekasse ihm einen speziell ausgebildeten Betreuer, der mit dementen Patienten umgehen kann. Ich kann auch noch Geld für »Verhinderungspflege« beantragen, das sind weitere 1432 Euro im Jahr. Die bekommt man, wenn man Urlaub machen will oder krank ist oder Entlastung braucht. Wenn ich Hans zur Kurzzeitpflege für maximal 28 Tage im Jahr in ein Heim geben würde, bekäme ich noch einmal 1432 Euro im Jahr. Aber das kommt für mich noch immer nicht infrage. Man bekommt das Geld allerdings nicht, um davon eine private Betreuung statt einer Kurzzeitpflege zu bezahlen. Das finde ich ungerecht.

Professor Grieskamp hat mir geraten, das Aricept abzusetzen. Er meinte, Hans könne sich kaum noch eine Wirkung davon erhoffen. Da Hans' Diagnose »frontotemporale Demenz« laute und gerade nicht »Alzheimer«, sei es das falsche Medikament. Aricept helfe nur bei Alzheimer im frühen oder mittelschweren Stadium, da eine »Restfunktion der Nervenzellen« erhalten sein müsse, damit dieses Mittel wirkt. Ich schließe daraus, dass er meint, die Nervenzellen würden bei Hans gar nicht mehr funktionieren. Doch das glaube ich nicht, denn er kann viele Dinge ja noch. Daher gebe ich weiterhin fünf Milligramm am Tag – vielleicht hält es ihn trotzdem noch ein wenig wacher. Auch Dr. Geldern war schließlich der Meinung, dass eine kleine Chance bestünde: »Geben Sie es trotzdem – man weiß ja nie …«

Dr. Geldern hat mir auch erklärt, was der Unterschied zwischen Alzheimer und Hans' Krankheit ist. Bei der frontotemporalen Demenz sind nicht, wie bei Alzheimer, vor allem Gedächtnis und Orientierungsfähigkeit beeinträchtigt, sondern die Persönlichkeit und das Sozialverhalten verändern sich. Zu Beginn der Krankheit kommt es zu emotionalem Abstumpfen, es folgen Verhaltensänderungen und Sprachstörungen. Im Verlauf der Krankheit geht die Sprache der Patienten ganz verloren. Das durchschnittliche Erkrankungsalter liegt bei 57 Jahren, also viel früher als bei Alzheimer-Patienten.

Als weiteres Medikament bekommt Hans jetzt nur noch Axura – ebenfalls ein Mittel zur Behandlung von Alzheimer. Es soll antriebssteigernd auf ihn wirken.

Vorige Woche beim Zahnarzt hat er eine letzte neue Füllung bekommen. Darüber bin ich froh, weil wir in Zukunft nicht mehr hinkönnen. Er ist zu unruhig und steht während der Behandlung immer wieder auf. Ich habe mir nach dem Zahnarztbesuch die alten Rechnungen über Zahnreinigung aus den letzten beiden Jahren noch einmal angesehen – und festgestellt, dass sie immer niedriger ausgefallen sind. Der Grund dafür ist, dass die Dentalhygienikerinnen nichts mehr machen konnten, weil Hans nicht mehr auf dem Stuhl sitzen blieb.

Aber seine Zähne sind Gott sei Dank in einem guten Zustand und sehr gepflegt. Davon muss er jetzt zehren. Denn ich kann sie ihm leider nicht mehr putzen, er öffnet den Mund nicht mehr oder beißt zu. Vielleicht bilde ich es mir nur ein oder wünsche mir, dass es so ist – jedenfalls glaube ich, dass der Grund dafür sein könnte, dass Hans denkt: Hilda ist mir so vertraut, ich will nicht, dass sie mir die Zähne putzt.

Rosemarie hingegen darf sie ihm ab und zu putzen – etwa zweimal in der Woche. Sie hilft mir seit einigen Wochen zusätzlich zu Marika. Sie ist um die vierzig, sehr hübsch, stammt aus Costa Rica und ist sanftmütig und lieb. Hans scheint auf sie zu reagieren, er lässt nicht nur das Zähneputzen zu, sondern auch, dass sie ihn streichelt und massiert, was sie stundenlang hingebungsvoll tut. Sie genießt es, sich nur um ihn kümmern zu müssen. Zuvor hat sie in einem Pflegeheim gearbeitet und ist fast zerbrochen daran, dass immer zu wenig Zeit war. Sie hatte das Gefühl, den Patienten nicht gerecht werden zu können.

Obwohl Hans seine Zähne so selten putzen lässt, hat er keinen Mundgeruch – nichts. Vielleicht, weil ich ihm viele Möhren zu essen gebe. Nach den Mahlzeiten und vor allem abends vor dem Schlafengehen. Sie scheinen eine besondere Reinigungsfunktion zu haben. Er hat saubere Zähne. Natürlich gebe ich ihm abends aber auch keine Schokolade mehr. Die bekommt er mittags, und danach Obst oder Milch.

Rasieren lässt er sich von mir auch nicht mehr, und auch nicht von Rosemarie. Nur noch von einem Caritas-Mitarbeiter, der extra dafür ins Haus kommt. Es wird immer weniger, was Hans kann und was er zulässt.

»Papa ist wie ein Pflanze«, hat Anna neulich gesagt.

Das hat mich ganz seltsam berührt, ich hätte weinen mögen. Aber ich fand es nicht unpassend, sondern auf eine sonderbare Weise treffend. Es gibt Pflanzen, die ich sehr mag, die auch Würde ausstrahlen und Ruhe und Schönheit. Und ich kann meine Augen nicht vor den Tatsachen verschließen. Ich weiß, warum Anna das gesagt hat – was sie dazu gebracht hat, gerade diesen Vergleich zu wählen: Hans spricht nicht mehr. Gar nicht mehr. Er hat es verlernt, langsam und stetig. Ich habe den genauen Tag gar nicht mehr vor Augen, diesen Augenblick, in dem er das letzte Wort gesprochen hat. Man weiß es ja vorher nicht. Aber als Anna den Vergleich mit der Pflanze gezogen hat, da war mir klar, dass er die Sprache verloren hat und dass sie nie mehr zurückkommen wird.

Von nun an wird es Tage geben, an denen niemand mehr mit mir spricht.

Manchmal denke ich, dass das auch egal ist. Das sind meine schlechten Momente, und sobald sie kommen, versuche ich, sie zu verdrängen. Das gelingt mir leider längst nicht immer, weil ich nicht genug Kraft habe. Ich bin müde, so unendlich müde. Es ist alles zu viel: Hans, die Schule, Mutter …

Ich muss nachts oft aufstehen. Mutter ist immer noch jede Nacht wach und will zur Toilette. Sie trägt Einlagen, aber sie will trotzdem lieber zur Toilette. Gestern habe ich gezählt – da bin ich fünf Mal aufgestanden. Zwei bis drei Mal sind es eigentlich immer, aber fünf Mal ... Ich fühle mich erschöpft und ausgelaugt. Gott sei Dank kommt morgens immer entweder Marika oder Rosemarie, wenn ich in die Schule gehe. So muss ich Hans wenigstens nicht duschen und anziehen. Um Mutter kümmern sie sich auch. Man muss sie aus dem Bett holen, waschen und füttern, weil sie nichts mehr sieht.

Das Mittagessen bereite immer ich zu, wenn ich nach Hause komme. Anschließend füttere ich Hans und Mutter nacheinander. Gleichzeitig geht es nicht, denn Mutter sitzt oben in ihrem Zimmer, und Hans ist unten. Mutter muss gefüttert werden, Hans muss ich das Essen klein schneiden und auf die Gabel stechen, dann führt er sie zum Mund. Bis wir alle drei mit dem Essen fertig sind, vergehen mindestens zwei Stunden.

Nachdem ich die Küche aufgeräumt habe, lege ich mich meistens auf die Liege auf der Terrasse. Ich setze eine Schlafbrille auf, stecke mir Ohrstöpsel in die Ohren und schlafe zehn Minuten oder eine Viertelstunde. Danach bin ich wieder fit. Wenn ich länger schlafe, ist mein Kreislauf ziemlich weit unten und das Aufstehen fällt mir schwer. Gott sei Dank passiert mir das aber fast nie. Ich wache immer von allein auf. So früh, dass ich manchmal nicht weiß, ob ich überhaupt geschlafen habe oder nicht. Aber wenn man es nicht weiß, heißt es, dass man geschlafen hat. Sonst wüsste man, dass man wach war.

Abends, wenn die beiden im Bett sind, arbeite ich für die Schule. Oder ich erledige Papierkram, zu dem ich tagsüber nicht komme. Die Abende gehören mir allein. Ich muss für niemanden sorgen und habe Zeit für mich. Aber ich kann die Ruhe nicht genießen. Ich vermisse jemanden, mit dem ich mich unterhalten kann. Oft telefoniere ich stattdessen, aber immer geht das auch nicht, weil Arbeit auf mich wartet. Zum Beispiel habe ich einen Schwerbehindertenausweis für Hans angefordert. Damit ich steuerliche Vergünstigungen auf mein Einkommen bekomme, weil wir gemeinsam veranlagt werden. Es ist unangenehm, so einen Ausweis zu beantragen. Ich musste angeben, welche Leiden Hans hat – dafür hatte ich einen Bericht von Professor Grieskamp. Aber was soll's, das ist halt so. Da muss man sich nicht schämen, man kann nichts dafür.

Von der Rundfunkgebühr kann ich eventuell auch befreit werden, das muss ich prüfen. Vielleicht wird mir auch die KFZ-Steuer erlassen, weil ich Hans betreue? Aber eigentlich glaube ich das nicht. Er wird in öffentlichen Verkehrsmitteln nämlich unentgeltlich befördert, obwohl er sie schon lange nicht mehr nutzen kann.

Es ist wieder ein extrem kalter Wintertag, die Straßen sind notdürftig vom Eis befreit, als ich von der Schule nach Hause fahre. Heute Morgen um halb acht war es die reinste Rutschpartie. Zu Hause angekommen, ziehe ich den Mantel und die Schuhe aus, begrüße Marika, die ich nun ablöse, und gehe ins Wohnzimmer, um nach Hans zu sehen. Er ist nicht da, also gehe ich nach oben in Mutters Zimmer. Dort sitzt er an ihrem Bett und starrt vor sich hin.

»Hallo, ihr zwei«, begrüße ich die beiden. Ich nehme Hans, der einfach sitzen bleibt, in den Arm, anschließend beuge ich mich zu Mutter hinunter und streichele ihre Wange.

»Hallo, Hilda«, flüstert sie, »ich habe auf dich gewartet. Ich muss zur Toilette, bitte.«

»Natürlich, Mutter.« Innerlich seufze ich, aber ich lasse mir nicht anmerken, dass mich ihre ständigen Toilettengänge mürbe machen. Während ich Mutter aus dem Bett helfe und sie in den fahrbaren Toilettenstuhl bugsiere, den wir allerdings nur als Rollstuhl benutzen, erzähle ich, wie mein Tag war: dass die vierte Klasse ihre Mathearbeit zurückbekommen hat und dass ein Mädchen Geburtstag hatte, dass meine Kollegin Jutta mich zum Abendessen eingeladen hat und dass der Hausmeister beim Schneeschippen ausgerutscht ist und sich ein Bein gebrochen hat. Keiner der beiden antwortet, sie sind mit sich selbst beschäftigt. Zumindest bei Mutter wundert mich das – normalerweise interessiert sie sich für das, was ich erzähle.

»Ich bin gleich zurück«, erkläre ich Hans, als ich Mutter ins Bad rolle. Doch er hebt nicht einmal den Kopf. Vergeblich habe ich in den letzten Wochen versucht, mich an sein »Dasein als Pflanze« zu gewöhnen, und auch jetzt trifft mich seine Apathie wie ein Schlag in die Magengegend. Es tut weh.

Ich versorge Mutter, es geht schwerer als sonst. Sie hilft mir nicht, als ich sie vom Stuhl auf die Toilette hebe, und auch als ich sie wieder zurücksetze auf den Stuhl, lässt sie sich völlig hängen, ganz anders als sonst. Nanu, denke ich, was ist denn los mit ihr? Sie hat zwar eine Erkältung, aber dass sie so schwach ist …

Auf einmal, noch während ich sie hebe, geht ein Ruck durch ihren Körper, und sie wird ganz schlaff. Mir ist sofort klar, dass sie gestorben ist. Ich reagiere wie unter Schock.

»Marika!«, rufe ich, »komm schnell!«

Ich höre sie von unten die Treppe herauflaufen, sie sieht uns, und auch sie versteht sofort. Gemeinsam heben wir Mutter in den Stuhl, fahren sie in ihr Zimmer und legen sie ins Bett. Marika umarmt mich, beide lassen wir unseren Tränen freien Lauf.

»Hans, Mutter ist gestorben.« Ich umarme auch ihn und weine weiter. Er sitzt da wie eine Statue, versteht nicht, was vor sich geht. Auf einmal fühle ich mich, als wäre ich allein auf der Welt. Was habe ich jetzt noch? Keine Mutter mehr, Vater ist schon lange tot, keinen Mann mehr als Partner und Geliebten. Anna und Sophie, raunt eine Stimme in meinem Kopf, ein tröstlicher Gedanke, ich stürze zum Telefon und rufe erst sie an, dann Franziska und Christa. Anna setzt sich sofort ins Auto, um bei mir zu sein, sie ist anderthalb Stunden später da. Es tut gut, nicht allein zu sein. Am Abend kommen auch Franziska und Sophie, und am nächsten Morgen planen wir die Beerdigung und leiten alles in die Wege.

Ich bin sehr traurig, aber ich weiß, dass Mutter in Frieden gegangen ist und ich ihr die letzten Jahre so schön wie möglich gemacht habe. Ich glaube, sie war gern bei uns. Das hat sie mir auch immer wieder gesagt.

Jetzt bin ich allein mit Hans. Es ist seltsam, denn mit Mutter konnte ich immerhin noch reden. Hans kann ich nur etwas erzählen, aber er antwortet nicht. So empfinde ich ihren Tod als großen Verlust, obwohl ich jetzt natürlich viel weniger Arbeit habe. Aber ich weiß, dass sie sich sehr gewünscht hat, sterben zu dürfen, um nicht mehr leiden zu müssen. Daher nehme ich ihren Tod an, so schrecklich und endgültig er auch ist.

Ich werde morgen, am 12. März 2006, 65 Jahre alt, und ich bin furchtbar aufgeregt. Eigentlich bin ich das schon seit zwei Wochen. Da hat Anna mich angerufen und angekündigt: »Übrigens, Mama, am 11. März haben wir eine Überraschung für dich.«

»Was denn für eine Überraschung?«

»Sag ich nicht. Jedenfalls solltest du dich schick machen. Also, *sehr* schick. Wir holen dich um 19 Uhr ab.«

»Aber Franziska und Rolf sind doch da, und Sophie.« Ich habe sie eingeladen.

»Die sollen auch mitkommen.«

»Ja, und was für ein Anlass ist es denn? Theater oder ein Essen, ein Konzert? Weil, je nachdem würde man ja etwas anderes anziehen.«

»Vergiss es, Mama. Ich verrate nichts. Zieh einfach das Schickste an, was du hast. Brezel dich richtig auf. Und die anderen natürlich auch. Okay?«

»Ja, also wenn du mir mehr nicht verrätst.«

»Genau.«

»Dann muss ich mal sehen, ob Marika oder Rosemarie Zeit haben, auf Papa aufzupassen.«

Jetzt ist es kurz vor 19 Uhr, Rosemarie ist hier, außerdem Franziska, Rolf, Merle und Sophie. Merle, eine rassige dunkelhaarige Frau, ist meine Nachbarin und Freundin. Außerdem sitzt sie für die Grünen im Stadtrat. Sie ist so alt wie ich, hat zwei Töchter wie ich und ist Lehrerin wie ich. Wir verstehen uns blendend, manchmal bewundere ich sie für ihre lockere Art, durchs Leben zu gehen. Sie kleidet sich lässig, aber immer mit Stil, und für den heutigen Abend hat sie mir Ohrringe geliehen – lange, baumelnde Gebilde aus Glasperlen in verschiedenen Rot-, Orange- und Rosatönen. Selbst würde ich mir so etwas nie kaufen, weil ich mich klassischer kleide, aber zu dem schlichten schwarzen Kleid, das ich trage, bilden sie einen interessanten Kontrast, sodass ich ganz zufrieden bin mit meinem Äußeren, als ich vor dem Spiegel stehe. Vor allem aber bin ich unglaublich aufgeregt; so habe ich mich sehr lange nicht mehr gefühlt. Es ist schön. Sehr schön sogar.

Um 19 Uhr fahren wir los, die anderen wissen offensichtlich, wo es hingeht. Wir fahren aus Bielefeld hinaus, folgen einer Landstraße, Theater kann es also nicht sein, Konzert auch nicht – also ein Restaurant. Aber welches, was liegt denn hier in dieser Richtung?

»Also, wo fahrt ihr mich hin? Das ist doch unmöglich, dass wir hier ein gutes Restaurant finden.« Ich weiß, dass ich mich quengelig anhöre, aber die anderen sind äußerst gut gelaunt und lachen fröhlich. Ich blicke in die Dunkelheit, die das Auto umgibt, und fühle mich wie in einem Tunnel im Nirgendwo, losgelöst von allem und wissend, dass etwas Schönes auf mich warten wird. Die Sorgen gleiten von mir ab, ich genieße die Vorfreude und zerbreche mir gleichzeitig den Kopf über unser Ziel. Gern würde ich mich einfach treiben lassen, egal wohin, aber das kann ich nicht. Mir wird bewusst, dass ich es in den letzten Jahren verlernt habe – zu viel Verantwortung musste ich tragen, zu groß war die Last. Das muntere Geplauder der anderen umgibt mich wie Watte, und auf einmal fühle ich mich einsam. Hans sollte bei mir sein, denke ich, aber ich verdränge den Gedanken wieder. Zu selten habe ich Gelegenheit, mein Leben zu genießen; von diesem Abend werde ich lange zehren, das spüre ich.

Noch immer folgen wir der Landstraße. »Mensch, ihr gebt mir Rätsel auf«, nehme ich den Faden von vorhin wieder auf.

Vielleicht verraten sie mir ja doch etwas, wenn ich nicht lockerlasse. »Und woher wisst ihr überhaupt alle, wo wir hinfahren? Ist das hier eine Verschwörung?«

»Klar, Mama«, bestätigt Sophie, »wir haben uns abgesprochen, aber erwarte nur nicht zu viel, eigentlich haben wir gedacht, dass wir dich an deinem Geburtstag ein bisschen spazieren fahren und dann wieder zu Hause absetzen.«

Die anderen lachen, und natürlich glaube ich ihr kein Wort. Mit jedem Kilometer, den wir zurücklegen, wächst meine Aufregung, doch ich will es nicht zeigen und maule stattdessen noch ein bisschen herum. Je mehr ich maule, desto mehr amüsieren sich die anderen über mich. Es ist ein Spiel, und beide Seiten genießen es.

Nach etwa zwanzig Minuten biegen wir von der Landstraße ab in den Wald. Der Weg ist schmal, ich war hier noch nie in meinem ganzen Leben. Ein Picknick?, schießt es mir durch den Kopf. Ein Picknick bei minus fünf Grad in völliger Dunkelheit?

Am Ende des Weges steht ein hell erleuchtetes Haus, und als wir näher kommen, erkenne ich einen Parkplatz – es ist ein Restaurant, und ich weiß jetzt auch, welches. Ich kenne den Namen aus der Zeitung, aber ich war noch nie hier. Neugierig sehe ich mich um, während wir zum Haus gehen. Ich erkenne ein Wäldchen, davor einen geschwungenen Pfad, der zum Eingang führt. Das Haus selbst ist nicht besonders groß und sicherlich schon zweihundert Jahre alt, scheint aber vor Kurzem renoviert worden zu sein. Es ist frisch gestrichen, und die helle Farbe bildet einen schönen Kontrast zu dem alten Eichenfachwerk und den dunklen Sprossenfenstern. Aus dem Schornstein quillt Rauch, im Inneren erkenne ich hin und her eilende Kellner in dunklem Anzug. Ich atme die klare Abendluft ein, blicke in den nachtschwarzen Himmel und freue mich.

Drinnen – es ist nur ein großer Raum – ist festlich gedeckt. Kerzen, weiße Tischtücher, kunstvoll gefaltete Stoffservietten, rosafarbene Tulpen in silbernen Vasen. Es ist prachtvoll, aber Gäste sind keine da, obwohl gut und gern fünfzig Leute hier

Platz finden würden. Am Eingang stehen Anna und Sebastian, er im schwarzen Anzug, sie sehr elegant in einem braunen Kostüm mit Fischgrätmuster und mindestens genauso aufgeregt wie ich. Wir begrüßen einander, auch Franziska, Rolf und Sophie begrüßen die beiden, eine Kellnerin mit weißer Schürze bietet uns Sekt an. Wir prosten einander zu, dann reicht Anna mir einen Umschlag aus weißem Büttenpapier.

»Für dich.« Sie bemüht sich um einen beiläufigen Gesichtsausdruck.

Alle schauen mich gespannt an. Ich bin so aufgeregt, dass meine Hände zittern, als ich den Umschlag öffne. Tausend Gedanken schießen mir durch den Kopf, aber für mich ergibt das alles keinen Sinn – dieser große, festliche Raum und wir sechs –, wie passt das zusammen? Ich ziehe eine bedruckte Karte aus dem Umschlag, ebenfalls aus Büttenpapier. Es ist eine Einladung, vier Fotos von mir sind darauf: ich als Kind, als junge Frau, als Mutter und als Ehefrau, und jetzt verstehe ich: Es ist ein Geburtstagsfest für mich, sie haben es heimlich organisiert und versucht, alles so zu machen, wie ich es mir gewünscht hätte. Und es ist ihnen gelungen; diese Einladung ist wunderbar stilvoll, der Raum, die Tischdekoration, der ganze Rahmen …

»Wer kommt denn alles?«, frage ich, bevor ich mich überhaupt bedanke. Ich habe meine Manieren vergessen, so aufgeregt bin ich.

Anna dreht sich nun um. »Ihr könnt rauskommen«, ruft sie, und plötzlich kommen hinter einer Ecke Rose und ein Mann hervor, den ich noch nie gesehen habe – sie hat also wirklich ihren Mann verlassen, und das ist der Neue, schießt es mir durch den Kopf. Neben den beiden stehen einige Nachbarinnen von Merle und mir. Die Tränen schießen mir in die Augen, ich habe Rose so lange nicht gesehen, es ist zu viel für mich, diese Überraschung, wir liegen uns in den Armen, es ist wunderschön. Ich begrüße ihren neuen Partner, er ist in ihrem Alter, Unternehmensberater, Franzose und so charmant, wie man sich einen Franzosen nur vorstellen kann. Er gibt mir tatsächlich einen Handkuss und erklärt auf Deutsch mit einem reizenden französischen Akzent: »Rose hat mir nicht zu viel versprochen, Madame. Sie sind sehr charmant.«

Ich bedanke mich, und Rose flüstert mir zu: »Er ist immer so. Er liebt die Frauen, und mich am meisten. Es war die beste Entscheidung meines Lebens, mit ihm zu gehen.«

Wieder umarme ich sie. »Ich freue mich so für dich«, sage ich zu ihr, und tatsächlich spüre ich, dass sie glücklich ist, und gönne es ihr von Herzen. Doch bevor wir uns weiter unterhalten können, öffnet sich die Eingangstür, und es kommen neue Gäste, diesmal ist es Gregor, Hans' Bruder aus Freiburg, mit seiner Frau. Ich schließe auch sie in die Arme, es ist so schön, ich kann es kaum fassen. Dann kommen meine Kolleginnen, alle meine Freundinnen, Annemarie und Horst, alle, die ich kenne, und als ich schon gar nicht mehr weiß, wo mir der Kopf steht, kommen noch zwei alte Freunde von Hans aus München zur Tür herein, gefolgt von meiner Cousine aus der Schweiz, und ich verliere schon wieder die Fassung.

Wie bitter es ist, dass Hans nicht bei uns sein kann!

Jemand tippt mich von hinten an, ich drehe mich um und stehe Christa gegenüber. Meiner ältesten Schwester Christa, die in New York lebt und die im Winter eigentlich keine Flugreisen unternimmt, weil sie Angst davor hat, dass die Tragflügel vereisen! Ich kann es nicht fassen, aber sie ist es, ich fliege in ihre Arme, und die Tränen, die noch gar nicht getrocknet waren, fließen wieder. Ich habe sie seit drei Jahren nicht gesehen, eine Ewigkeit, wie mir in diesem Augenblick klar wird. Zwar telefonieren wir jeden Sonntag miteinander, doch hat sie in den letzten Wochen mit keinem Wort erwähnt, dass sie vorhatte, nach Deutschland zu fliegen, sie hat nur von einem anstehenden Geschäft erzählt, das sie viel Zeit und Nerven kostet – sie ist Immobilienmaklerin. Ich sehe sie an, während sie lachend meine Überraschung auskostet, man sieht ihr das Alter nicht an, sie ist siebzig und könnte fast als meine Zwillingsschwester durchgehen, so ähnlich sieht sie mir. Mein Gott, denke ich, was habe ich sie vermisst! Es ist unglaublich und so schön, als würde ich träumen. Alle diese lieben Menschen, die ich so selten gesehen habe in den letzten Jahren und die sich doch auf einen weiten Weg gemacht haben, um mich zu sehen und mir beizustehen. Es gibt sie also doch noch, die Freunde, über die Professor Grieskamp gesagt hat, sie würden sich zurückziehen. Es tut unendlich gut, das zu spüren, denn natürlich habe ich inzwischen die Erfahrung gemacht, dass er mit seiner Bemerkung recht hatte. Tatsächlich haben sich »Freunde« zurückgezogen.

Der Gedanke an eine Freundin, die ich sehr mochte und die sich nicht mehr gemeldet hat, als Hans zum Pflegefall wurde, schießt mir durch den Kopf. Ich habe damals mit Anna über sie gesprochen, weil sie sie auch kennt, und Anna riet mir: »Schreib ihr doch einen Brief und frag sie, was los ist.« Ich setzte mich also einen Abend lang hin und formulierte einen vorsichtigen Brief, in dem ich ihr sagte, dass mir viel an ihr liegt. Ihre Antwort, die eine Woche später kam, enthielt den schönen Satz, sie wolle unsere Freundschaft »ruhen lassen«, weil wir uns in sehr unterschiedlichen Lebensphasen befänden. Er verletzte mich tief, und jetzt hier inmitten meiner Freunde und meiner Familie zu stehen und die Wärme zu spüren ist so überwältigend schön, dass ich es mit Worten gar nicht ausdrücken kann.

Die Feier beginnt, wir setzen uns. Sie haben wirklich an alles gedacht, es gibt Tischkärtchen und Menükarten, die vom Stil her genau auf die Einladung abgestimmt sind. Ich sitze neben Rose und Maria, einer alten Schulfreundin aus Süddeutschland, die ich seit Jahren nicht gesehen habe. Sie war die Tanzstundenpartnerin von Hans, und ich mag sie sehr. Das Essen beginnt, es ist perfekt, die Kellner schwirren mit den Weinflaschen umher, und der ganze Raum ist erfüllt von Stimmen und Gelächter. Nach der Vorspeise hält Gregor eine Rede, nach der Hauptspeise Rolf und nach dem Dessert Sophie. Sie ehren mich und sind humorvoll, und ich fühle mich wie eine Königin und verdränge wieder den Gedanken daran, wie gern ich das alles mit Hans teilen würde. Hans, der zu Hause in seinem Bett liegt und mich manchmal schon gar nicht mehr erkennt.

Gegen halb zwölf steht Anna auf: »Liebe Mama, auch ich habe noch etwas für dich vorbereitet.«

Sebastian hat, ohne dass ich es bemerkt habe, hinter mir eine Leinwand aufgebaut und macht sich nun an einem technischen Gerät zu schaffen. Eine Diashow? Es herrscht gespannte Stille im Raum. Sie wird plötzlich von Musik unterbrochen, und auf der Leinwand erscheint eine Folge von Fotos, die mich in allen Lebensphasen zeigen. Dann leuchtet eine große »65« auf, es folgt in großen Lettern, die über die Leinwand laufen, die Frage: »Woran denkst du, wenn du an Hilda denkst?«, und dann sieht man plötzlich Franziska, die bei sich zu Hause im Wohnzimmer sitzt und erzählt: »Christa war fünf und ich war drei und dann wurde Hilda geboren. Die Hilda war ein besonders hübsches Kind, und sie war auch ein sehr freundliches Kind. Sie hatte ein unwahrscheinlich strahlendes Gesicht. Sie war auch sehr ordentlich. Sie hatte ihr Federmäppchen noch in einer extra Hülle, damit es sauber und ordentlich blieb. Sie war aber nicht nur ordentlich, sie war auch sehr fleißig und pflichtbewusst. Als bei uns die Scheune gebrannt hat und der Wind gedreht hat und die Flammen in Richtung Haupthaus schlugen, da wurden wir gebeten, dass jeder das Wichtigste in die Hand nimmt für den Notfall, falls wir evakuiert werden müssen. Und da schnappte die Hilda ihre Schultasche.«

Der ganze Saal lacht, und ich natürlich auch.

»Gegen mich hat sie sich ruhig und still durchgesetzt«, fährt Franziska fort. »Es gab zum Beispiel mal eine Zeit lang einen Wettstreit zwischen uns, wer die größten Füße hat. Die Hilda war ja immer die Kleinste von uns. Und dann kam sie vom nächsten Schuhkauf wieder, mit Stiefeln. Wir hatten einen weiten Schulweg, also haben wir auch viele Stiefel gebraucht. Und da hat sie es irgendwie geschafft, dass sie mit Schuhen in Größe 40 wiederkam. Und damit war für sie die Sache erledigt: Sie hatte die größten Füße. Und so hat sie sich still und leise durchgesetzt.

Unsere kleine Schwester Hilda hat uns allen gezeigt, was Pflichtbewusstsein und Hilfsbereitschaft ist. Ich denke an die letzten Jahre in Bielefeld. Hilda hat das alles mit einer bewundernswerten Haltung bewältigt und unsere Mutter liebevoll gepflegt, obwohl sie dadurch selbst bis an ihre Grenze und darüber hinaus belastet wurde.

Ich wünsche Hilda, dass sie künftig, wenn sie nicht mehr arbeiten muss, ihre Situation so in den Griff bekommt, dass sie sich möglichst viel Freiraum schaffen kann, damit sie endlich auch etwas für sich tun kann.«

Ein Film, denke ich, das gibt es doch gar nicht, wie hat Anna das denn hingekriegt? Aber natürlich geht es noch weiter, nun spricht Rose, sie steht bei sich zu Hause im Atelier, und ebenso wie Franziska erinnert sie sich an früher: »Wenn ich an Hilda denke, habe ich die folgende Szene vor mir: Vor ewigen Zeiten war es, ich war mit meiner Mutter zu Besuch in Deutschland, wir standen auf der Terrasse ihres Elternhauses, guckten hinunter in den Obstgarten und sahen Hilda mit ihren Freunden, und Hans war dabei. Sie aßen Äpfel. Manchmal ist Hilda ein bisschen stur, und sie weiß sehr genau, was sie will.«

Jetzt ist Rolf an der Reihe, der seine Pläne, ein Sabbatical zu nehmen, nach Franziskas Worten erst einmal auf Eis gelegt hat, nachdem er ausgerechnet hat, was ihn das Ganze kosten würde. Auch er erinnert sich: »Sie war sehr hübsch, sehr attraktiv, ging abends tanzen in sehr verlockende Tanzschuppen, Discotheken – wie sie genau hießen, weiß ich nicht. Und sie war, wenn sie losging, so zurechtgemacht, dass sie den ganzen Laden aufmischen konnte.

Ihrer Mutter hat sie ein Zuhause geschaffen, und das war etwas sehr Besonderes. Und sie hat es mit viel Liebe und großem Einsatz getan, sie hat ihre Mutter gepflegt, wie es niemand hätte besser machen können. Sie hat sich dabei, in gewisser Weise, selbst aufgeopfert.«

Rose streichelt meinen Arm, ich spüre die Blicke meiner Freunde, und mir kommen schon wieder die Tränen. Dennoch möchte ich, dass dieser Film nie aufhört, und das tut er auch noch nicht. Ines, die Exfrau von Hans' bereits verstorbenem Bruder, die lange mit ihm in Südafrika gelebt hat, erscheint auf der Leinwand. Leider ist sie heute nicht hier, wahrscheinlich hat sie nicht freibekommen, sie ist Krankenschwester. Cool sieht sie aus, wie sie da sitzt, fast ein bisschen wie Uschi Obermeier. Ich muss sie mal wieder besuchen, denke ich, wir sehen uns noch etwa einmal im Jahr, aber in den vergangenen drei Jahren, fällt mir jetzt auf, habe ich sie ebenso wenig getroffen wie Christa, obwohl sie nur etwa eine Autostunde entfernt lebt. Ines' Erinnerungen führen in die Ferne: »1973 muss das gewesen sein, da kamen Hilda und Hans zu uns nach Südafrika. Die beiden hatten kein bisschen Zeit, sich an das Klima zu gewöhnen, sondern mussten sofort in den Landrover, und wir sind dann nach Namibia aufgebrochen, zur Safari. Und dann kann ich mich noch gut erinnern, dass die Hilda fast gestorben ist, weil das natürlich alles ziemlich campingmäßig war und wir kaum irgendwelche Sachen dabeihatten. Wir mussten dann, wenn wir abgespült haben, mit so einem ganz schmutzigen Geschirrtuch abtrocknen, und da ist die Hilda fast ausgeflippt. Und dann weiß ich noch, wie sie sagte: ›Also nee, das Tuch nehmen wir jetzt nicht mehr. Wir trocknen jetzt nicht ab, denn die Wassertropfen, das macht ja nachher nichts aus.‹

Also, wenn ich Probleme hätte, denke ich, könnte ich jederzeit zu ihr kommen und sie würde ein offenes Ohr für mich haben und würde versuchen, mir zu helfen.«

Bilder steigen in mir auf, während sie spricht, Bilder von unserer Afrika-Reise und dem gesunden Hans im Landrover an meiner Seite. Doch ich habe keine Zeit, meinen Gedanken nachzuhängen. Als Nächstes spricht Sebastian, er sitzt in seinem Arbeitszimmer und fühlt sich offensichtlich vor der Kamera nicht besonders wohl, denn auf seiner Stirn hat sich eine steile Falte gebildet, die sonst nur zu sehen ist, wenn ihm etwas nicht passt: »1986 war das. Ich musste mich im Flur fast bis auf die Unterwäsche ausziehen, also quasi eine Dekontaminierungsdusche. Und ich wurde dann im Weiteren aufgeklärt, dass Tschernobyl noch nachwirkt. Und dass wir über radioaktiven Fallout Staubpartikel ins Haus tragen würden. Und nachdem ich also diese Dusche über mich habe ergehen lassen, durfte ich dann in die heiligen Hallen des Hauses Dohmen hinein.

Es gibt ja diesen Spruch: Wer ein Schiff baut, der soll die Sehnsucht nach dem Ozean in fernen Ländern wecken. Und diese Art, die verfolgt Hilda eigentlich auch sehr konsequent – dass sie Dinge so umschreibt, dass die Menschen aus sich selbst heraus in ihrem Sinne handeln.«

»Was meint er denn?«, flüstert Maria, Hans' ehemalige Tanzstundenpartnerin.

»Erzähl ich dir später«, flüstere ich zurück, denn ich will kein Wort von dem verpassen, was in dem Film passiert. Aber natürlich weiß ich genau, was er meint: Das Gleiche, was Franziska und Rose in ihren Beiträgen auch schon haben anklingen lassen: Dass ich sehr dominant und durchsetzungsstark sein kann, ohne dass die anderen das unbedingt mitbekommen. Ich mache das auch gar nicht mit Absicht. Aber offensichtlich bin ich jemand, der andere gut beeinflussen kann, ohne dass sie das zunächst bemerken.

Thorsten, der Freund von Sophie, hat jetzt das Wort. Die beiden sind seit etwa einem halben Jahr zusammen, aber ich habe nicht den Eindruck, dass Sophie richtig glücklich ist mit ihm. Ich selbst habe nichts gegen ihn, er ist Betriebswirt und arbeitet bei einer Autovermietung, er ist höflich und hat ein gutes Elternhaus – so weit, so gut. Aber die richtige Leidenschaft kann er bei meiner Tochter nicht entfachen, das spüre ich. »Sophie und ich, wir haben uns ja über das Internet kennengelernt«, erklärt Thorsten, und er wirkt ein bisschen steif in seinem weiß-orange gestreiften Button-down-Hemd, obwohl er nicht schlecht aussieht: dunkle Locken, schmales Gesicht – als ich ihn heute getroffen habe, erschien er mir dicker als auf der Leinwand. Er hat sicherlich fünf Kilo zugenommen in den letzten Wochen.

»Und so hat es dann auch eine Weile gedauert, bis ich mal bei euch zu Besuch in Bielefeld war und unser erstes Aufeinandertreffen sozusagen stattgefunden hat«, fährt er fort. »Ich kann mich noch gut daran erinnern, wie Hilda mich damals gemustert hat. Von oben bis unten. Und als sie mich dann genau studiert hatte, war ihr einziger Kommentar: ›Aha, so was lernt man also im Internet kennen.‹«

Wieder bricht der ganze Saal in Gelächter aus, aber mir ist die Sache eher peinlich, und Thorsten verzieht auf der Leinwand keine Miene. Offensichtlich habe ich ihn damals verletzt, sonst hätte er sich doch auf die Frage »Woran denkst du, wenn du an Hilda denkst?« nicht an meine ganz spontan geäußerten Worte erinnert. Ich muss mich später bei ihm entschuldigen und ihm sagen, dass ich ihn in unserer Familie herzlich willkommen heiße.

Jutta, meine Kollegin, ist nun dran. Hübsch und patent sieht sie aus mit ihren kurzen dunklen Locken und der karierten Bluse: »Hilda bewundere ich. Sie ist offen, ehrlich, aufrichtig – manchmal bis zur Schmerzgrenze. Sie trägt immer sehr schicke Sachen. Wenn man sie darauf anspricht: ›Mensch, Hilda, was hast du da für einen schicken Rock an?‹, dann hört man nicht selten: ›Den habe ich Anna vor fünfzehn Jahren geschenkt, und sie wollte ihn nicht mehr, jetzt trage ich ihn wieder.‹

Sie brauchte fürs Generalvikariat eine Bescheinigung – als katholische Religionslehrerin sollte sie eine Bescheinigung vorlegen, die bestätigt, dass sie für diese Arbeit geeignet ist. Und sie fragte mich: ›Kannst du das für mich schreiben? Diese Erklärung oder Bescheinigung?‹

Und ich sagte: ›Ich? Ich bin doch evangelisch.‹

Darauf sie: ›Das wissen die doch nicht.‹«

Lachen und Raunen im Saal. »Nicht dass sie dir jetzt noch kriminelle Energie andichten an deinem 65. Geburtstag«, frotzelt Maria, »so kenn ich dich ja gar nicht, Hilda.«

Ich lächele und genieße den Blick auf das Mosaik, das die anderen von mir entwerfen.

Susanne, eine ehemalige Kollegin, die viel jünger ist als Jutta und ich und die inzwischen an einer anderen Schule unterrichtet, berichtet: »Ja, einfach süß. Wenn ich an sie denke, denke ich, einfach süß, diese Frau. Und auf eine ganz sympathische Art typisch süddeutsch. Ja, Hilda lebt frei nach dem Motto, bloß nicht an sich denken und auf keinen Fall jammern. Wenn Hilda sich kaum noch bewegen kann und in den Konferenzen sitzt, als hätte sie einen Stock verschluckt, frage ich sie ganz mitfühlend nach ihren Rückenschmerzen. Dann winkt sie gleich ab und sagt: ›Nein, das ist nichts, mir geht's gut, Susanne, mach dir keine Sorgen.‹

Oder folgende Anekdote: Wir stehen alle morgens im Kopierraum, alle sind noch sehr verschlafen und hoffen, dass sie noch vor der Schulglocke ihre Kopien machen können. Da kommt Hilda voller Schwung herein, ist in keinster Weise gestört durch die Schlange vor dem Kopierer und erzählt erst mal einen neuen Witz. Ich wünsche Hilda weiterhin viel Erfolg auf dem Weg zum gesunden Egoismus.«

Wieder streichelt Rose meinen Arm, und ich spüre, wie mir die Tränen kommen. Im Saal ist es ganz still. Nicht, dass ich hier noch zur Märtyrerin stilisiert werde. Es ist doch normal, was ich tue, denke ich. Es war noch nie meine Art, viel Aufheben um mich zu machen.

Nun erscheint Annemarie auf der Leinwand und berichtet: »Wie lieb sie zu ihrer Mutter war. Eines Abends habe ich Hilda besucht, und sie verabschiedete sich abends von ihr – brachte sie ins Bett. Sie deckte sie zu, betete mit ihr, sagte ›Gute Nacht, Mutter‹ und gab ihr einen Kuss.«

Horst sitzt neben ihr und ergänzt: »Sie ist eine sehr starke, außergewöhnliche Frau.«

Ich sehe mich um im Saal und spüre an den Blicken, die ich auffange, wie sehr man hier mit mir fühlt und wie sehr man schätzt, was ich getan habe und noch tue. Es ist schön und tut gut. Hoffentlich hört es noch lange nicht auf, denke ich.

Sophie ist jetzt an der Reihe, hübsch sieht sie aus, Anna muss sie an Weihnachten gefilmt haben, denn auch sie sitzt da, wo zuvor Sebastian saß, und im Hintergrund erkenne ich nun ein Fenster, auf dem ein Weihnachtsstern klebt. Sophie spricht leise, es scheint fast, als fange sie gleich an zu weinen: »Als sie uns gesagt hat, was mit Papa ist, wie sie uns das erklärt hat und wie sie bei uns war und uns getröstet hat und uns Mut gemacht hat für die Zukunft und uns geraten hat, einfach zu leben, komme, was da wolle, und uns nicht entmutigen zu lassen. Ihre Tapferkeit, ihr Mut. Sie lässt sich nie unterkriegen. Hat man jetzt bei Oma gesehen – sie hat Oma gepflegt, viele

Jahre lang. Sie pflegt jetzt Papa. Und sie geht da durch und ist einfach toll.«

Nun rollen mir die Tränen über die Wangen, Maria gibt mir ein Taschentuch, hält meine Hand, und Rose nimmt meine andere Hand, nachdem ich mir die Tränen abgewischt habe, und streichelt sie. Ich bin nicht mehr in der Lage, dem Film zu folgen, sondern halte den Kopf gesenkt, weil ich nicht will, dass die anderen mein verweintes Gesicht bemerken. Sie sollen mich nicht traurig sehen, sie haben sich doch so viel Mühe gemacht, und ich bin ja auch gar nicht richtig traurig, es ist eher Selbstmitleid, was ich habe. Ich höre nun Merle sagen: »Ich bewundere ihre Stärke trotz aller Schicksalsschläge, die sie notgedrungen aushalten muss. Ich wünsche ihr, dass sie den Weg beschreitet, sie selbst zu sein.«

Es folgt ein Abspann, wieder mit Musik, und dann stehe ich auf, ich fühle mich wie eine Marionette, aber ich weiß, dass ich mich jetzt bedanken muss, obwohl ich noch überwältigt bin von meinen Gefühlen. Also richte ich einige Worte an die Gäste, und kurze Zeit später meint Anna, dass es gleich zwölf Uhr sei. Alle stehen jetzt auf und heben ihre Gläser, und dann singen sie mir ein Geburtstagslied und stellen sich auf, um mir der Reihe nach zu gratulieren und ihre Geschenke zu überreichen. Es ist so viel, hämmert es in meinem Kopf, ich werde die ganzen nächsten Monate davon zehren, so viel, so viel, so schön. Ein Kellner trägt einen riesigen Rosenstrauß herein, 65 langstielige dunkelrote Rosen müssen es sein, und Franziska und Christa treten vor und überreichen sie mir. Vor meinem geistigen Auge sehe ich einen Schneideraum in einem Filmstudio, in dem Anna und Sophie und Sebastian sitzen und meine Geburtstagsparty wie einen Film aus verschiedenen Höhepunkten zusammenschneiden, wie bei einem Jahresrückblick, und sich gegenseitig zurufen: »Noch mehr, noch schneller, noch besser.«

Dieses Fest ist ein einziger Höhepunkt, und ich bin unendlich dankbar dafür.

Es ist November 2006, und Hans geht seit drei Wochen die Treppe nicht mehr hinunter. Für Mutter war es schon schlimm, immer nur in ihrem Zimmer zu sitzen – sie konnte nicht nach unten ziehen, weil ich sie nachts nicht gehört hätte und mehrmals hätte zwei Treppen hinuntergehen müssen. Und jetzt sollte Hans das Gleiche passieren? Tagein, tagaus nur oben? Das war ausgeschlossen. Deswegen habe ich in das Gäste-WC im Erdgeschoss eine Dusche einbauen lassen – die Pflegeversicherung hat 2557 Euro zugezahlt. Hans schläft jetzt im Arbeitszimmer, das ich ausgeräumt habe. Es liegt gleich nebenan.

Aber es ist seltsam, denn nun schlafe ich ganz allein oben. Ich darf gar nicht darüber nachdenken, wie es früher war. Da schliefen zeitweise – wenn Anna zu Besuch war und als Sophie noch zu Hause lebte – Anna, Sophie, Mutter, Hans und ich oben. Jetzt bin ich dort allein. Bis Hans eingeschlafen ist, lege ich mich immer zu ihm ins Gästezimmer. Ich habe mir dort eine Matratze auf den Boden gelegt, es scheint ihn zu beruhigen, wenn ich da bin. Manchmal, wenn ich dort liege, hebt er den Kopf und schaut, ob ich auch wirklich da bin.

Wenn er eingeschlafen ist, möchte ich in mein eigenes Bett und gehe hoch. Es ist dann unglaublich still, obwohl ich Hans' Tür offen lasse und ihn ab und zu »rufen« höre. Er kann ja nicht mehr sprechen, aber er schreit manchmal. Als wolle er mir etwas mitteilen. Ich antworte ihm dann, rufe zurück: »Ja, Hans, ich schlafe hier oben, es ist alles in Ordnung.«

Oder: »Genau, Hans, da hast du recht.«

Danach ist er wieder still.

Noch etwas hat sich geändert: Er geht nicht mehr über Türschwellen. Deswegen habe ich aus zwei Brettern eine kleine Rampe gebaut, die nicht wegrutscht und die die Schwelle der Terrassentür hinaus in den Garten überbrückt. Über die Rampe lege ich immer einen kleinen Läufer, sodass es aussieht, als gehöre die Rampe zum Wohnzimmer. Und so geht er doch hinaus.

Neulich haben wir einen Spaziergang gemacht, und unterwegs gerieten wir in ein Gewitter. Normalerweise läuft man in so einer Situation ja intuitiv besonders schnell weiter, aber Hans blieb einfach stehen. Ich konnte ihn nicht dazu bewegen, weiterzugehen! Er hielt sich an einem grünen Gartenzaun aus Metall fest, klammerte sich richtig daran, wahrscheinlich aus Angst vor Blitz und Donner. Er hatte keinen Regenschutz, keinen Hut, nichts. Ich habe versucht, ihn wegzuziehen, weil man sich ja bei einem Gewitter nicht gerade an einem Metallzaun festhalten sollte, aber er sträubte sich nur umso mehr. Mit Gewalt kann ich bei ihm gar nichts ausrichten. Schließlich habe ich im nächstgelegenen Haus um einen großen Regenschirm gebeten, und den nahm er, ganz interessiert, das war in dem Moment etwas Neues für ihn. Unter diesem Schirm ist er schließlich mitgekommen – ganz, ganz langsam, Schritt für Schritt, und gezogen habe ich ihn auch. Wir haben für zweihundert Meter zwanzig Minuten gebraucht. Die ganze Zeit über hat er sich an mich geklammert. Das macht er immer in letzter Zeit. Wenn ich ihm die Hand ungeschickt gebe, fühlt es sich an, als breche er sie ab, so fest hält er sie. Ich glaube, er hat Angst, dass er hinfällt.

Bei den Enkeln geht es jeden Tag ein Stückchen bergauf, sie lernen dazu. Und bei Hans geht es bergab, unaufhörlich. Es wird immer weniger, was er noch kann. Er steigt nun gar nicht mehr ins Auto ein! Ich erinnere mich an eine Situation, kurz bevor er ganz aufhörte zu sprechen, in der ich wie in einem Brennglas sah, wo die Reise hingeht. Wie alles enden wird. Ich sang ihm vor »Auf der schwäb'sche Eisebahne«, und an der Stelle, wo er früher immer »Ohre« mitgesungen hat und später irgendwann nur noch »O« – da kam gar nichts mehr. Kein einziger Ton. Es war ein Sinnbild, ein schreckliches Omen. Tränen stiegen in mir auf und ich konnte nicht mehr aufhören zu weinen.

Es gibt keinen Ausweg. Doch ich singe das Lied immer noch. Er mag es ja, ich darf dabei nicht an mich denken. Ich muss es ertragen, durchleiden, ihm beistehen, ihn begleiten. Und das tue ich.

In solchen Momenten der Verzweiflung höre ich Musik oder rufe Anna oder Sophie an. Das heißt, ich telefoniere erst, wenn ich nicht mehr ganz so traurig bin. Um aus dem tiefen Tal wieder hinauszufinden, stelle ich Musik an oder singe etwas. Fröhliche Lieder kann ich in solchen Momenten nicht singen, nur traurige, und das erscheint mir besser, als gar nichts zu tun, um mich von meinem Schmerz abzulenken. Also singe ich zum Beispiel: »Strumming my pain with his fingers, singing my life with his words ...« Religiöse Lieder helfen mir in solchen Momenten nicht – »Lobet den Herrn und seinen hochheiligen Namen« etwa. Weil ich dann anfange, Gott Vorhaltungen zu machen, und das will ich nicht.

Wenn ich traurig bin, hole ich seit Neuestem oft meinen Golfschläger und spiele im Garten. Rose hat mich auf die Idee gebracht, mit dem Golfspielen anzufangen – sie spielt selbst, seit sie mit ihrem neuen Freund zusammen ist, und hat mir kurz entschlossen Bälle geschickt und dazu geschrieben: »Das probierst du jetzt einfach mal aus. Es ist faszinierend, ich bin froh, dass ich nicht damit angefangen habe, solange ich noch gearbeitet habe. Ich hätte sonst meinen Beruf vernachlässigt.«

Ich habe die Anregung aufgegriffen und bin begeistert, obwohl Hans und ich früher über Golfspieler gelästert haben. Wenn ich Golf spiele, vergesse ich alles. Obwohl ich blutige Anfängerin bin. Ich habe bis jetzt bloß einen Schnupperkurs besucht, viermal samstags anderthalb Stunden. Aber allein schon den Trainer zu beobachten hat mich begeistert: zu sehen, wie der Ball sich in die Höhe schraubt, wenn er auf der Driving Range, dem Abschlagplatz, dagegenschlägt. Es ist beeindruckend.

Wenn ich selbst spiele, muss ich mich voll konzentrieren. Golfspielen hat nichts mit Ballgefühl zu tun. Es ist reine Technik. Weil ich mich so konzentriere, vergesse ich Hans. Ich vergesse alles. Ich habe mich noch nie so sehr in einem Hobby verlieren können und finde es wunderbar erfüllend. Ich habe das Gefühl, mir eine neue Welt zu erschließen, in der ungeahnte Erfolge und Herausforderungen verborgen sind, die nur darauf warten, von mir entdeckt zu werden. Das versetzt mich in gespannte Erwartung und weckt in mir einen Ehrgeiz, von dem ich nicht dachte, dass ich ihn habe.

Der Golfplatz liegt ganz in der Nähe, ich kann mit dem Fahrrad hinfahren. Die Leute dort sind freundlich, viele reden mit mir. Ich will nun ab und zu eine Trainerstunde nehmen, um mich weiterzuentwickeln und mir nichts Falsches anzugewöhnen. Ansonsten übe ich im Garten abschlagen. An einigen Stellen ist schon gar kein Rasen mehr, weil ich den Ball nicht immer so treffe, wie es uns der Trainer beigebracht hat. Aber manchmal gelingt es mir doch, und dann saust der leichte Kunststoffball in einem wunderbaren Bogen durch die Luft, mein Herz macht kleine freudige Sprünge, und ich denke: »Du lernst es noch.«

Putten kann ich sogar im Wohnzimmer. Dafür habe ich mir ein Gerät gekauft, das aussieht wie eine Mausefalle. Wenn ich mit dem Ball hineintreffe, geht eine Klappe herunter.

Das Golfen füllt mich so sehr aus, dass ich meine anderen Hobbys ein bisschen vernachlässige. Manchmal fahre ich noch mit dem Fahrrad ein Stückchen raus. Aber das Walken habe ich aufgegeben, weil ich dabei immer mit mir allein bin. Alle Gedanken kommen immer wieder. Früher bin ich mit Merle gewalkt, aber sie will nicht mehr. Sie kommt sich gehetzt vor, wenn man so schnell geht, hat sie mir erklärt.

Wenn ich über die letzten Monate nachdenke, fällt mir auf, dass ich allen traurigen Entwicklungen zum Trotz eines geschafft habe: mich an Kleinigkeiten zu erfreuen. Das hält mich aufrecht; wenn ich das nicht könnte, hätte ich wohl längst keinen Lebenswillen mehr. Man kann nicht jahrelang immer nur funktionieren. Man braucht auch kleine Momente des Glücks. Man muss sie sich suchen, und man darf keine übertriebenen Ansprüche haben. Dann findet man sie.

Einer dieser Glücksmomente war gestern. Ein Sozialarbeiter war hier, der bei der Caritas eine Weiterbildung zum Thema »Pflege von Demenzpatienten« absolviert hat. Eigentlich ist dieser Peter Rorup in der Jugendarbeit tätig, aber er will den Umgang mit Demenzpatienten erlernen. Schon bevor er überhaupt kam, habe ich mich auf ihn gefreut, denn er kam am Samstag, weil er werktags ganz normal arbeitet. Das ist ideal für mich, weil Marika und Rosemarie am Wochenende bei ihren Familien sein wollen und daher keine Zeit haben.

Peter Rorup wird von der Caritas bezahlt, die wiederum das Geld von mir bekommt. Allerdings kann ich diese Rechnung bei der Pflegekasse einreichen und bekomme die Kosten bis zu einem Betrag von 460 Euro im Jahr erstattet, wenn ich Pflegepersonal beschäftige, das diese spezielle Weiterbildung hat, die in Paragraph 45 Sozialgesetzbuch 11 erwähnt ist. Bisher hatte ich niemanden für diesen Dienst. Das Problem war, dass solches Personal schwer zu finden ist. Diese Weiterbildung hat kaum jemand, der auf dem freien Markt zu haben ist. Und ich will, dass Hans von Menschen gepflegt wird, die ich sympathisch finde. Wenn sie mir gefallen, so denke ich, gefallen sie auch ihm. Früher hatten wir in dieser Hinsicht jedenfalls das gleiche Empfinden. Wir haben zum Beispiel immer Wert darauf gelegt, dass die Menschen, mit denen wir zu tun hatten, in irgendeiner Weise ansprechend aussehen. Und auch menschlich in Ordnung sind. Und das gilt für Peter Rorup.

Er ist früh am Morgen gekommen, um zu sehen, wie ich Hans fertig mache, und gleich als ich ihm die Tür öffnete, war er mir sympathisch. Er ist vielleicht Ende vierzig, dunkelblond, trug eine braune Lederjacke und ausgeblichene Jeans, die Turnschuhe zog er von sich aus im Flur aus, nachdem er mir die Hand gegeben und mir fest in die Augen geschaut hatte. Dann hat er mir dabei zugesehen, wie ich Hans versorgte, er war interessiert, fragte nach, kümmerte sich auch selbst schon ein bisschen um Hans, merkte sich alles und probierte auch aus, was er mit ihm noch spielen oder unternehmen konnte. Ich war beeindruckt, wie gut er sich anstellte, es erschien mir wie ein kleines Wunder, jemanden wie ihn gefunden zu haben. Nach dem Abendessen, als Hans wieder in seinem Sessel saß, tranken wir noch ein Glas Wein zusammen.

»Warum machen Sie das?«, fragte ich ihn. »Warum kümmern Sie sich in Ihrer Freizeit um Demenzkranke? Sie haben doch bestimmt sowieso schon viel Stress am Hals mit den Jugendlichen, die Sie betreuen müssen.«

Er lächelte und überlegte einen Moment: »Wissen Sie, Frau Dohmen, meine Mutter ist Ende siebzig ... und ich will wissen, wie ich mit ihr umgehen muss, sollte sie auch mal dement werden.« Er zögerte einen Augenblick. »Aber wenn Sie mich schon so fragen – ich habe auch eine Frage an Sie: Warum machen Sie das? Warum pflegen Sie Ihren Mann selbst und geben ihn nicht ins Heim?«

»Würden Sie Ihre Mutter denn ins Heim geben, wenn sie krank wäre?«, erwiderte ich.

Er überlegte, nahm noch einen Schluck Wein, ließ sich Zeit. Schließlich antwortete er: »Es wäre vermessen, einfach ›nein‹ zu sagen. Also, natürlich würde ich sie gern zu Hause betreuen. Aber ich weiß nicht, ob ich es könnte.«

Unsere Blicke begegneten sich, und ich hatte das Gefühl, dass er mich für das, was ich tat, bewunderte.

»Sie haben das aber wirklich sehr gut gemacht heute mit meinem Mann«, lenkte ich ab, denn ich wollte nicht, dass er denken könnte, ich würde mich in seiner Anerkennung sonnen, »vor allem wo Sie doch das erste Mal da waren. Es gibt jetzt nur noch Kleinigkeiten, die Sie wissen sollten. Zum Beispiel singe ich meinem Mann öfter mal etwas vor, weil ich denke, das ist ein zusätzlicher Reiz für ihn, der verhindern könnte, dass er mental noch weiter abbaut.«

»Ja, ich habe heute auch schon gesungen«, nickte er, »›La Le Lu, nur der Mann im Mond schaut zu.‹«

»Da bin ich aber froh, dass es kein Kriegslied war«, scherzte ich, »das ist mir angenehmer, als wenn Sie ›Deutsche Kameraden‹ oder so was gesungen hätten.«

Er lachte. »Das hätten Sie doch nicht wirklich von mir erwartet?«

Ich fiel in sein Lachen ein und schüttelte den Kopf. Dann hob ich mein Glas: »Auf eine gute Zusammenarbeit. Von mir aus können Sie nun jeden Samstag kommen.«

»Gern.« Er prostete mir zu.

Als er gegangen war, war ich sehr froh. Der Mann ist einfach nett, und ich habe das Gefühl, ihm blind vertrauen zu können, weil er auf der gleichen Wellenlänge ist wie ich. Und vielleicht findet Hans es ja auch angenehm, dass er nun ab und zu von einem Mann betreut wird.

Das Ende des Schuljahrs naht, und heute ist der Tag meiner Verabschiedung durch das Kollegium. Nach den Sommerferien werde ich Pensionärin sein, und ich bin einerseits froh, dass nun wenigstens die Last der Berufstätigkeit von mir abfällt – obwohl ich immer gern Lehrerin war. Andererseits fürchte ich mich davor, nur noch für Hans da zu sein und noch weniger als bisher »rauszukommen«. Es wird sich zeigen, ob ich es schaffe, ab und zu etwas für mich zu tun.

Wir feiern in der Schulküche – ich habe beim Fleischer Kassler in Blätterteig bestellt und Brot gebacken, eine Käseplatte hergerichtet und Getränke kalt gestellt. Und jede der Kolleginnen bringt einen Salat oder einen Nachtisch mit, sodass wir ganz sicher nicht Hunger leiden werden. Über die Tische habe ich Tischdecken gelegt, es sieht richtig einladend aus. Meine Gäste sind pünktlich, und sobald die ersten eingetroffen sind, verwandelt sich der vormals stille Raum in ein summendes Bienennest. Überall ist Gelächter zu hören, die Stimmung ist locker und aufgeräumt, und ich stehe zwischen ihnen allen und genieße es, Teil dieser netten Truppe zu sein – gewesen zu sein. Bevor Traurigkeit in mir aufsteigt, eröffne ich das Buffet und setze mich, als alle zu essen haben, mit meinem Teller zwischen Jutta und Brunhilde, meine beiden besten Freundinnen im Kollegium.

»Wie fühlst du dich, Hilda?«, fragt Jutta.

»Blendend«, antworte ich wahrheitsgemäß, »ich freue mich, dass ihr alle da seid.«

Sie schmunzelt und meint: »Das kannst du auch. Wir haben nämlich noch etwas für dich vorbereitet.«

»Was denn?«, frage ich neugierig. Doch natürlich verrät sie nichts weiter. Ich muss bis nach dem Essen warten.

Als alle satt sind und die Stimmung immer ausgelassener wird, erhebt sie sich schließlich und ruft: »Wollen wir anfangen?«

Allgemeines Stühlerücken, die Kolleginnen schieben alle Möbel an die Wände, sodass ein großer freier Platz in der Mitte des Raumes entsteht. Brunhilde baut mir eine Art Pult an der Längsseite des Raumes und bittet mich, dahinter Platz zu nehmen.

»Aber ich will doch nicht ganz allein hier vorne sitzen«, wehre ich ab. »Setzt euch doch wenigstens neben mich, sonst fühle ich mich nicht wohl.«

Also nehmen sie und Jutta rechts und links von mir Platz, und nun geht es los. Die Kolleginnen versammeln sich an der Seite des Raumes, die meinem Pult gegenüberliegt, und dann tritt Andrea, eine mir sehr vertraute und aufgeschlossene Kollegin, mit der ich mich oft unterhalten habe, vor und kommt langsam auf mich zu. Als sie vor mir steht, sagt sie: »Wenn ich an Hilda denke, fällt mir ein, wie ich sie und ihren Mann das erste Mal getroffen habe. Es war in den Ferien, und sie schaute sich mit ihrem Mann die Schule von außen an, in der sie im neuen Schuljahr unterrichten sollte. Hilda trug natürlich schon damals bayerische Kleidung. Gleich im ersten Jahr begleitete sie mich auf eine dreitägige Klassenfahrt nach Oerlinghausen ins Naturfreundehaus. Sie war nett und offen – eine Kollegin, die zu uns passte!«

Sie lächelt mich an und überreicht mir ein kleines Päckchen, das in rosafarbenes Seidenpapier eingewickelt ist.

»Danke, Andrea«, sage ich. Diese Art, langsam auf mich zuzugehen, verleiht ihren Worten ein besonderes Gewicht, und ich bin gerührt.

Nun erheben sich Jutta und Brunhilde, gehen nach hinten und kommen dann gemeinsam mit zwei weiteren Kolleginnen, mit denen ich im Schulalltag ebenfalls sehr viele Berührungspunkte hatte, auf mich zu.

»Wenn wir an dich denken, dann denken wir an deine Kraft und Stärke, mit der du die Probleme des Alltags bewältigst«, erklärt Jutta. »Wir denken auch an deine Zuverlässigkeit und Hilfsbereitschaft, denn auf dich kann man zählen. Wir haben dir einen Stein vom Jerusalemer Ölberg mitgebracht, der einen sonnigen Schimmer hat – das ist dein Lächeln, das wir in Erinnerung behalten werden. Wir wünschen dir das Beste für die Zukunft.«

Brunhilde überreicht mir den Stein, dann treten sie weg. Ich freue mich sehr über das, was sie gesagt haben, gleichzeitig ist es mir fast peinlich, wie ich hier gelobt werde. Die Rührung, die ich schon bei Andreas Auftritt gespürt habe, kommt nun mit Macht zurück und treibt mir die Tränen in die Augen. Mühsam gelingt es mir, sie zurückzudrängen.

Bettina tritt jetzt vor, eine junge Kollegin, die erst seit drei Jahren an unserer Schule ist. Sie trägt einen kecken Kurzhaarschnitt mit blonden Strähnchen, ihr Top lässt den Bauch frei. Ich kenne sie eigentlich kaum.

»Wenn ich an Hilda denke, denke ich daran, dass sie nie ein Blatt vor den Mund genommen hat«, sagt sie und überreicht mir ein Bild aus getrockneten Blättern. Dazu lächelt sie so lieb, wie ich es gar nicht von ihr erwartet hätte.

»Vielen Dank, Bettina«, erwidere ich. Ich bin froh, dass sie mich nicht so sehr gelobt hat. Sonst müsste ich jetzt bestimmt weinen.

Brigitte, eine füllige dunkelhaarige Kollegin, mit der ich schon öfter auf Klassenfahrten gefahren bin, ist die Nächste in der Reihe. »Wenn ich an Hilda denke, sehe ich ihr herzliches Lächeln und ihre schönen Kleider. Ich erinnere mich an ihre fürsorgliche Art und daran, dass sie versuchen wollte, den Schülern gesunde Ernährung nahezubringen. Mir hat imponiert, dass sie in Konferenzen auch mal Nein sagte.« Auch sie überreicht mir ein Päckchen.

Hoffentlich hört das bald auf, denke ich, sonst fange ich wirklich an zu weinen. Doch es geht immer weiter, insgesamt sicherlich eine ganze Stunde lang, denn wir sind ein großes Kollegium. Am Ende sitze ich da, von Geschenken überhäuft, und die Tränen laufen mir über die Wangen. Jutta und Brunhilde halten meine Hand, die anderen treten vor mich hin und überreichen mir ihre soeben vorgetragenen Gedanken in Form eines schön gestalteten Büchleins. Sie geben mir das Gefühl, dass sie mich wirklich mochten und dass sie mich nicht vergessen werden. Ich genieße es, und gleichzeitig ist mir das viele Lob ein wenig peinlich.

Als ich an diesem Abend nach Hause fahre, weine ich am Steuer. So sehr bedauere ich es, dass Hans heute nicht an meiner Seite sein konnte.

Die Zeit rast dahin, es ist ein Sonntag im Juli 2007, und Anna ist mit den Kindern zu Besuch. Ich habe den Kaffeetisch auf der Terrasse gedeckt und freue mich, dass sie alle drei da sind. Sebastian wird später kommen, er fährt die Strecke mit dem Rennrad.

»Wie geht es dir?«, fragt Anna, als ich ihr Kaffee eingeschenkt habe. Sie trägt ein buntes Sommerkleid und sieht hübsch und entspannt aus. Max und Luca sitzen kerzengerade auf ihren Stühlen, ich wundere mich, dass sie plötzlich so gute Manieren haben. Immerhin sind sie erst fünf und sieben.

»Gut. – Der Pflasterer war letzte Woche drei Tage lang da und hat die Einfahrt teilweise neu gepflastert.« Die Wurzeln der großen alten Kastanie hatten das Pflaster hochgehoben. Ich lege ein Stück Erdbeerkuchen auf Annas Teller. Die Jungs, denen ich zuvor ein Stück gegeben habe, warten brav.

»War das interessant für Papa?«, möchte sie wissen.

»Wir haben zugeguckt, aber es hat ihn gar nicht interessiert. Aber mittags hat der Pflasterer immer bei uns gegessen, und dann hat Papa beim Essen auch schon mal geschrien und so.«

Die Erinnerung daran ist mir nicht direkt unangenehm, aber wohl gefühlt habe ich mich in diesen Momenten nicht, und ich atme auf bei dem Gedanken, dass wir so schnell keinen »Fremden« mehr zum Mittagessen zu Gast haben werden.

»Hat er sich dann gewundert?«, fragt sie.

Ich schüttele den Kopf. »Nein. Er konnte damit umgehen. Ich hatte ihm vorher erzählt, was mit Hans ist. Es war okay.

Ich war froh, dass er nicht so übertrieben freundlich zu ihm war. Manche Leute sind das ja. Weil sie nicht recht wissen, wie sie mit ihm umgehen sollen. Das fällt dann auch wieder auf. Wenn sie sich mit mir normal unterhalten und mit ihm – nicht gerade wie mit einem Kind, aber halt ... so besonders freundlich.«

»Und sonst?«

»Sonst ist eigentlich nichts passiert. Max, Luca, guten Appetit, ihr dürft jetzt anfangen. Anna, wo haben die beiden bloß auf einmal ihre guten Manieren her?«

»Da staunst du, was?«, lacht sie. »Ich kann es selbst kaum glauben.« Sie erzählt, dass sie den beiden den Roman »Charly und die Schokoladenfabrik« vorgelesen hat. In dem Buch dürfen einige wenige Kinder eine weltberühmte Schokoladenfabrik besuchen, doch weil sich während der Besichtigung alle bis auf Charly schlecht benehmen, bekommt Charly am Ende die Fabrik von dem bisherigen Inhaber, Herrn Willy Wonka, geschenkt. Anna hat nun eine »Willy-Wonka-Liste« eingeführt, auf der sie bei jeder Mahlzeit Plus- und Minuszeichen für gutes und schlechtes Benehmen verteilt.

»Und der Gewinner hätte an dem jeweiligen Tag die Schokoladenfabrik geschenkt bekommen«, schließt sie mit leuchtenden Augen, während die Kinder ihr andächtig und mit geschlossenem Mund kauend zuhören. Kein Schmatzen, kein Rumgeschmiere – nichts. Jetzt bemerke ich den kleinen Notizblock, der neben ihr auf dem Tisch liegt. Darauf hat Max vier Pluszeichen und Luca drei. Sie folgt meinem Blick und fragt: »Max und Luca, wollt ihr Großmama erklären, wofür die Pluszeichen sind?«

»Für aufrecht sitzen und mit der Gabel essen«, antwortet Max sehr ernsthaft und blickt mich aus seinen großen grünen Augen an.

»Und für Bitte und Danke sagen«, ergänzt Luca. »Großmama, kannst du mir bitte noch ein Stück Kuchen geben?« Er äugt zu Anna hinüber, die nun ein weiteres Plus in seiner Spalte notiert.

»Mir auch bitte, Großmama?«, fragt Max.

Ich muss lachen. Es ist ein bisschen wie im Zirkus bei den dressierten Affen, aber wenn es hilft …

Ich gebe allen noch mal Kuchen, »und die restlichen zwei Stücke sind dann für Sebastian«, erkläre ich.

»Ist das nicht furchtbar öde den ganzen Tag allein mit Papa?«, fragt Anna unvermittelt in das genüssliche Kauen hinein.

Ich weiß, warum sie das fragt. Sie meint immer, ich soll Hans ins Heim geben, damit ich mehr Zeit für mich habe. Sie findet, ich opfere mich zu sehr auf.

»Wenn ich Zeit habe, gehe ich nach draußen«, behaupte ich, um sie zu beruhigen. »Ich habe auch meistens zu tun im Garten. Ich beschäftige mich ja nicht immer mit Hans. Ich beschäftige mich nur ganz wenig mit ihm.«

»Was machst du denn dann? Wenn du dich nicht mit ihm beschäftigst?«, hakt sie nach. Sie ist eben Journalistin, sage ich mir. Sie lässt nie locker, das ist beruflich bedingt.

»Morgens frühstücken wir, eine Dreiviertelstunde. Bis er was gegessen hat, dauert das«, zähle ich auf. »Danach gehen wir duschen, eine Stunde. Anschließend setze ich ihn in den Schaukelstuhl im Wohnzimmer, lege ihm die Füße hoch, und dann bekommt er eine Decke und macht ein Schläfchen. Da läuft ihm in letzter Zeit der Speichel aus dem Mund, und aus der Nase läuft es auch, wir wischen ihn dauernd ab, damit es nicht so schrecklich aussieht.«

»Sieht doch keiner«, stellt sie ganz pragmatisch fest.

»Aber für ihn selbst ist es würdevoller, wenn wir es abwischen«, erkläre ich ihr. »Ich will, dass er würdevoll lebt. Früher hat er immer sehr auf sich geachtet, das weißt du ja.«

»Darf ich bitte aufstehen?«, ruft Max.

»Darf ich bitte auch aufstehen?«, ruft Luca.

Anna vermerkt zwei Pluszeichen und sagt: »Aber gern, meine zwei Süßen. Mama, können sie sich mit dem Gartenschlauch nass spritzen?«

Ich nicke, und die beiden sausen unter lautem Indianergeheul ab. Besorgt blicke ich zu Hans hinüber, der auf der Liege am anderen Ende der Terrasse schläft. Aber er bewegt sich nicht.

»Das verstehe ich«, nimmt Anna unseren Gesprächsfaden wieder auf.

»Und ich habe ja auch den Haushalt«, liste ich meine täglichen Aktivitäten weiter auf. »Die Krankenabrechnungen habe ich gemacht, das nervt mich, das dauert ewig. Das Einkaufen, solange er schläft ... Und ich putze auch.«

»Macht Marika das nicht mehr?«, wundert sie sich.

»Nein. Das heißt, ja, manchmal putzt sie schon. Solange ich Hans fertig mache. Aber sie kommt nicht mehr so oft wie früher.«

»Hast du nicht mal überlegt, jemand anderes zu nehmen für seine Betreuung oder zum Putzen, wenn sie nicht mehr so oft kommt?«

»Nein. Ich habe ja auch noch Rosemarie und jetzt Peter Rorup. Aber vielleicht sollte ich trotzdem. Denn dadurch, dass ich so viel zu tun habe nebenbei, habe ich ein ganz schlechtes Gewissen. Weil ich mich nicht genug mit Hans beschäftige. Doktor Geldern meint zwar, Hans hat gar keine Rezeptoren mehr. Und dass ich mir deswegen keine Vorwürfe machen muss, wenn ich mich nicht so viel mit ihm beschäftige. Aber ich bin da ausnahmsweise anderer Meinung. Denn manchmal ist er eben doch noch ganz wach, wenn ich ihm irgendwas zeige. Zum Beispiel einen Satz kleiner Schraubenzieher.«

»Er hat ja immer tolles Werkzeug gehabt«, erinnert sie sich, wahrscheinlich sieht sie ihn in diesem Augenblick vor sich, genau wie ich – konzentriert schraubend, wie ein Chirurg die Hand nach einem neuen Werkzeug ausstreckend, das er zuvor mit knappen Worten bei seiner Assistentin – das heißt bei Anna, Sophie oder mir – verlangt hatte.

»Genau«, stimme ich ihr zu, »ich habe ihm also neulich diese Schachtel mit Schraubenziehern hingelegt. Für einen Moment war er fasziniert, aber er hat nichts gemacht damit. Nur auf- und zumachen, das kann er noch. Aber da denke ich, damit könnte ich eigentlich schon noch mehr arbeiten, mit solchen Sachen. Ich könnte ihm die Schachtel ...«

»Aber wozu?«, unterbricht sie mich.

»Einfach, damit er irgendwas tut«, rechtfertige ich mich. »Er tut ja gar nichts.«

»Aber er hat ja gar nicht das Bedürfnis, etwas zu tun«, sagt sie.

Eine kleine, dünne Lust, ihr ein für alle Mal zu widersprechen, steigt in mir hoch. Ich würde ihr gern sagen: Anna, ich weiß, dass du meinst, Papa gehört ins Heim. Aber ich werde ihn nicht dorthin geben, egal, was passiert. Bitte akzeptiere das und versuch nicht ständig, mein Verhalten infrage zu stellen.

»Woher weißt du das?«, frage ich dann aber nur.

»Er hat eben so wenig Rezeptoren, dass er den Drang nicht verspürt. Das ist wie bei einer Schnecke, die verspürt auch nicht den Drang«, erklärt sie mir. Wenn sie nicht meine Tochter wäre, die ich liebe, fände ich sie unmöglich.

»Ja, wenn wir das so sicher wüssten«, entgegne ich. Ich will nicht, dass wir uns streiten.

»Das geht doch aus allem hervor, wie er ist«, legt sie nach. Ich sehe sie vor mir, wie sie ihre Interviewpartner festnagelt und löchert, bis das gewünschte Statement aus ihnen heraustropft. Sie wird so lange weitermachen, bis ich sie davon überzeuge, dass ich im Recht bin. Zu meiner Verteidigung bringe ich daher vor: »Er zieht aber zum Beispiel die Spieluhren immer noch auf.«

Sie schüttelt den Kopf, ich bin durchgefallen mit meinem Argument. »Mama, diese Krankheit ist doch bekannt dafür, dass sich alles weiter zurückentwickelt. Ein Baby will ja auch nicht unterhalten werden. Das kann auch stundenlang die Wand angucken und braucht nicht ständig Anregungen. Wenn Papa jetzt überhaupt nichts hätte, was ihn anregt, ginge es wahrscheinlich schneller mit der Demenz, aber selbst das wäre doch egal. Ob es jetzt schneller oder langsamer geht, das ist doch … Was willst du aufhalten? Also ich verstehe nicht, dass du dir auch noch Stress machst …« Sie legt nun die Hand auf meinen Arm und sieht mich mit schräg geneigtem Kopf bittend an.

Sie liebt mich, deswegen tut sie das. Ich spüre es hinter ihren Worten, und ihre hilflose, ungeschickte Liebe rührt mich so, dass sich ein dicker Kloß in meinem Hals bildet. Ich schlucke ihn hinunter. »Ich habe jetzt im Garten die ganzen Sachen aufgehängt, die ganzen Windspiele«, erzähle ich, um uns beide aufzuheitern. »Und wenn jetzt Wind weht oder Sturm, dann sieht er, wie sie sich bewegen. Er guckt auch nach Eichhörnchen, wenn sie kommen. Oder nach einem Schmetterling, wenn einer vorbeischwirrt. Und nach Bienen. Er guckt sogar, wenn eine Ameise kommt oder wenn ich ihm einen Marienkäfer auf die Hand setze.«

»Ja, wie ein Baby.« Sie spricht mit Grabesstimme. »Ach, Mama ...«

»Ich weiß.« Ich finde nun die Kraft, zu lächeln, ohne dass ich wüsste, woher sie kommt. »Aber so bin ich nun mal, Anna. Lass mich einfach.«

Sie sieht mich nur an und nickt langsam. Überzeugt habe ich sie nicht, das sehe ich deutlich. Aber sie hat verstanden, dass sie mich nicht umstimmen kann. Und vielleicht akzeptiert sie ja auch, dass ich mein Leben lebe und mir nicht hineinreden lassen möchte.

Ich pflege Hans, weil ich es will. Also tue ich es für mich.

Am Abend, als Anna und ihre Familie wieder auf dem Heimweg sind, gehen Hans und ich im Garten herum, der von Maxens und Lucas Wasserschlacht ganz durchweicht ist, und plötzlich sehe ich eine Weinbergschnecke. Man findet sie ganz selten bei uns, es ist eine kleine Sensation, vielleicht weil der Boden jetzt so ungewöhnlich feucht ist. Ich zeige sie ihm, halte sie ihm vor die Augen, weil er sie sonst gar nicht wahrnehmen würde, und denke dabei an mein Gespräch mit Anna. Die Schnecke bewegt sich, fährt ihre Fühler zurück, und auf einmal macht Hans die Bewegung des Essens – er öffnet den Mund. Ich muss lachen.

»Hans, die ist noch nicht gekocht, die kannst du noch nicht essen. Die bewegt sich ja noch«, warne ich.

Er schaut mich an, und ich bilde mir ein, dass sein Blick fragend sein könnte. Früher hat er gern Schnecken gegessen. Versteht er noch, dass ich ihm nun davon abrate? Ich glaube es nicht, aber immerhin nimmt er wahr, dass ich etwas zu ihm gesagt habe. Wie ein Baby, gehen mir Annas Worte durch den Sinn. Sie hat recht, meine kluge, rationale, besorgte Älteste, denke ich plötzlich. Sie hat mit allem recht, was sie gesagt hat. Aber das ändert nichts. Ich werde trotzdem das tun, was ich will. Ich werde für Hans sorgen, selbst wenn er sich immer mehr wie ein Baby verhält.

Fast trotzig führe ich ihn weiter, ich will ihm an diesem Abend besonders viele Anregungen geben, um das Gefühl zu bekommen, dass ich alles für ihn getan habe, was möglich ist. Ich pflücke einen Lavendelzweig, seine Blüten leuchten blauviolett in der Abendsonne. Der Geruch der Provence steigt auf, ich sehe Weinberge, Felder mit Lavendel und Felder mit Klatschmohn vor mir. Sanft streiche ich mit dem Zweig über Hans' Arm und halte ihn dann unter seine Nase. Er atmet den Duft ein – was mag er in ihm auslösen?

»Na, Hans, weißt du noch, unsere Urlaube in Hendaye, oder in Saintes-Maries-de-la-Mer?«, frage ich ihn. Meine Stimme beginnt zu zittern, noch bevor ich den Satz zu Ende gesprochen habe. Es war keine gute Idee, davon anzufangen. Ihm sagt es wahrscheinlich nichts mehr, und mich macht es traurig. Sehnsüchtig denke ich an früher zurück, in Frankreich haben wir uns immer besonders wohl gefühlt. Meine Brust scheint plötzlich zu eng für all die Wünsche, die in meinem Herzen darauf warten, erfüllt zu werden. Ich fühle mich eingeengt und gefangen. Werde ich die Provence jemals wiedersehen?

Hans zeigt keine Reaktion, daher führe ich ihn schließlich weiter und pflücke eine Margerite. Ich zeige sie ihm, halte sie ihm hin. Er öffnet die Hand und greift danach. Ich freue mich über sein Interesse – woher es so plötzlich kommt, warum ausgerechnet bei dieser Blume, ich weiß es nicht. Ich lasse meine Blicke schweifen, um zu überlegen, was ich ihm als Nächstes zeigen könnte, und dabei fällt mir auf, dass die Kinder den Wasserhahn nach ihrer Wasserschlacht nicht richtig zugedreht haben. Ich gehe hin, um das zu erledigen. Als ich mich wieder zu Hans umdrehe, sehe ich, wie er hinfällt. Er stürzt ins Gras, zwischen die Gänseblümchen. Ich weiß nicht, ob er sich wehgetan hat, denn er gibt keinen Laut von sich. Es ist gespenstisch, mein Herz setzt aus vor Schreck, und ich mache mir Vorwürfe, dass ich ihn ein paar Sekunden lang allein habe gehen lassen. Ich haste zu ihm und versuche, ihn wieder hochzuziehen. In diesem Augenblick blitzt eine Erinnerung in mir auf. Ich stelle mir vor, wie es wäre, wenn Hans noch gesund wäre. Es ist so schönes Wetter, wir hätten bestimmt etwas zusammen unternommen. Das haben wir sonntags eigentlich immer getan.

Als wir wieder heil im Haus angelangt sind und Hans in seinem Sessel sitzt, gehe ich an den Schreibtisch. Ich muss so vieles entscheiden und organisieren: Versicherungen, Pflegeversicherung, die Sorgen mit der Firma, Steuerberater, Sparkasse, Rechtsanwälte … Gott sei Dank habe ich Sebastian. Ihn kann ich um Rat fragen, wenn mir alles über den Kopf wächst.

Ich muss immer mehr aufpassen auf Hans. Heute Morgen nach dem Aufstehen wollte er von seinem Zimmer in die Küche gehen, und die Küchentür stand bloß einen Spaltbreit auf. Da öffnete er sie nicht, um hindurchzugehen, sondern blieb ratlos davor stehen.

»Komm, Hans, mach die Tür auf, eigentlich ist sie offen, du musst nur dagegendrücken«, ermutigte ich ihn. Ich war in der Küche, um das Frühstück vorzubereiten, und deutete eine drückende Handbewegung an. Doch er reagierte nicht. Ich musste ihm die Tür ganz aufhalten, damit er verstand, dass er hindurchgehen konnte. Das habe ich in den vergangenen Tagen schon öfter beobachtet. Zu Anfang dachte ich noch, es sei vorübergehend. Aber dann habe ich darauf geachtet, was er tut, wenn eine Tür richtig geschlossen ist. Und festgestellt, dass dies für ihn ein unüberwindliches Hindernis darstellt.

Seit Neuestem verirrt er sich auch im Haus. Er bleibt stehen, wenn er im Zimmer an eine Ecke gelangt. Auch vor dem Sofa im Wohnzimmer bleibt er einfach stehen. In der Waschküche läuft er zum Trockner, links davon steht der Wäscheständer und rechts die Waschmaschine, und findet nicht mehr zurück. Er steht so lange da, bis ich es bemerke. Fünf Minuten vielleicht. Sein Eingezwängtsein erscheint mir wie ein Sinnbild für sein Dasein. Es gibt keinen Ausweg für ihn, er steckt in einer Sackgasse. Am Ende geht es nicht mehr weiter.

In solchen Momenten verstehe ich, was diese sonderbaren Zeitungsmeldungen im Vermischten bedeuten. Neulich las ich etwas über eine Frau, die von zu Hause weggelaufen und in einer Scheune gestorben ist, weil sie nicht mehr hinausfand. Eine andere Meldung handelte von einem Mann, der sich im Wald verlaufen hat und drei Wochen lang umhergeirrt ist, bis er zufällig gefunden wurde. Er muss unfähig gewesen sein zu handeln – nicht nur orientierungslos, sondern unfähig, die richtige Entscheidung zu treffen. So ist es bei Hans auch. Wenn ich morgens das Frühstück mache, hat er doch wahrscheinlich Hunger und Durst. Er sieht dann den gedeckten Tisch, sieht mich, aber er geht daran vorbei oder woandershin. Er versteht nicht, dass er an den Tisch kommen muss, um zu essen. Das ist neu.

Als er an diesem Morgen endlich an den Tisch kommt, will er nicht auf der Bank sitzen, und als er auf dem Stuhl sitzt, sinkt er in sich zusammen. Gestern beim Mittagessen hat er sich überhaupt nicht hingesetzt, er hat es im Stehen eingenommen. Ich glaube, er war durcheinander, weil Franziska und Rolf zu Besuch waren. Wir haben viel geredet beim Essen. Es war ein bisschen laut. Und sein Rhythmus ist durch den Besuch auch durcheinandergeraten. Er ist später aufgestanden, und wir sind erst um halb zwölf ins Bad, zum Duschen. Vielleicht war das der Grund.

Ich richte ihn wieder auf, gebe ihm die Kaffeetasse, doch er spielt bloß mit den Lippen an der Tasse herum und trinkt nicht. Auch das hat er sich in den vergangenen Wochen angewöhnt. Ich gieße etwas Kaffee auf seinen Kaffeelöffel, um ihm das Getränk einzuflößen, doch er dreht den Kopf weg.

»Hans, Liebster, nimm ein Löffelchen. Du musst doch trinken«, ermuntere ich ihn. Doch nur mit viel Geduld bringe ich ihn dazu, ein paar Löffel zu nehmen. Viel lieber spielt er an dem Kaffeelöffel herum, streckt die Zunge danach aus und prüft. Ich halte eine Serviette darunter.

»Damit ich nicht deine ganzen Sachen waschen muss«, erkläre ich ihm entschuldigend.

Er hat kein Empfinden mehr dafür, dass ihm seine Tischsitten abhandengekommen sind. Wenn er Flüssigkeit im Mund hat und sie nicht schlucken will, lässt er sie einfach wieder herauslaufen. Er öffnet den Mund nur einen Spaltbreit, aber da er den Kopf sowieso immer vorbeugt, fließt sie gleich wieder heraus. Ich finde das seltsam. Normalerweise schluckt man doch, wenn man etwas im Mund hat. In Ausnahmefällen spuckt man es vielleicht aus.

Seit Neuestem schreit er auch tagsüber. Wahrscheinlich will er seine Stimme hören. Ich reize ihn auch manchmal, damit er schreit, weil ich denke, vielleicht will er sich selbst hören. Die Nachbarn wissen Bescheid, sie können damit umgehen. Doch wenn wir hinaus auf den Gehweg gehen, denkt wohl jeder von ihnen: »Wie gut, dass ich das nicht bin«, und macht einen extraweiten Bogen um Hans herum oder wartet geduldig ab, bis er zur Seite geht. Neulich hat mich beim Spazierengehen eine sehr gepflegt wirkende Dame in meinem Alter angesprochen, die ein paar Straßen weiter wohnt und die ich nur vom Sehen kenne. Sie stellte sich vor und sagte: »Wir kennen uns ja nicht, aber ich sehe Sie immer mit Ihrem Mann und wollte Ihnen sagen, dass ich das ganz toll finde, dass sie sich so um ihn kümmern.«

Ich habe mich gefreut und mich bei ihr bedankt, doch dann wusste sie nicht, was sie noch sagen sollte, und unsere Wege trennten sich wieder. Ich erlebe so etwas oft. Viele Menschen trauen sich nicht, Fragen zu stellen – vielleicht aus Angst, mich zu verletzen. Ich weiß nicht, was ich davon halten soll. Einerseits finde ich es verständlich, und vielleicht würden mich ihre Fragen ja wirklich verletzen. Andererseits macht mich ihre Vorsicht traurig. Denn natürlich rede ich lieber über Hans und seine Krankheit, als mich gar nicht zu unterhalten. Und man könnte ja auch von der Krankheit auf andere Themen übergehen. Aber vielleicht erwarte ich zu viel.

Und so vergehen unsere Tage. Ich kann nichts mehr tun für Hans, außer ihm seine Lieblingsgerichte kochen, ihm einen Löffel Marmelade extra geben nach dem Frühstück, ihn streicheln und ein bisschen hin- und herwiegen. Von ihm kommt keine Reaktion. Wenn ich weg war und zu ihm zurückkomme – es ist ihm egal, er erkennt mich schon lange nicht mehr, zumindest nicht als Ehefrau. Am Anfang hatte ich ein Problem damit, wenn Rosemarie und Marika ihn in den Arm genommen haben und ihn gestreichelt haben. Obwohl ich sie selbst dazu aufgefordert habe, das zu tun, weil ich dachte, es würde ihm gefallen. Aber andererseits bin ich auch froh, dass ich austauschbar bin. Es entlastet mich.

Schlimm für mich ist es, zu sehen, dass ich ihm nicht helfen kann. Ich kann nur dabei zuschauen, wie er körperlich und geistig abbaut. Anderen Menschen gegenüber verstecke ich ihn aber nicht. Ich würde ihn auch jetzt noch überallhin mitnehmen, doch da er inzwischen nicht einmal mehr ins Auto einsteigt und nur noch ein paar Schritte vors Haus geht, kann ich das nicht mehr.

Dass die Krankheit schon so weit fortgeschritten war, als wir die Diagnose bekommen haben, und ich mich eigentlich gar nicht mehr von Hans verabschieden konnte, macht mich traurig. Manche Ehepaare merken noch rechtzeitig, was los ist, und können sich in Ruhe voneinander verabschieden und reisen und reden. Dazu war es bei uns schon zu spät. Ich muss an die wenigen Versuche denken, die ich damals noch unternommen habe, um mit ihm über seinen Zustand zu sprechen. Alle diese Versuche sind gescheitert.

Professor Kube hat ja so lange nichts gemerkt, weil die Tests so gut ausgefallen sind. Im Nachhinein habe ich ihn mit der Diagnose konfrontiert und ihn noch einmal auf diese Testergebnisse angesprochen, und da hat er erwidert, das sei immer so: Intelligente Leute könnten die Krankheit lange kaschieren. Außerdem sagte er das Gleiche wie Dr. Geldern: Bei frontotemporaler Demenz zeigen sich zuerst emotionale Veränderungen; die intellektuelle Leistungsfähigkeit bleibe noch relativ lange erhalten.

Eigentlich müsste man aber doch in der Lage sein, Hans' Krankheit auch im Frühstadium zu erkennen, habe ich mir danach überlegt. Da könnten die Mediziner ruhig einmal ein bisschen genauer hinschauen. Er ist ja nicht der Einzige, der daran leidet. Dr. Geldern hat mir erklärt, dass von 100.000 Menschen im Durchschnitt 3,4 daran erkranken. Das sind doch gar nicht so wenige. In einer Stadt wie Köln wären das 34, in ganz Deutschland fast 3000. Für jeden dieser Menschen ist es furchtbar, sich nicht von seinen Liebsten verabschieden zu können. Aber nun muss ich mit diesem »schwarzen Loch« leben. Ich kann nicht immer trauern und hadern. Es gibt neben Hans' Pflege und meiner Arbeit noch so viele andere Dinge zu tun.

So habe ich mir überlegt, dass ich das Haus auf Vordermann bringen lassen möchte. Ich will das Garagentor und alle Fenster streichen lassen, und die Räume innen. Denn wenn Hans nicht mehr lebt, möchte ich ausziehen – in die Nähe von Anna oder Sophie. Ich sage mir: Vielleicht lebt er ja noch fünf Jahre. Und solange er lebt, bleiben wir hier. Damit er hier noch im Garten herumgehen kann und sein gewohntes Umfeld hat. Aber wenn er gestorben ist, gehe ich weg aus diesem Haus, obwohl ich an manchen Dingen hänge. Besonders am Garten. Jetzt, wo die Beeren reif sind und die Rosen blühen und die Funkien ihre schönen großen Blätter zeigen ... Das ist schön. Hätte ich den Garten nicht, könnte ich auch nicht Golf spielen üben.

Am Nachmittag beginnt es zu regnen. Dicke Tropfen prasseln gegen die Fensterscheiben, die gesamte Feuchtigkeit der vergangenen Woche entlädt sich auf einen Schlag. Ich habe heute noch mit niemandem gesprochen außer mit Hans, denke ich, als ich ihn in seinem Sessel sitzen sehe und er mich anschaut. Ich weiß nicht, was in seinem Kopf vorgeht, aber auf einmal habe ich Bilder im Kopf, wie er früher war. Sie schieben sich zwischen uns, und ich fühle mich unendlich einsam, obwohl ich ja weiß, dass ich die Kinder habe und Freunde. Aber in diesem Augenblick spüre ich die Trauer so scharf, als sei sie mit einem Messer in mein Gehirn geritzt. Du hast deinen Partner verloren, hämmert es, du bist Witwe geworden.

Um mich aufzuheitern, mache ich trotz des Regenwetters eine Fahrradtour. Gleich nach den ersten fünf Metern spüre ich, dass das keine gute Idee war, denn der Regen peitscht mir kalt ins Gesicht. Aber ich will nicht umkehren, denn die Vorbereitungen für die Tour waren aufwendig: Ich habe das Regencape, die Regenhose, Gamaschen und einen Regenhut hervorgekramt, den ich mir vor etlichen Jahren auf einer Radwanderung mit Hans durch Schottland gekauft habe. Alles wieder auszuziehen würde ewig dauern, ganz zu schweigen von der Pfütze, die sich im Flur bilden würde.

Vielleicht kommt die Sonne ja noch raus, denke ich und vermeide einen Blick hinauf in den dunklen Himmel. Schnell trete ich in die Pedale, um warm zu werden, und als die Häuser und Straßen vorbeigezogen sind und ich aufs offene Feld gelange, kommen mir die Erinnerungen von früher in den Sinn, wo wir diesen Weg zusammen gefahren sind. So viele verschiedene Wege gibt es hier ja nicht, und im Prinzip bin ich sie alle schon einmal mit dem gesunden Hans gefahren. Ich muss daran denken, wie er früher war und wie er jetzt ist, und wieder greifen die Sorgen mit ihren langen Kaulquappenschwänzen nach mir und schnüren meine Brust so fest ein, dass ich kaum noch atmen kann. Hans baut so schnell ab, dass ich mich fast jede Woche auf eine neue Stufe einstellen muss.

Er fällt in letzter Zeit öfter hin. Letzte Woche nach dem Duschen, als er zum Abtrocknen und Anziehen auf der Toilette saß, ist er mir entglitten und heruntergefallen. Erst habe ich versucht, ihn hochzuziehen, aber ich schaffte es nicht, deswegen habe ich Merle geholt. Gemeinsam konnten wir ihn wieder aufrichten, aber ich habe Angst, dass es wieder passiert. Durch den Sturz hatte sich Hans einen Bänderanriss am Fuß zugezogen, seitdem hat er ein dickes Bein und eine Schiene. Sicher weiß man aber nicht, was er hat, denn natürlich ist er nicht geröntgt worden. Das hätte ihn zu sehr aufgeregt.

Ich habe auch Angst davor, dass er vom Stuhl rutscht, wenn er am Tisch sitzt. Das ist schon öfter passiert. Jedes Mal schiebe ich dann den Tisch weg, versuche, Hans hochzuziehen, und irgendwann, nach dem x-ten Versuch, stelle ich mich auf seine Füße, und es klappt. Aber ich fürchte, dass er sich irgendwann dabei verletzen wird.

Mein Rücken hält das immerhin aus, ich mache immer noch jeden Tag meine Gymnastik, weil ich Hans jeden Morgen aus dem Bett hebe und abends wieder hinein. Ich habe mir sogar Krankengymnastik verschreiben lassen. Bei Mutter war es das Gleiche. Während ich sie pflegte, habe ich meinen Rücken auch gespürt.

Sorge macht mir auch, dass er nicht mehr richtig geht, sondern kleine Trippelschrittchen macht und dann nach fünf Schritten stehen bleibt. Manchmal bleibt er eine Viertelstunde lang auf dem gleichen Fleck stehen, wenn ich ihn nicht wegführe, und ich denke schon daran, dass er irgendwann vielleicht überhaupt nicht mehr laufen wird. Deswegen gehe ich immer, wenn es nicht regnet, mindestens eine, besser eineinhalb Stunden mit ihm spazieren und lasse ihn unterwegs nie länger sitzen, sondern helfe ihm wieder auf, wenn er sich auf eine Bank setzt, damit er das Gehen nicht verlernt. Und wenn er wieder aufsteht von der Bank, nehme ich ihn in den Arm und streichle ihn, und wenn er ein Stückchen gegangen ist, streichle ich ihn wieder, nehme ihn wieder in den Arm, sage: »Das machst du super, Hans, ganz toll, du bist ein erstklassiger Läufer«, und so gehen wir jeden Tag.

Als ich wieder nach Hause komme, bin ich nass geschwitzt unter meinem Regencape. Ich stelle mich unter die heiße Dusche, meine Stimmung ist auf einem Tiefpunkt angelangt. Am Abend rufe ich Sophie an. Sie fragt mich, wie es mir geht, und ich behaupte: »Wirklich gut.«

Sie glaubt mir nicht, weil sie weiß, dass es mir schlecht geht, wenn es regnet, wenn es dunkel wird und wenn ich allein bin. Und ich bin meistens allein, also geht es mir meistens schlecht.

Es kommen weniger Freunde zu Besuch als früher, und weg von zu Hause kann ich nicht so oft, weil ich sonst zu viel für Hans' Betreuung ausgeben müsste.

Dennoch erkläre ich ihr: »Mir geht's wirklich nicht so schlecht. Mir geht es den Umständen entsprechend gut. Ich hab's unheimlich gut im Griff, ich denke mir halt, das ist so, und ich komme zurecht. Ich leide nicht so. Ich glaube, ich habe mich einfach abgefunden damit.«

Sie insistiert noch ein wenig, doch irgendwann gibt sie Ruhe. Und es ist seltsam: In dem Moment, wenn ich mit ihr oder Anna spreche, geht es mir wirklich gut. Das rede ich mir jedenfalls ein. Ich will die beiden auf keinen Fall belasten. Aber ich würde nie anrufen, wenn ich abends um elf im Bett liege. Da kann ich mich nämlich nicht mehr verstellen.

Nach dem Telefonat bringe ich Hans ins Bett, höre noch ein bisschen Musik und arbeite den Stapel auf meinem Schreibtisch weg. Hausarbeit kann ich abends nicht mehr erledigen, weil dabei der Kopf immer frei ist. Ich muss mich ablenken. Danach werde ich mich ins Bett legen und lesen, bis ich über dem Buch einschlafe. Damit ich ja nicht anfange nachzudenken, denn sonst kann ich nicht einschlafen. Aber wenn ich dann doch nachdenke …

Ich vermisse jemanden, mit dem ich reden kann und der mich auch mal in den Arm nimmt.

Im Allgemeinen bin ich aber wirklich sehr belastbar und habe wahnsinnige Kräfte. Ich glaube, das liegt auch daran, dass ich Hans zu Hause pflege. Früher, als Mutter noch lebte und ich noch gearbeitet habe, habe ich allerdings noch öfter aufbegehrt. Weil ich noch Hoffnung hatte, dass man Hans helfen könnte. Diese Hoffnung habe ich jetzt nicht mehr. Er ist da, und ich möchte es ihm schön machen, solange er lebt. Aber außer dem Essen und Streicheln und ein bisschen Musik kommt wahrscheinlich überhaupt nichts mehr bei ihm an. Damit muss ich mich abfinden. Schlimm finde ich, dass er nicht spricht. Ich kann nichts mehr mit ihm bereden, ich merke, wie er immer weniger wird, geistig und auch körperlich. Manchmal schreie ich dann. Hadere. Und dann tröste ich mich mit dem Gedanken, dass es Menschen gibt, denen es noch schlechter geht.

Ich habe eine schreckliche Nacht hinter mir. Ich habe geträumt, Hans sei langsam und qualvoll verdurstet. Er lag mit dicker, geschwollener Zunge im Bett und hat mich angesehen, als wolle er sagen: Warum hilfst du mir nicht?

Als ich aufwache, bin ich schweißnass und muss erst einmal duschen, und als ich wieder im Bett liege, bin ich zu aufgewühlt, um einschlafen zu können. Wieder und wieder frage ich mich, was ich tun soll – denn Hans trinkt seit drei Tagen fast gar nichts mehr! Er scheint nichts zu vermissen, körperlich ist er dadurch unverändert. Aber mir geht es elend, das nimmt mich sehr mit.

Um sechs Uhr stehe ich auf und sehe mir den Sonnenaufgang an. Dann mache ich meine Rückenübungen und lese ein bisschen. Um halb neun gehe ich zu ihm hinein und ziehe den Rollladen hoch. Durch den Lärm wacht er auf und dreht den Kopf in meine Richtung. Ich gehe zu ihm, stelle die Lehne seines Pflegebetts hoch, sage »Guten Morgen, Hans« und streichle seinen Kopf.

»Heute ist Dienstag«, erzähle ich ihm, »die Sonne scheint, und die Kastanie vor deinem Fenster blüht heute besonders schön.« Ich denke an den Rhododendron, den ich unter dem Fenster für ihn gepflanzt habe, und dass er vielleicht nicht mehr leben wird, wenn er groß genug sein wird, dass er ihn von seinem Bett aus sehen kann. Dann gehe ich in die Küche, koche Kaffe und bereite einen Teller mit klein geschnittenem Obst vor, und nach einer Viertelstunde komme ich mit seinem Bademantel, warmen Hausschuhen und Socken zu ihm zurück.

Ich sage: »Komm, Hans, steh auf, das Frühstück ist fertig«, mache Gesten, dass er herauskommen soll aus dem Bett, ziehe ihm den Bademantel an und helfe ihm aus dem Bett.

Er schwankt hin und her, aber irgendwann steht er, und dann gehen wir in die Küche, da habe ich schon Musik angestellt, Louis Armstrong, das hat er früher gern gehört.

Hans will sich nicht setzen, er trippelt hin und her, und ich folge ihm mit dem Obstteller. Ab und zu schaffe ich es unterwegs, ihm ein Stück in den Mund zu schieben. Nach zwanzig Minuten reagiert er endlich auf meine Gesten und darauf, dass ich ihm einladend den Stuhl bereitstelle. Er versteht, dass er sich setzen soll, und lässt sich mit viel Mühe am Tisch nieder. Dort kann ich ihn besser füttern.

Während des Essens erzähle ich ihm, dass es schon halb zehn ist und dass ich ihm einen neuen Pullover gekauft habe, den ich ihm nach dem Frühstück anziehen werde. Ich bemühe mich um einen fröhlichen Tonfall, aber mir ist gar nicht fröhlich zumute. Ich versuche zwar, seinen Flüssigkeitsbedarf mit Obst und Gemüse zu decken; heute Morgen bekommt er Melone, Birnen und Weintrauben. Aber während ich ihn füttere, denke ich natürlich daran, dass er das Obst vielleicht auch bald nicht mehr isst und dass er dann verdurstet.

Und als er wieder und wieder den Kopf wegdreht, obwohl er erst zwei Weintrauben und drei Stückchen Melone gegessen hat und sein Teller noch fast ganz voll ist, kann ich nicht mehr. Ich stehe auf und gehe aus der Küche, weil ich so verzweifelt bin, dass ich weinen muss.

Zwei Tage später ist diese Phase vorbei. Hans trinkt wieder etwas, jedenfalls so viel wie vor dem »Aussetzer«, wie ich es nun insgeheim nenne. Doch meine Sorge bleibt – wer sagt mir, dass es nicht wieder passiert? Wenn er morgens aufsteht, umarme ich ihn erst einmal, und dabei richte ich ihn gleichzeitig ein bisschen auf, damit er nicht so gebeugt dasteht. Diese aufrechte Haltung hält dann eine ganze Zeit lang an.

Die Krankengymnastin, eine sehr sympathische Frau in Annas Alter, war da. Sie heißt Frau Neubert und ist sehr zupackend und fröhlich. Sie hat mir bestätigt, das Umarmen und Aufrichten sei sehr wichtig, und ich soll ihn dabei auch noch ein bisschen hin- und herwiegen. Das führe zu einer Rotation des Oberkörpers. Weil er die ganze Nacht über so versteift im Bett liegt. Anschließend streichele ich ihn und singe ihm etwas vor, und dann geht er langsam, nachdem ich ihn in den Flur geschoben habe – er weiß ja nicht mehr, wo er hin soll, sondern bleibt einfach stehen –, in die Küche.

Heute aber sackt er nach dem Aufstehen immer wieder nach links weg, obwohl ich ihn umarme. Wir gehen zum Frühstückstisch, aber er bewegt sich weiterhin nach links geneigt und geht ganz schief. Sobald er im Stuhl sitzt, fällt er immer auf die linke Seite. Ich kann ihn nicht aufrichten. Es geht nicht. Also frühstücken wir heute schief.

Als Erstes bekommt er eine Nektarine. Dadurch fällt ihm meistens wieder ein, dass er kauen und schlucken muss. Wenn ich ihm zuerst das Marmeladebrot mit Quark gebe, kaut und schluckt er es nicht, sondern lässt es im Mund. Er isst die Nektarine nicht selbst, höchstens ein oder zwei Stücke, den Rest muss ich ihm füttern. Ich füttere ihn sehr ausgiebig, mit einer Engelsgeduld. Ich möchte mir nicht vorwerfen müssen, ich hätte ihn verhungern lassen. Er macht das ja nicht bewusst, nicht zu essen und den Kopf immer wegzudrehen. Wenn ich diese Geduld nicht aufbringe, entscheide doch ich, wie viel er bekommt!

Das Obst, mit dem wir das Frühstück beginnen, ist die Vorbereitung auf andere Speisen, die er sonst nicht hinunterschlucken würde. Wenn er Nudeln im Mund hat und nicht schluckt, schiebe ich ihm ebenfalls Obst zu den Nudeln in den Mund, und dann kaut und schluckt er wieder. Ein Stückchen reicht schon. Dann ist es meistens überhaupt kein Problem.

Nach der Nektarine flöße ich ihm mit dem Teelöffel Kaffee ein, er nimmt fünf Teelöffel. Das sind insgesamt fünfundzwanzig Gramm, und das ist gut. Nach dem sechsten Löffel öffnet er, ohne den Kaffee vorher hinunterzuschlucken, plötzlich den Mund, um von dem Marmeladebrot zu essen. Der Kaffee läuft heraus, aber ich halte eine Serviette darunter und sage: »Kein Problem, Hans, ich habe ja die Serviette. Lass es nur rauslaufen, du hast ja schon fünf Löffel getrunken.«

Statt das Brot dann aber zu essen, schaut er es sich erst genau an. Irgendwann nimmt er es in den Mund, kaut, schluckt, und auf einmal verschluckt er sich. Er hustet und würgt und keucht, ich sehe, dass er Angst hat, seine Augen werden ganz groß und treten aus den Höhlen. Es ist, als habe er einen Erstickungsanfall, und ich unterdrücke die Panik, die in mir aufsteigt, und klopfe ihm heftig auf den Rücken.

»Ist ja gut, Hans, du machst das genau richtig, huste nur, so fest du kannst, dann kommt es wieder heraus«, rede ich beruhigend auf ihn ein und streichele dabei seinen Arm. Das ist wichtig. Ich habe das schon öfter gemacht, und bis jetzt ging es immer gut. Aber trotzdem habe ich jedes Mal wieder Angst. Denn bei einem Vortrag über Demenz hat Professor Grieskamp einmal erwähnt: »Demente Menschen sterben nicht an der Krankheit an sich, sondern an den Folgen. Sie können sich zum Beispiel an einer Möhre verschlucken und ersticken.«

Dennoch halte ich daran fest, Hans Nahrung und Getränke mit dem Teelöffel zu geben, statt ihm eine Magensonde legen zu lassen, wie sie viele Demenzkranke haben. Neulich habe ich ihm sogar das Weizenbier mit dem Kaffeelöffel gegeben. Er hat vier davon genommen. Einmal hat er dabei das Gesicht verzogen, als ob es ihm nicht schmecken würde, doch ich habe ihm gut zugeredet. Sekt hat er auf diese Art auch schon getrunken.

Auch wenn er seit ungefähr vier Wochen kaum etwas trinkt, hat er sich äußerlich nicht verändert. Er holt sich die nötige Flüssigkeit durch das Obst. Darüber bin ich glücklich, denn ich will nicht, dass er verdurstet. Am schönsten für ihn fände ich es, wenn er eines Abends die Augen zumachen würde und morgens tot wäre. Ich will nicht, dass er langsam austrocknet. Zumal er ja die Sachen isst, die ich ihm gebe. Wenn er sie nicht isst, lasse ich ihn. Das habe ich beschlossen: Solange er isst, gebe ich ihm etwas. Ich glaube, früher hätte er nicht so viel Obst und Gemüse gegessen. Ich glaube, er isst es nur deshalb, weil er nicht mehr gut trinken kann. Unbewusst holt er sich so die Flüssigkeit, die er braucht. Vielleicht nicht die zwei Liter, die man braucht. Aber vielleicht einen, oder anderthalb.

Ich weiß es nicht. Kartoffeln isst er jetzt seltsamerweise auch. Die haben ihm früher nie geschmeckt. Vielleicht, weil sie viel Wasser enthalten – auch das kann ich nur erahnen. Er isst auch Reis, den er nie mochte. Aber wenn ich ihm abends zum Beispiel Nudelsalat gebe und nebenan auf der Gabel Wurst aufgespießt ist, kann es sein, dass er beim Nudelsalat den Kopf wegdreht. Gebe ich ihm dann die Wurst, nimmt er sie. Also kann er noch wählen und zum Ausdruck bringen, was er will und was nicht.

Nach dem Frühstück gehen wir ins Bad, dann ziehe ich ihm Schuhe und eine leichte Jacke an und führe ihn ins Wohnzimmer, denn er geht nicht mehr von der Haustür bis auf den Hof, weil dazwischen eine Stufe ist. Wir gehen durch die Terrassentür nach draußen, über die Rampe, die ich gebaut habe. Es ist ein herrlicher Spätsommertag, die Frühäpfel und die Williams-Christ-Birnen im Garten sind schon reif, auch die Frühzwetschgen, und die Herbstanemonen blühen. Die Luft ist klar und noch ein wenig kühl, ich atme sie tief ein, es fühlt sich an, als zögen die Sorgen augenblicklich ihre Kaulquappenschwänze ein, weil ihnen zu kalt wird. Ich genieße die Luft auf meiner Haut, freue mich über den schönen Tag, der vor mir liegt. Vom Hof gehen wir direkt auf die Straße, weil Hans die Stufe vom Gehweg auf die Straße auch nicht mehr geht.

Auch heute ist es wie immer: Ein Auto kommt, der Fahrer wartet, bis wir zur Seite gehen. Niemand verliert die Geduld, denn obwohl Hans so sorgfältig angezogen ist, sieht jeder, dass mit ihm etwas nicht mehr stimmt. Seine Haltung, seine trippelnden Schritte, seine staunenden oder starrenden Blicke, wie er mitten auf der Straße stehen bleibt und wie er die Leute anstarrt – schon von Weitem kann jeder sehen, dass er krank ist. Außerdem kennen uns hier sowieso alle, und alle grüßen überaus freundlich und sind froh, dass sie nicht an seiner Stelle sind.

Ich bemühe mich sehr, mich nicht verunsichern zu lassen, aber wie sehr wünsche ich mir, ich wäre an ihrer Stelle. Wie sehr wünsche ich mir, Hans würde wieder gesund! Aber das wird er nicht, und alles, was ich für ihn tun kann, ist, aufrecht neben ihm herzugehen, obwohl ich weiß, dass jeder denkt, der Arme. Manche werden wohl auch denken: Dass die sich traut, mit dem herumzulaufen, dass die ihn nicht versteckt!

Doch heute passiert etwas, was mich zu Tränen rührt. Als wir etwa fünfzig Meter gegangen sind, kommt aus einem weißen Häuschen eine junge Aussiedlerfrau, die ich nur vom Sehen kenne. Sie geht lächelnd auf mich zu und sagt: »Ich wollte Ihnen sagen, dass ich das ganz toll finde, was Sie für Ihren Mann tun. Ich wünsche Ihnen viel Kraft.« Dann gibt sie mir ein Kruzifix aus Holz. Ich bedanke mich, und sie verschwindet wieder im Haus. Mir schießen die Tränen in die Augen, sobald sich die Tür hinter ihr schließt! Denn in solchen Augenblicken kann ich nicht länger verdrängen, wie schlecht es mir geht.

Ich will in diesem Zustand nicht länger spazieren gehen; es ist mir unangenehm, dass mich jemand weinen sehen könnte. Daher führe ich Hans über die Straße, damit wir auf der anderen Seite des Bürgersteigs wieder nach Hause gehen können. Doch kaum sind wir ein paar Meter zurückgegangen, bleibt er einfach stehen. Wie damals, als er sich im Gewitter einfach an diesen Metallzaun geklammert hat. Das kommt in letzter Zeit immer öfter vor. Und wenn ich nicht mit ihm gehe, geht er fast gar nicht mehr. Er steht dann da – zehn Minuten, eine Viertelstunde – und macht keinen Schritt mehr. Gestern Morgen etwa waren wir im Garten, und ich dachte, ich hole mir noch schnell eine dickere Jacke. Als ich wiederkam, stand er noch an derselben Stelle. Wenn ich ihn nicht weitergeführt hätte, wäre er auch noch länger so stehen geblieben. Ich habe seine Hand genommen, um zu sehen, ob er mitgeht. Aber er wollte nicht. Er ist unberechenbar. Manchmal geht er mit, manchmal bleibt er stehen. Wenn er nicht gehen will, will er eben nicht gehen.

Während Hans auf dem Bürgersteig stehen bleibt, tue ich so, als beobachte ich einen Käfer, der vor uns auf dem Boden herumkrabbelt, und wische mir unterdessen die Tränen ab. Ich nestele noch ein bisschen in meiner Tasche herum, um mich wieder zu sammeln, und als ich mich einigermaßen gefasst habe und weitergehen möchte, kommt er bereitwillig mit.

»Sehr gut, Hans, siehst du, wenn du ein paar Schritte gehst, ist das gut für dich, dann kommt mehr Sauerstoff in dein Blut, und das kommt auch in deinem Kopf an«, lobe ich ihn. »Außerdem ist es gut, weil du dann das Gehen nicht verlernst. Ich will nämlich nicht, dass du bettlägerig wirst, das will ich überhaupt nicht, und du auch nicht, stimmt's, Hans?«

Er sieht durch mich hindurch. Ich lasse ihn an einer Rose riechen, die über einen Gartenzaun lugt, breche sie ab und gebe sie ihm, aber das interessiert ihn nicht. Er lässt sie einfach fallen. Ich glaube, er bekommt es gar nicht mit. Ich weiß nicht, ob er wenigstens den Geruch der Blume wahrnimmt, aber ich denke, es ist auf jeden Fall besser, als wenn ich nur stumpf neben ihm hergehe. Hans schaut immerhin noch nach Vögeln, die davonfliegen, nach einem Eichhörnchen, das vorbeihuscht. Er dreht den Kopf und schaut den Tieren nach. Bewegung interessiert ihn. Deswegen habe ich auch die vielen Windspiele im Garten.

Und plötzlich, als ich neben ihm hergehe und ihn nach Hause führe, denke ich ganz unvermittelt: Ob er wohl den nächsten Herbst noch erlebt?

Zu Hause bereite ich das Mittagessen zu, und in dieser Zeit darf er sich hinsetzen. Allein kann er das nicht mehr, seit er sich zweimal neben den Sessel gesetzt hat. Wenn er aber erst einmal sitzt, kommt er alleine nicht mehr hoch. Ich bringe ihm Möhrenscheiben und Weintrauben, lege ein dickes Kissen auf seinen Schoß und stelle den Teller darauf. Er nimmt die Trauben mit den Fingern vom Teller und schiebt sie in den Mund. Ich freue mich darüber, dass er sich das nehmen kann, was er gern mag. Das ist doch toll!

Während er isst, lege ich den *Spiegel* und das Vögelchen, das zwitschert, wenn er es anfasst, auf den Tisch vor ihn – damit er irgendetwas zu tun hat. Er schaut den *Spiegel* an, aber wenn er falsch herum läge, würde er genauso schauen. Dann blättert er sogar um, aber ich weiß, er bekommt nichts mehr mit. Er sitzt nur da, und ich kann Mittagessen kochen.

Heute gibt es wie immer eines seiner Lieblingsgerichte: Filetsteak. Spaghetti mit Tomatensauce verweigert er inzwischen, ich habe gehört, dass das damit zusammenhängt, dass die rote Sauce ihn an Blut erinnert, weil er geistig nicht nur in die Kindheit zurückwandert, sondern an die Anfänge der Menschheit. Aber rote Marmelade isst er noch.

Das Filet isst er auch, nachdem ich ihn dazu bewegt habe, sich an den Küchentisch zu setzen. Seine Geschmacksnerven funktionieren für meine Begriffe hundertprozentig, aber das ist das Einzige, was funktioniert. Suppen isst er gar nicht mehr, dafür viel Salat und Gemüse. Während er kaut, habe ich Zeit, selbst etwas zu essen; es ist, wie wenn man ein Baby füttert.

»Hans, schmeckt es dir, ich habe dein Lieblingsessen gekocht, das magst du, stimmt's?«, frage ich.

Er reagiert nicht. Es ist, als höre er mich nicht. Ich sehe ihn an, und den Rest des Mittagessens schweigen wir beide. Auch ich habe Momente, in denen ich nicht mehr kann.

Nach dem Essen schläft er, und ich kann auf den Golfplatz. Eigentlich wollte ich das Golfspielen ja aufgeben, weil ich in den letzten Wochen überhaupt nichts getroffen habe. Ich dachte, ich lerne es nie. Aber bevor Franziska und Rolf mich besucht haben, hatte ich wieder eine Trainerstunde, und der Trainer hat mir etwas Neues beigebracht. Er lässt sich jedes Mal etwas Neues einfallen, jede Stunde lerne ich etwas, worauf ich achten muss. Und es war so viel, dass ich gedacht habe: Also, Hilda, jetzt denkst du einfach nicht mehr.

Er hat mir auch erklärt, wie das Schlagen physikalisch funktioniert, doch Physik habe ich noch nie verstanden. Ich habe also bloß geantwortet: »Das verstehe ich nicht. Also, ich verstehe zwar, dass der Ball fliegt, weil ich ihn sehe. Aber warum er das tut – keine Ahnung.«

Jedenfalls, es lief überhaupt nichts. Und dann, auf einmal, klappte es. Der Ball flog sechzig Meter weit! Für einen Könner ist das nicht viel, aber für mich war es enorm. Ich dachte, ich seh nicht richtig. Ich habe das ein paar Mal hintereinander geschafft. Und jetzt habe ich verstanden, dass ich den Ball nicht schlagen darf, sondern in den Ball *hineinschwingen* muss. Aber trotzdem schaffe ich es selten, Bälle fünfzig oder sechzig Meter weit zu schlagen. Weil ich den Schläger nicht locker halte und immer zu viel Kraft aufwende. Trotzdem macht es Spaß, und heute möchte ich anknüpfen an meinen Erfolg.

Als ich auf dem Platz ankomme, ist es warm wie im August. Ich stelle mein Fahrrad ab und gehe hinüber zum Abschlagplatz. Unterwegs sehe ich Herrn Meining, einen entfernten Bekannten, und rufe: »Guten Tag, Herr Meining!«

Dabei winke ich ihm zu. Er grüßt nicht zurück, obwohl er mich eigentlich hätte sehen müssen. Ich wundere mich, besonders weil er mich neulich schon einmal nicht zurückgegrüßt hat, obwohl ich laut und deutlich seinen Namen gerufen habe. Dennoch vergesse ich den Vorfall während des Golfspielens. Als ich nach zwei Stunden zurück zu meinem Fahrrad gehe, sitzt er im Büro. Kurz entschlossen klopfe ich an und gehe hinein.

»Herr Meining, ich habe Sie jetzt zweimal gegrüßt, mit Namen, und Sie haben mich nicht zurückgegrüßt. Wenn Sie mich das nächste Mal wieder nicht grüßen, grüße ich Sie auch nicht mehr«, erkläre ich ihm.

Er blickt mich überrascht an. »Das ist mir gar nicht aufgefallen, Frau Dohmen.«

»Na dann. Ich dachte, entweder sind Sie unhöflich oder Sie wollen mich nicht grüßen. Eins von beiden.«

»Nein, das war einfach ein Versehen«, erklärt er. »Entschuldigen Sie bitte.«

Wir unterhalten uns dann noch ein bisschen, und er ist sehr nett. Während ich nach Hause radele, denke ich: Ich bin jetzt so alt, wenn mir etwas nicht passt, muss ich mich wehren, damit es mir besser geht. Jetzt ist alles wieder gut. Entweder hat Herr Meining wirklich nicht geguckt oder er hat nicht gesehen, wer ich bin. Das kann schon sein.

Es ist ein sonniger Tag im Oktober, ich bin in gehobener Stimmung, als ich in Hans' Zimmer gehe, um ihn zu wecken. Das Wetter beeinflusst mich sehr; im Sommer fühle ich mich meistens besser als im Winter. Ich brauche die Sonne und das Licht, um mich wohlzufühlen. Außerdem war gestern Erich zu Besuch, ein ganz alter Freund von Hans aus München, und die Begegnung mit ihm hallt noch in mir nach. Ich mag ihn.

Erich sagte zu mir: »Der Hans hat mich, glaube ich, wiedererkannt. Er hat mich so lange angeguckt. So, als ob er nachdenken würde.«

Jeder, der Hans besucht, meint das. Ich finde das seltsam und ich weiß nicht, was ich davon halten soll. Deswegen habe ich gestern Abend, als Erich gefahren war, Anna gefragt. Sie war wie immer sehr nüchtern: »Er erkennt ja nicht mal dich. Wie soll er da die anderen erkennen?«

Ich denke über ihre Worte nach, während ich den Rollladen hochziehe. Hans dreht den Kopf und schaut mich mit großen Augen an, so als wolle er fragen: »Wer bist du?«

Wahrscheinlich hat sie recht. Aber es tut weh, sich das einzugestehen, und ich verdränge den Gedanken und lächele Hans stattdessen an. Es nützt ja nichts, wenn ich Trübsal blase. Dann wird er nur auch noch traurig: »Guten Morgen, mein Liebster. Hast du gut geschlafen?«

Ich weiß, dass sein Blick sich tagsüber verändert. Morgens ist er immer irgendwie abwesend. Es ist trotzdem traurig, und als ich seine Arme um mich lege und er sich an mir festhält, damit ich ihn aus dem Bett ziehen kann, denke ich: Wenn er mich doch nur richtig in den Arm nehmen würde. Ich muss an früher denken und bedauere, dass wir die Zeit nicht richtig genutzt haben. Dass wir zu wenig miteinander unternommen haben. Aber das ist wohl im Nachhinein immer so. Bei Mutter habe ich auch gedacht, dass ich sie viel zu wenig habe erzählen lassen. Bei Hans kommt noch hinzu, dass ich zu spät verstanden habe, was mit ihm los war. Aber es hätte wahrscheinlich auch nichts geändert, wenn wir nach der Diagnose noch über das eine oder andere hätten reden können. Oder vielleicht doch? Und dieser Gedanke lässt mir keine Ruhe.

»Hans, es ist blöd, dass wir nicht mehr zusammen unternommen haben, als du noch gesund warst«, erzähle ich ihm, obwohl ich genau weiß, dass er mich nicht versteht. Und dann kommt er wieder, dieser Strudel, der mich mitreißt und traurig macht.

Letzte Woche war Dr. Geldern da und meinte, ich soll auf jeden Fall wegfahren, wenn es möglich ist – zum Beispiel zu Anna. Denn es helfe weder Hans noch mir, wenn es mir schlecht gehe. Also bin ich wirklich gefahren und habe Anna besucht, und Rosemarie und Marika haben in dieser Zeit für Hans gesorgt. Anna und ich haben eine Gartenreise mitgemacht, um acht Uhr morgens stiegen wir in Münster am Hauptbahnhof in einen Bus, der uns ins niederländische Appeltern brachte, während eine Babysitterin auf Max und Luca aufpasste. Wir haben die Schaugärten besichtigt, es gibt dort Stadtgärten, Balkongärten, Gärten am Wasser, Patiogärten, orientalische Gärten und Bauernhofgärten mit insgesamt mehr als 6000 Pflanzen, wie in einem Führer stand. Der ganze Park liegt an einem Fluss und ist umgeben von Wiesen, Bäumen und Beeten. Es war herrlich, das Wetter war wunderbar, und danach ging es mir sehr gut, weil ich einen ganzen Tag lang von zu Hause weg gewesen war, mich um nichts kümmern musste und zudem etwas Schönes erlebt hatte.

Außerdem war letzten Mittwoch auch ein Tag des Triumphes für mich. Denn an diesem Tag begann der Prozess gegen Rottler – den Mann, der die Insolvenz der Firma verschuldet hat. Die Banken haben ihm damals die Kreditlinie um eine Million erweitert, und das hat letztlich zu der Insolvenz geführt. Der Prozess ist eine Genugtuung für mich. Ich hoffe, dass Rottler zu einer Gefängnisstrafe verurteilt wird.

Solche Tage sind selten, und ich hüte sie sorgfältig in meinem Gedächtnis, um in schlechten Zeiten davon zu zehren.

Als ich Hans den Bademantel anziehen will, solange er noch steht, bin ich einen Augenblick lang mit meinen Gedanken bei Rottler und bemerke nicht, dass Hans sich hinsetzen will. Er trifft den fahrbaren Toilettenstuhl, der hinter ihm steht, nicht richtig, und sitzt nur auf der äußeren Kante. Dann rutscht er ganz langsam zu Boden. Ich versuche, ihn wieder hochzuziehen, aber ich schaffe es nicht.

Im Bademantel gehe ich hinüber zu Merle – sie frühstückt gerade – und bitte sie: »Sei so gut, hilf mir bitte noch mal, Hans ist wieder hingefallen.«

Sie kommt sofort mit, und als wir bei Hans sind, hat er Falten auf der Stirn und hyperventiliert. Er ist aufgeregt und hat Angst, es zerreißt mir fast das Herz, ihn so zu sehen. Das Mitleid schnürt mir die Kehle zu, doch ich darf mich jetzt nicht gehen lassen, sondern muss mich darauf konzentrieren, ihn gemeinsam mit Merle hochzuziehen. Nur dann wird er sich wieder beruhigen, nur so kann ich ihm helfen. Dieser Gedanke gibt mir die nötige Kraft, um zu handeln.

Zu zweit schaffen wir es tatsächlich, ihn zu heben. Er hilft nicht mit dabei und ist deswegen schwer wie ein Sack Blei. Er weiß nicht, dass er mithelfen könnte. Es ist immer weniger, was er noch weiß.

Als er schließlich den Bademantel anhat und Merle wieder gegangen ist, frühstücken wir. Seit drei Monaten ist es nun schon so, dass Hans nicht mehr als fünf Kaffeelöffel zum Frühstück trinkt. Zusammen mit der Flüssigkeit, die er sich über Obst und Gemüse holt, nimmt er meiner Meinung nach nicht mehr als einen Liter täglich zu sich. Und so sind die Mahlzeiten eine Qual für mich, weil ich dabei zusehen muss, wie er sich langsam zugrunde richtet.

Heute ist er, wie so oft in letzter Zeit, besonders müde. Als ich einmal kurz aufstehe, um noch eine Scheibe Toast in den Toaster zu tun, legt er den Kopf auf den Tisch, genauer gesagt, auf seinen Teller. Das linke Ohr liegt direkt in den Birnenstücken.

»Hans«, sage ich, als ich es bemerke, »Liebster, komm, setz dich wieder richtig hin.« Dabei ziehe ich vorsichtig an seiner Schulter, und tatsächlich richtet er sich auf.

Ich wische ihm das Gesicht mit der Serviette ab, nachher werde ich ihn ohnehin duschen. Dann versuche ich, ihn weiter zu füttern, aber er dreht den Kopf weg.

Wenn das so weitergeht, werde ich ihm dabei zusehen können, wie er verhungert oder verdurstet. Aber das muss ich sowieso irgendwann. Ich muss mich jetzt darauf vorbereiten, dass er irgendwann stirbt. Aber mir graut vor dem Moment, wo er überhaupt nicht mehr da ist, weil es dann endgültig ist. Dann wäre ich frei, aber ich weiß nicht, ob ich das wirklich will, weil so viel Gemeinsames ist – war. Ich kenne ihn seit 52 Jahren! Davon lebe ich auch, ich habe ja den größten Teil meines Lebens mit ihm verbracht. Ich kann es mir nur sehr schwer vorstellen ohne ihn.

Vielleicht wäre ein endgültiger Abschied leichter, als wenn er weiter so vor sich hin siecht und ich nicht weiß, was noch alles kommt. Davor habe ich Angst, vor dieser Ungewissheit. Aber ich versuche, nicht darüber nachzudenken, was ihm noch alles passieren, was als Nächstes kommen könnte: dass er wirklich nichts mehr isst.

Nach einer Dreiviertelstunde sind wir mit dem Frühstück fertig und gehen ins Bad. Ich dusche, massiere, öle und creme ihn ausgiebig und liebevoll. Eine ganze Stunde nehme ich mir Zeit dafür; im Heim haben sie dafür zwanzig Minuten plus fünf Minuten für die Dokumentation.

Als Hans angezogen ist, kommt der Stuhlgang. Ich denke: Das hätte er sich auch vorher überlegen können.

Aber ich weiß ja, dass er das eben nicht kann, und es ist kein Vorwurf in meinen Gedanken. Ich ziehe ihn wieder aus und tröste mich damit, dass er es wenigstens ohne Widerstand über sich ergehen lässt. Die Zeiten, in denen ich drei Stunden gebraucht habe, bis er sich auch nur duschen ließ, sind vorbei. Wo er aggressiv war, wo er Zahnbürsten durchbiss und es morgens vier bis fünf Stunden dauerte, bis er angezogen war. Er ist ruhiger geworden und wehrt sich kaum mehr. Nur noch gegen Rasieren und Nägelschneiden, aber duschen lässt er sich widerstandslos.

Das ist die eine Seite: Die Pflege klappt jetzt, aber auf der anderen Seite ist das auch wieder ein wahnsinniger Schritt in die Demenz.

Als wir schließlich das Bad verlassen, trägt er einen neuen eisblauen Kaschmirpullover, darunter ein kariertes Hemd und eine sandfarbene Cordhose. Er hat die schönsten Pullover und Hemden, alles vom Feinsten, ich will es so. Ich habe ihm auch neue Unterwäsche gekauft, neue Pullover, neue Jacken, weil ich will, dass er gepflegt ist. Der Friseur kommt alle fünf Wochen ins Haus.

Ich setze ihn warm eingepackt an eine sonnige Stelle im Garten. Die Tage werden nun immer kühler, doch mit der Sonne wird es gehen, und die Luft ist so schön klar und erfrischend. Ich schalte den Quellstein ein und hoffe, dass ein Eichhörnchen vorbeiflitzen wird. Hans sitzt da und schaut. Ich denke immer noch, ich muss etwas mit ihm machen, ihm etwas bieten. Dr. Geldern meint, das bräuchte ich nicht. Aber in letzter Zeit gebe ich Hans doch oft Erinnerungsstücke in die Hand. Zum Beispiel die kleine geschnitzte Puppe aus Afrika. Oder den Lederaffen, den er mir vor vierzig Jahren geschenkt hat.

Heute gebe ich ihm einen seiner kleinen Modell-Oldtimer. Denn wenn die Reize auch nicht mehr über die Augen in sein Gehirn wandern, dann doch vielleicht über das Fühlen, das Anfassen? Jedenfalls habe ich das Gefühl, er schaut den Oldtimer interessiert an. Er hält ihn in der Hand, nimmt ihn von der einen Hand in die andere. Nach ein paar Minuten lässt er ihn einfach los, er fällt auf den Boden, und ich hebe ihn auf. Ihn interessiert eben gar nichts mehr, raunen die Sorgen in meinem Kopf.

»Hans, weißt du noch, wie wir früher immer mit dem Fahrrad zum Baggersee gefahren sind und bis zur Insel und zurück geschwommen sind?«, frage ich ihn. »Wie wir vom Floß aus in den See gesprungen sind und uns trotz der Blutegel in den Sumpf getraut haben?« Meine Stimme bricht, es schmerzt so sehr, dass uns nicht einmal die gemeinsame Erinnerung bleibt. Es ist, als löse sich unsere Vergangenheit langsam auf, und eine Zukunft wird es nicht geben, das ist offensichtlich, denn Hans reagiert überhaupt nicht auf das, was ich sage. Ich nehme ihn in den Arm und streichle ihn, unterdrücke die aufsteigenden Tränen, aber nach einiger Zeit dreht er den Kopf weg. Bisher hat er es immer genossen, wenn ich ihn gestreichelt habe, und manchmal hat er sogar die Arme um mich gelegt. Aber in letzter Zeit habe ich manchmal das Gefühl, es wird ihm zu lang – so wie heute. Er dreht sich weg, und ich höre automatisch auf, ihn zu streicheln. Ich fühle mich ohnmächtig. Nicht einmal anfassen darfst du ihn noch, quengeln die Sorgen, wie lange kannst du das noch aushalten, Hilda?

Verzweifelt versuche ich, die Fassung zu bewahren. Doch es gelingt mir nicht. Ich kann die Tränen wieder einmal nicht zurückhalten und gehe ins Haus, damit er nicht sieht, wie ich weinen muss. Man sagt ja, Menschen wie er würden gefühlsmäßig noch einiges mitbekommen. Ich will ihn nicht traurig machen. In der Küche kauere ich mich auf die Bank und schluchze los, abgrundtief, ohnmächtig, die ganze Fassade, die ich immer und vor allen aufrechterhalte, bricht zusammen. Ich bin nur noch ein nasses Bündel, ich weine so sehr und so aus meinem tiefsten Inneren heraus, wie ich es nicht gekonnt habe, bevor Hans so krank geworden ist. Es ist wie ein schwarzer Schlund, der mich ganz in sich aufnimmt, und ich sehe kein Licht, keinen Ausgang, nur einen langen schwarzen Tunnel.

Dann ist es vorbei, und ich gehe mit rot geweinten Augen zurück auf die Terrasse und gebe Hans einen Apfel. Er betastet ihn, und schließlich hole ich auch noch eine Zeitung und lege sie ihm auf den Schoß – damit er so tun kann, als würde er umblättern. Aber das kann er nicht mehr. Ich muss ihm die Hände auf die Zeitung legen. Dass er von sich aus eine Hand nimmt und etwas berührt, kommt fast gar nicht mehr vor.

An anderen Tagen hole ich Massagebälle und eine Massagerolle und massiere ihn ein bisschen. Streichle ihn, wiege ihn hin und her, halte ihm Blumen oder Gewürze unter die Nase, damit er etwas riecht, stelle Musik an, reibe ihn ein. Tue alles, was stimuliert und aktiviert.

Heute sammele ich Walnüsse auf, zeige sie ihm, reibe sie vor seinen Augen aneinander und lasse ihn daran riechen. Sie riechen sehr stark im Herbst. Er macht den Mund auf und will sie essen, er versteht, dass der Geruch etwas mit Essen zu tun hat. Ich hole ein Tablett und einen Nussknacker und knacke ihm ein paar Nüsse, und plötzlich fällt mir auf, dass jede Walnuss aussieht wie ein Gehirn. Und dass die Gehirnwindungen bei der Walnuss noch da sind. Bei Hans sind sie ja eigentlich auch noch da, es sind nur die Synapsen, die Leitungen, die unterbrochen sind. Ich schaue die Nüsse an, schaue Hans an, sehe das Licht, das in seine Augen fällt und sie grün leuchten lässt, und das alles ist schon wieder zu viel für mich. Abermals schluchze ich auf, stürze ins Haus und lasse mich auf das Sofa fallen. Die Tränen, die gerade erst getrocknet waren, rinnen von neuem über meine Wangen, ich kann sie nicht zurückhalten. Und Hans wartet ohnehin nicht auf mich, es fällt ihm gar nicht auf, ob ich mich um ihn kümmere oder nicht; was ich auch tue, es ändert nichts. Ich kann mich aufreiben und einsetzen, kann ihn versorgen und pflegen, ihn streicheln und mit ihm reden, doch sein Schicksal ist unausweichlich, und meines ist an seines gebunden. Er wird untergehen, und ich werde zuschauen, wie er ertrinkt, und an Land zurückbleiben. Ich schluchze und hadere und weine, und als ich damit aufhöre, habe ich jegliches Zeitgefühl verloren.

Anna will immer, dass ich sie anrufe, wenn es mir schlecht geht. Aber es bringt ja eigentlich nichts, wenn ich ins Telefon weine – das macht sie höchstens unglücklich. Und mir hilft es auch nicht. Weil ich sie nicht auch noch belasten will mit meinem Leid.

Am Nachmittag kommt die Krankengymnastin, Frau Neubert. Es heitert mich ein wenig auf, sie zu sehen, weil sie immer gute Laune mitbringt. Doch heute steht sie mit roter Nase vor der Tür und will mir nicht einmal die Hand geben.

»Ich bin unheimlich erkältet«, erklärt sie mir, »soll ich vielleicht lieber an einem anderen Tag kommen?«

Ich bin enttäuscht, zwinge mich aber, meine Wünsche hintanzustellen und an Hans zu denken. Er hat wahnsinnige Probleme, wenn er erkältet ist. Er hustet zwar, wenn er sich verschluckt, aber Schleim kann er nicht abhusten.

»Ja, bitte«, antworte ich daher, »es wäre sehr lieb von Ihnen, wenn Sie einen anderen Termin finden könnten. Wenn mein Mann sich ansteckt …«

»Das weiß ich doch, Frau Dohmen«, unterbricht sie mich und lächelt nett. »Ich bin eigentlich auch nur gekommen, um mich persönlich abzumelden.«

Ich schließe die Tür, sie ist wirklich eine reizende Person. Ich bin froh, dass ich so patente Menschen für Hans gefunden habe. Sicherheitshalber rufe ich aber doch Dr. Geldern an, um ihn zu fragen, ob ich nicht überreagiert habe. Er bestätigt mir, es sei genau richtig gewesen, Frau Neubert wieder nach Hause zu schicken. Und dann erzählt er mir, dass er neulich von einem Impfstoff gelesen habe, der gerade entwickelt werde und den man vielleicht in Zukunft einsetzen könne, wenn man merke, dass das Gehirn nicht mehr richtig funktioniert. Das macht mir große Hoffnung. Für Hans kommt er zwar zu spät. Aber ich denke an die Kinder und Enkel. Dr. Geldern meint, ich solle mir überhaupt keine Sorgen machen, weil die Forschung mit Riesenschritten voranschreite. Er ist sehr zuversichtlich. Deswegen fühle ich mich ein bisschen besser.

Bis zum Abend habe ich mich wieder ganz erholt. Ich stelle fröhliche Musik an – Aretha Franklin – und räume auf, weil so viel liegen bleibt. Sechs Stunden am Tag bin ich mit Hans' Pflege beschäftigt. Außerdem muss ich einkaufen, waschen und kochen. Also, es ist nicht so, dass ich nichts zu tun hätte.

Ich bin verzweifelt und voller Angst. Hans trinkt und isst immer weniger und er ist furchtbar müde. Sein Speichel ist zäh. Zwischendurch versuche ich immer wieder, ihm einen Teelöffel Wasser an den Mund zu halten, aber er nimmt es selten. Als er vor drei Tagen morgens aufwachte, war sein Mund zu, und ich konnte ihn nicht öffnen, weil der Speichel so zäh war und ich nichts im Haus hatte, um ihn flüssiger zu machen. Es war ein Sonntag, und ich hatte so etwas noch nie erlebt. Ich wusste jedoch, dass es eine Dusche gibt, mit der man künstlichen Speichel in den Mund des Patienten sprühen kann. Fürs Erste habe ich ihm die Lippen dick mit Lippenpomade eingecremt, damit er sie öffnen konnte, ohne dass sich die Haut ablöste.

Inzwischen weiß ich, dass es auch mit Vaseline beschichtete Feuchtigkeitsstäbchen gibt, mit denen man tagsüber öfter über die Lippen streichen kann.

Heute dreht Hans nicht einmal den Kopf, als ich morgens in sein Zimmer komme. Das hat er bis jetzt immer getan, spätestens dann, wenn ich den Rollladen hochgezogen habe, und mir stockt der Atem, als ich es bemerke. Sein Gesichtsausdruck ist auch ganz anders, fällt mir nun auf. Er sieht ängstlich aus. Er hat Falten auf der Stirn, und sein Mund ist leicht geöffnet. Ich bemerke, dass er rufen will, doch über seine Lippen kommt nur ein belegtes Jammern.

Was bedeutet das?, frage ich mich, und ich habe Angst.

Schon seit Tagen graut mir vor den Mahlzeiten. Was soll ich kochen? Vielleicht mag er lieber ein Würstchen, vielleicht isst er lieber Fleisch oder vielleicht etwas ganz anderes? Gestern habe ich mich für Rotbarsch entschieden. Das Wort »Henkersmahlzeit« ging mir durch den Kopf. Ich habe Angst, dass er stirbt, ich fühle mich hilflos, allein und überfordert. In den letzten Tagen habe ich so viel geweint, dass ich doppelt so viel Durst hatte wie sonst. Immer wenn ich nicht geweint habe, habe ich getrunken, so kam es mir vor. Und dann habe ich wieder geweint, weil ich neue Flüssigkeit aufgenommen hatte. Nun bin ich leer. Wenn Augen wund werden könnten, wären es die meinen.

Hans nimmt zwei Stückchen Mandarine und einen Löffel Bananenmilch zum Frühstück, mehr nicht, obwohl ich ihm eine Dreiviertelstunde lang immer wieder verschiedenes Obst anbiete. Wie ein Vogel kommt er mir vor. Wie ein krankes Vögelchen, dem die Eltern etwas in den Mund schieben wollen. Seit drei Tagen hatte er schon keinen Stuhlgang mehr, weil er nicht isst und nicht trinkt. Abführmittel kann ich ihm auch nicht mehr geben. Es gibt zwar seit ungefähr fünf Jahren ein neues Abführmittel, das sehr gut wirkt. Aber das Mittel muss mit einem Glas Wasser eingenommen werden, und weil er das nicht trinkt, funktioniert es nicht. Die Caritas hat mir geraten, man solle den Stuhl »ausräumen« – mit dem Finger. Das ginge sehr gut, sagen sie. Sie machen das bei vielen Patienten. Aber das kann ich nicht. Dr. Geldern hat mir geraten, ich soll ein Zäpfchen und ein Miniklistier geben, einen Einlauf.

Die ganze Situation hat sich sehr verschlechtert. Hans schläft fast die ganze Zeit. Ich muss ihn zu allem, was ich für ihn tun will, wecken: um ihn zu waschen, zu füttern und um die Einlagen zu wechseln. Dadurch bin ich zwar freier in meiner Zeiteinteilung – ich könnte eigentlich weggehen, so lange ich will. Aber ich will gar nicht weg, denn solange er lebt, muss ich dafür sorgen, dass er aufsteht. Im Bett zu bleiben bringt ihm nur Probleme: Weil er so dünn ist, wird er sehr schnell Dekubitus bekommen, sich wund liegen, auch wenn er eine sehr weiche Matratze hat, auf die ich noch ein Schaffell gelegt habe.

Daher wecke ich ihn alle zwei bis drei Stunden. Und dann ziehe ich ihn hoch und sorge dafür, dass er ein paar Schritte geht.

Nach dem Frühstück fahre ich zur Apotheke und besorge künstlichen Speichel – ein Mundspray. Es gibt auch Holzstäbchen mit Limonengeschmack. Aber soll ich ihm damit im Mund herumfahren, frage ich mich – mit einem Hölzchen mit einem Wattebausch drauf? Ich würde nicht wollen, dass jemand bei mir so etwas macht. Deswegen mache ich es bei ihm auch nicht. Zusätzlich zu dem Mundspray kaufe ich ein Mittel, um Nahrung und Flüssigkeiten anzudicken. Damit Hans sich nicht so oft verschluckt, wenn er doch einmal etwas trinkt. Angeblich schmeckt es neutral.

Danach fahre ich auf den Biolandhof und kaufe ein Hähnchen. Weil er Geflügel immer gern gegessen hat. Als ich an der Kasse stehe, habe ich einen schrecklichen Gedanken: Wahrscheinlich ist es das letzte Hähnchen, das er isst.

Wenn er überhaupt noch eins isst.

Ich spüre, wie mir die Tränen in die Augen schießen, und denke: Nicht schon wieder, Hilda, warte wenigstens, bis du im Auto bist.

Und darüber vergesse ich, die Kartoffeln einzupacken, die ich ebenfalls gekauft habe. Als ich gerade ins Auto einsteige und die Tränen schon über meine Wangen laufen, kommt mir die Bäuerin hinterhergelaufen und ruft: »Frau Dohmen, Ihre Kartoffeln!«

Ich gehe also zurück in den Hofladen, um die Kartoffeln zu holen, und sie sieht mir an, dass ich geweint habe.

»Was ist denn los?«, fragt sie, aber ich kann nicht antworten.

»Ist etwas mit Ihrem Mann?«, fragt sie weiter – sie kannte ihn schon, als er noch gesund war, weil wir manchmal gemeinsam bei ihr eingekauft haben.

»Ja«, schluchze ich, »ich denke, das ist das letzte Hähnchen, das er isst.«

»Ach, das tut mir so leid«, sagt sie, sie kommt hinter der Kasse hervor und streicht mir über den Arm, »ich denke an Sie und wünsche Ihnen Kraft.«

Am frühen Nachmittag ruft Frau von Lübnitz an. Sie ist eine sehr feine Dame, die ich schon lange kenne. Bevor mich die Pflege von Mutter und Hans so sehr beansprucht hat, haben wir manchmal einen Kaffee zusammen getrunken. Das letzte Mal habe ich sie auf dem Geburtstagsfest gesehen, das die Kinder für mich ausgerichtet haben. Sie erkundigt sich, wie es mir geht, wir plaudern ein bisschen, und plötzlich sagt sie:

»Frau Dohmen, ich bewundere Sie.«

Ihre Bemerkung berührt mich. Ich habe wirklich sehr nah am Wasser gebaut zurzeit. Neulich lag eine Rose vor der Haustür – ich glaube, mir geht es besser, wenn ich nicht mehr sehe, wie es mit Hans jeden Tag ein bisschen mehr bergab geht. Wenn er tot ist. Aber ihn jetzt allein zu lassen kommt nicht infrage. Ich mache mir immer Vorwürfe, wenn ich nicht bei ihm bin. Vielleicht ist es ja bald aus.

Ich habe immer den Gedanken im Kopf: Er stirbt, und ich bin nicht da. Mutter hat gewartet mit dem Sterben, bis ich mittags aus der Schule gekommen bin. Aber das kann er nicht.

Ich weiß, dass es jetzt zu Ende geht. Ich merke es, er trinkt nichts mehr, und irgendwann versagen die Nieren. Eine Magensonde kommt nicht infrage. Hans hat einmal erwähnt, dass er keine Sonde will, wenn er nicht mehr essen kann. Aber jetzt, wo es so weit ist, ist es dennoch sehr schwer – weil *ich* diejenige bin, die entscheiden muss, ob ich ihm nicht doch eine Sonde legen lassen soll. Obwohl ich weiß: Eigentlich wäre es gut, wenn er sterben könnte.

Am frühen Abend halte ich die Sorgen nicht mehr aus. Zuerst rufe ich Dr. Geldern an und frage ihn, was wir tun können, wenn Hans nicht mehr isst und trinkt.

»Ihr Mann hat ja die Patientenverfügung«, erklärt er mir, »in der steht, dass er keine Magensonde will. Aber wenn es vor allem ums Trinken geht – und nicht in erster Linie ums Essen –, sollten wir über eine Infusion nachdenken.«

Als ich auflege, bin ich verzweifelt. Hans hat immer gesagt, dass er nicht unnötig leiden will, sondern dass er sich lieber umbringt. Ich weiß genau, dass er nicht gewollt hätte, dass sein Leben künstlich verlängert wird, und in der Patientenverfügung hat er das ja auch genau so niedergeschrieben. Aber ich will ihn auch nicht verdursten lassen. Nun weiß ich erst recht nicht mehr, was ich tun soll.

Deswegen rufe ich nun auch noch bei Frau Gehrke, einer Mitarbeiterin des Hospizes, an. Zufällig wohnt sie bei uns in der Nachbarschaft, daher kennen wir uns. Ich habe Glück und erreiche sie sofort, obwohl es schon zehn nach sechs ist und ich nicht erwartet habe, dass sie noch bei der Arbeit ist. Sie sagt, es sei nicht so, dass man elendig stirbt, wenn man nichts mehr trinkt; man schlafe einfach ein. Als ich verunsichert bin, gibt sie mir die Nummer des leitenden Arztes von der Palliativstation. Er könne ihre Worte bestätigen, erklärt sie mir. Ich erreiche ihn nicht mehr, doch geht es mir nach dem Telefonat mit ihr wieder besser – aber was heißt schon: besser …?

Ich kann gar nichts mehr tun, nur zuschauen, wie Hans körperlich und geistig verfällt, und versuchen, das aufzuhalten, mit Spielen, Spieluhren, Magnetspielsachen und Puzzles, aus denen ich ein Puzzleteilchen herausnehme, damit er es wieder hineinlegt.

Und ich denke wieder und wieder daran, wie aktiv er früher war, dass er Motoren zerlegt, tolle Sachen erfunden, alles auf einen Blick durchschaut hat und das im Gespräch auch sofort auf den Punkt brachte. Und jetzt … Immer wieder schieben sich Bilder zwischen sein jetziges Ich und mich. Bilder, auf denen er mich wach anschaut, mich in den Arm nimmt und zu mir sagt: »Hilda, meine Liebste …«

Am nächsten Tag macht Dr. Geldern einen Hausbesuch. Er begrüßt Hans freundlich, indem er ihm über den Arm streicht, ihn anlächelt und sagt: »Guten Tag, Herr Dohmen.«

Hans äugt argwöhnisch zu ihm hinauf – so scheint es zumindest. Ich stehe daneben, sehe zu und unterdrücke den Impuls, mich für ihn zu entschuldigen.

»Möchten Sie einen Kaffee?«, frage ich Dr. Geldern, nachdem er den Blutdruck gemessen und geprüft hat, ob Hans' Beine geschwollen sind.

Er nimmt die Einladung an, und ich führe ihn in die Küche, denn ich will nicht, dass Hans hört, wie wir über ihn reden. Ich weiß, dass Dr. Geldern ebenso empfindet. Wir beide finden es würdelos für Hans, wenn er neben uns sitzt und kein Wort versteht, obwohl es doch um ihn geht.

Wir unterhalten uns ein bisschen, und Dr. Geldern erkundigt sich wie immer danach, ob Hans Entzündungen hat oder ob ich ein neues Rezept brauche, zum Beispiel für eine kortisonhaltige Augensalbe. Ich antworte halbherzig, mit meinen Gedanken bin ich ganz woanders, denn eine Frage brennt mir unter den Nägeln, und ich warte auf den richtigen Moment, um sie zu stellen. Ich fürchte mich vor der Antwort.

Schließlich, als wir uns gegenübersitzen und unsere Tassen schon halb ausgetrunken haben, sieht Dr. Geldern mich lange an und fragt: »Sie haben noch etwas auf dem Herzen, nicht wahr, Frau Dohmen?«

Ich nicke. Was für eine gute Menschenkenntnis er hat. Mit gesenktem Blick frage ich: »Wie lange lebt mein Mann noch, wenn er nichts mehr isst und nur wenig Flüssigkeit zu sich nimmt?«

»Dann lebt er keine sechs Monate mehr«, antwortet Dr. Geldern leise.

Ich versuche, durchzuatmen, doch eine Zentnerlast scheint plötzlich auf meiner Brust zu liegen. Die Luft bleibt in meinem Brustkorb stecken.

»Ich habe Angst, dass ich nicht da bin, wenn er stirbt«, stoße ich hervor.

»Frau Dohmen, wenn Sie nicht da sind, wenn er stirbt, ist das auch in Ordnung. Weil Sie nicht immer da sein können. Vielleicht stirbt er gerade jetzt, während wir hier sitzen«, tröstet er mich, »während wir hier Kaffee trinken und über ihn sprechen.«

Ich spüre, wie ich mich entspanne, weil er mich bestärkt. Er ist einfach gut, dieser Mann, denke ich. Gut in dem, was er tut. Er hat mein absolutes Vertrauen, ist sympathisch, und ich kann ihn Tag und Nacht anrufen, wenn ich Probleme habe. Er hilft mir, wann immer ich etwas wissen will, er berät mich ausführlich – nicht nur aus medizinischer Sicht, sondern auch aus menschlicher. Ohne ihn wäre ich viel öfter verzweifelt. So einen Arzt wünsche ich allen Menschen.

Einige Tage später spreche ich auch noch persönlich mit der Mitarbeiterin des Hospizes, Frau Gehrke, über die Situation. Die ganze Sache belastet mich so sehr, dass ich noch eine zweite Meinung einholen möchte. Jedes Gespräch hilft mir, denn es gibt nicht viele Menschen, die mir in dieser Frage kompetent zur Seite stehen können.

Sie erklärt mir: »Dr. Geldern hat recht. Ich habe das auch beobachtet, dass viele Menschen gerade dann sterben, wenn niemand bei ihnen ist. Sie können die ganze Nacht an ihrem Bett sitzen, und kaum gehen Sie weg, passiert es. Man kann nicht davon ausgehen, dass man dabei ist.«

Ich höre ihre Worte und sehe Hans vor mir, wie er im Bett liegt und aufhört zu atmen. Mich selbst sehe ich auch. Ich liege ebenfalls im Bett – ein Stockwerk über ihm. Ich sollte bei ihm im Zimmer schlafen, überlege ich. Doch dann verwerfe ich den Gedanken wieder. Es wäre ziemlich eng, und wenn ich schlafe, bekomme ich ohnehin nicht mit, was mit ihm ist.

Sie findet es auch richtig, dass ich Hans' Leben nicht künstlich verlängern will. »Wenn ich in dem Zustand wäre, würde ich mir wünschen, dass auch für mich so entschieden würde. Alles andere ist eigentlich unmenschlich«, meint sie. Sie bekommt bei ihrer Arbeit oft mit, wie die Menschen leiden.

»Wie ist es mit dem Füttern?«, will ich nun wissen. »Wie lange soll ich mir dafür Zeit nehmen? Manchmal brauchen wir mehr als eine Stunde für eine Mahlzeit, und am Ende hat mein Mann doch nur zwei Weintrauben gegessen.«

»Bieten Sie ihm ein Mal etwas zu essen an, drängen Sie es ihm nicht immer wieder auf. Vielleicht würde er sonst Ihnen zuliebe essen«, rät sie mir.

»Meinen Sie wirklich, er könnte mir zuliebe essen?«, frage ich nach, denn auf diese Idee bin ich noch gar nicht gekommen.

»Wenn er den Kopf wegdreht, was bedeutet das?«, fragt sie zurück. »Will er? Will er nicht? Das wissen wir doch gar nicht. Kann er entscheiden oder kann er nicht mehr entscheiden? Wir wissen es nicht.« Sie sieht mich lange und ernst an.

Ich erwidere ihren Blick und beschließe, ihrem Ratschlag zu folgen. Falls ich es kann.

»Bieten Sie ihm vier Mahlzeiten am Tag an, jede nicht länger als eine halbe Stunde«, empfiehlt sie. »Und zwischendurch Obst und Getränke.«

Ich nicke, doch noch während sie redet, kommen mir schon wieder die ersten Zweifel, ob ich wirklich tun soll, was sie sagt. Denn wenn ich das tue, ist es im Endeffekt doch wieder so, dass *ich* entscheide, wie viel Hans bekommt. Und das ist sehr schwer. Wenn er selbst entscheiden würde, dass er nichts mehr essen oder trinken will, wäre es leichter für mich. So, wie es jetzt ist, bin ich diejenige, die über Leben und Tod entscheidet.

»Und Sie halten eine Magensonde wirklich nicht für sinnvoll?«, hake ich nach. Ich spüre, dass die Sonde mir die Entscheidung darüber, wie viel Hans zu sich nimmt, abnehmen würde. Das erscheint mir auf einmal verlockend, obwohl ich mich dagegen entschieden habe.

Frau Gehrke nickt. »Eine Magensonde ist nur dann sinnvoll, wenn ein Patient wieder gesund wird. Aber da nicht anzunehmen ist, dass es Ihrem Mann wieder besser gehen wird, finde ich es nicht sinnvoll, eine Sonde zu legen.«

»Und eine Infusion?« Ich will einfach nur sicher sein, dass ich nichts falsch mache.

»Bei der Infusion ist es genauso. Das ist eine Kanüle. Das wird er nicht mit sich machen lassen. Und in beiden Fällen wird ihm Gewalt angetan. Bei einer Sonde müsste er sogar ins Krankenhaus.«

Ich verstehe. Man müsste ihn aus dem Haus tragen – zerren. Was er für Ängste hätte! Das kommt überhaupt nicht infrage. Und die Infusion wird er nicht dranlassen.

Abends im Bett lasse ich den Tag an mir vorbeiziehen. Zwei Löffel Bananenmilch hat Hans heute getrunken. Einen morgens und einen abends. Sonst hat er immer den Kopf weggedreht, und ich habe ihn dann auch in Ruhe gelassen. Habe ihm nichts mehr aufgedrängt.

Das wird heute wahrscheinlich das letzte Mal gewesen sein, dass er etwas getrunken hat, denke ich. Jetzt brauche ich bald nie mehr etwas zu kochen, ich selbst brauche ja fast nichts, und ich brauche auch nicht mehr für ihn einzukaufen.

Er wird sterben. Wenn jemand nicht mehr reagiert und nichts mehr zu sich nimmt, auch keine Flüssigkeit, dann stirbt er. Das ist nun einmal so. Die Sorgen kommen schwanzwedelnd aus ihren Höhlen, ich empfange sie fast gelassen. Ihr könnt mir nichts mehr anhaben, flüstere ich. Bald bin ich euch los. Doch ich spüre, dass etwas anderes dabei ist, mein Denken zu überfluten. Etwas Großes, Dunkles, Schwarzes. Es ist der Tod, der Hans holen wird. Gegen ihn fühlen sich die Sorgen an wie nette alte Bekannte.

Am nächsten Tag gehe ich doch wieder einkaufen. Trotzig nehme ich mir vor, alles zu kaufen, was Hans mag: Obst und Sahnehering, Schinken und Zwetschgenkuchen. Ganz früh mache ich mich auf den Weg, weil ich davon ausgehe, dass morgens um neun außer mir noch niemand unterwegs ist.

Doch nein.

Zuerst treffe ich Frau Hansen, die Mutter einer alten Schulfreundin von Sophie: »Wie geht's denn, was macht Ihr Mann?«, fragt sie. Sofort schießen mir die Tränen in die Augen, ich kann nicht antworten.

»Ach«, sagte sie, »das tut mir ja so leid.«

»Er isst ganz wenig und trinkt nur ein bisschen was«, presse ich hervor, damit sie nicht denkt, er sei schon gestorben.

»Ach, das tut mir ja so leid«, wiederholt sie und blickt mich mitfühlend an. Sie hat vor ein paar Jahren ihren Mann verloren und weiß, wie ich mich fühle. Dennoch trösten mich ihre Worte nicht. Immer wünschen einem die Leute viel Kraft oder drücken ihr Mitgefühl aus. Eine wirkliche Hilfe ist es nicht.

Und dann steht auch noch der Pfarrer neben mir an der Wursttheke. Ich begegne ihm äußerst selten.

»Ja, wie geht es denn? Wie geht's Ihrem Mann?«, fragt auch er. Ich habe noch gar nicht richtig aufgehört zu weinen, da fängt es schon wieder an.

»Nicht gut«, schluchze ich. Mir fällt ein, dass ich ihn ohnehin anrufen wollte, um ihn zu fragen, ob auch Laien die Letzte Ölung geben können. Ganz konkret wüsste ich gern, ob ich es selbst tun könnte. Ich weiß zwar, dass Hans kein gläubiger Mensch war. Aber vielleicht hat er sich ja geändert. Also wische ich mir die Tränen ab und frage nach.

Aber der Pfarrer meint: »Nein, das kann ein Laie nicht. Möchten *Sie*, dass Ihr Mann die Letzte Ölung bekommt, oder war das der Wunsch Ihres Mannes?«

»Ich.«

»Nein, das kann nur ein Priester machen«, wiederholt er.

Damit ist das für mich erledigt.

»Zünden Sie ab und zu eine Kerze an und beten Sie mit ihm«, rät er mir.

Dann bin ich an der Reihe. Ich setze die Sonnenbrille auf und bestelle hundert Gramm Parmaschinken. Niemand sieht, dass ich wieder weine.

Zu Hause singe ich das Vaterunser zu einer sehr flotten Musik, die ich auf einer Lehrerfortbildung gelernt habe, und zünde eine Kerze an. Hans sitzt in seinem Sessel und merkt wahrscheinlich gar nicht, dass das ein Gebet ist. Später lege ich Louis Armstrong auf, »Take me in your Arms and never let me go«. Weinend stehe ich mitten im Raum und hadere mit unserem Schicksal. Ich hätte so gern mehr Zeit gehabt mit Hans, vor allem jetzt, wo wir alt sind und nicht mehr arbeiten. Wir haben immer gesagt, wenn wir mal nicht mehr arbeiten, dann reisen wir, dann gehen wir wandern, schauen uns Sachen an, machen Fahrradtouren, gehen Skifahren. Hans wollte wieder segeln, aber da wäre ich nicht mitgegangen, weil er ja genauso draufgängerisch gesegelt ist, wie er Auto fährt – Auto gefahren ist. Wir hatten noch so viel vor zusammen!

Ich bin auch neidisch auf die, die nicht krank sind. Frage mich, warum so etwas ausgerechnet uns passiert. Und ich beneide jene Menschen, die sehr gläubig sind und ihr Schicksal einfach hinnehmen können. Das kann ich nicht. Ich ziehe zwar viel Kraft aus meinem Glauben und weiß, dass ich sehr stark bin und das meiste gut bewältigt habe in den letzten Jahren. Aber hinnehmen kann ich nicht, was Hans widerfährt. Daher interessiere ich mich für jede Neuigkeit auf dem Gebiet der Demenz und habe große Hoffnung, dass bald Therapien entwickelt werden. Ohne diese Hoffnung würde ich vollends verrückt.

Und dann denke ich, Mensch Hilda, du hast doch gar keinen Grund, dich fertigzumachen. Es gibt so viele Leute, deren Kinder krank sind oder sterben – Marikas Sohn sitzt im Rollstuhl! Das ist doch viel, viel schlimmer, wenn ein Kind mit zwanzig in den Rollstuhl kommt.

Hilda, du musst jetzt einfach dein Leben leben, du musst das machen, was du willst, sage ich mir schließlich und versuche, mich damit abzufinden.

Dennoch mache ich mir Gedanken über den Tod. Über das Weiterleben nach dem Tod. Ich glaube, dass die Seele weiterlebt. Auch die von Hans. Er stirbt, sein Körper vergeht, aber seine Seele, seine Energie schwingt weiter. Energie kann man nicht auslöschen, und darum lebt er weiter. Das ist mir *so* klar. Wenn ich mit Anna darüber rede, wendet sie immer ein: »Aber dann merkt er das doch nicht mehr. Seine Seele ist vielleicht noch da, aber er als Person trotzdem nicht mehr. Irgendwelche Energie, die da in der Luft rumsaust – da hat ja keiner was von.«

Aber ich bin mir da nicht so sicher. Andererseits – wenn ich mir vorstelle, dass seine Seele weiterlebt und er den Kummer mitbekommt, den wir nach seinem Tod haben ... Das stelle ich mir auch schrecklich vor. Aber so wird es wohl nicht sein. Ich glaube, dass er weiterlebt in unseren Gedanken und in den Gedanken aller, die ihn kennen. Dadurch geht es mir besser. Weil ich weiß, dass es nicht aus ist. Nur sein Körper wird nicht mehr da sein.

Wir sitzen beim Frühstück, und ich halte Hans ein Stück Melone vor den Mund. Er schaut, was es ist – und isst es.

Was ist jetzt los?, frage ich mich.

Und dann isst er den Vormittag über alles, was ich ihm anbiete: Zwetschgenkuchen, zehn Löffel Wasser, Tomaten, Gurken, ein hartes Ei und Obst – einen richtigen Obstteller mit Nektarinen, Pflaumen, Sultaninen, Äpfeln und Birnen habe ich ihm gemacht. Wie ein Stillleben sah das aus.

Es geht ihm viel besser. Nachdem wir im Bad waren, massiere ich ihn zwei Stunden lang, streichle ihn, singe »Du bist heute nicht allein.« Das ist eigentlich ein Geburtstagslied, das wir immer gesungen haben, wenn Anna oder Sophie Geburtstag hatten: »Du bist heute nicht allein, so soll es immer sein, dass du Menschen findest, die das Leben mit dir gehn«. Ich bin so froh, dass er wieder isst! Er wird nun doch nicht sterben, das ist mir klar. Ich rufe auf dem Biobauernhof an und bestelle bei der Bäuerin ein Hähnchen vor. Ich erkläre ihr: »Ich brauche jetzt wieder alles. Mein Mann isst wieder!«

Dabei fühle ich mich, als verkünde ich den Fall der Mauer oder die Frohe Botschaft. Kein Satz auf der ganzen Welt könnte mich glücklicher machen.

Vor dem Mittagessen geht er – ganz wenig, aber dennoch bin ich fast euphorisch. Er macht ein paar Schrittchen und setzt sich hin, dann geht er wieder und setzt sich wieder hin. Ich ziehe den fahrbaren Toilettenstuhl immer zehn Zentimeter hinter ihm her, weil er sich hinsetzt, ohne zu schauen, ob etwas da ist, wo er sich draufsetzen kann.

Vielleicht hatte er einen Infekt, und jetzt ist er wieder gesund? Ich bin unendlich froh. Allerdings habe ich nicht bemerkt, dass er krank gewesen wäre. Ich habe öfter seine Temperatur gemessen – er hatte kein Fieber. Ich weiß nicht, ob ihm etwas wehtat, auch Dr. Geldern weiß es nicht. Wie ein Stehaufmännchen wirkt er auf mich.

Als Frau Neubert kommt, massiert sie ihn, und er scheint es zu genießen. Dr. Geldern schaut gegen Abend ebenfalls vorbei. Auch er wundert sich, dass Hans wieder so fit ist.

»Ich bin sehr froh, dass mein Mann jetzt wieder ein bisschen was isst«, erkläre ich ihm.

Er entgegnet: »Das kann ich gut verstehen, Frau Dohmen. Aber glauben Sie mir: Sie haben sich einmal für den Weg entschieden, dass Sie ihm keine Sonde legen lassen wollen. Und der Weg ist richtig. Bleiben Sie dabei.«

Am nächsten Morgen will ich Hans allein aus dem Bett heben. Doch er ist noch zu schwach, um mitzuhelfen, und entgleitet mir und rutscht ganz langsam auf den Boden. Ich rufe bei der Caritas an – heute wollte sowieso eine Mitarbeiterin kommen, um mir bei der Pflege zu helfen –, und zehn Minuten später ist die Pflegerin da, und wir helfen ihm zu zweit auf und bringen ihn ins Bad. Ich bin dankbar dafür, dass es die Caritas gibt. Die Mitarbeiter sind sehr nett, und sie kommen auch am Wochenende. Man kann jederzeit den Notdienst anrufen, und dann ist ein Mitarbeiter am Apparat, der einem erklärt: »Es dauert noch ein bisschen, aber wir können dann und dann kommen.«

Die Mitarbeiterin hilft Hans beim Duschen, macht es aber anders als ich. Sie trägt Handschuhe, während sie ihn duscht und auch noch danach – bis sie fertig ist. Ich kann das verstehen – unter der Dusche trägt Hans ja keine Windel. Ich selbst allerdings ziehe nur *einen* Handschuh an, wenn ich ihm den Unterkörper wasche. Und anschließend werfe ich ihn weg oder nehme einen neuen Handschuh, wenn ich ihn unten herum eincreme.

Als sie gegangen ist, beginne ich damit, Hans zu mobilisieren, damit er nicht bettlägerig wird und sich wundliegt. Er muss gehen, gehen, gehen. Kaum setzt er sich hin, ziehe ich ihn wieder hoch. Nicht verbissen, aber vielleicht ein bisschen zu ehrgeizig. Das wirft mir Anna jedenfalls vor. Aber Hans macht es meistens mit, und daran sehe ich, dass ich ihn nicht überfordere.

Wenn er nicht will, lasse ich ihn aber auch sitzen, so ist es nicht.

Abends kommt die Frau von der Caritas wieder, und am nächsten Morgen auch. Aber da habe ich ihn jedes Mal schon fast fertig gemacht, weil ich ihre Hilfe lieber nicht in Anspruch nehmen möchte. Mir ist klar geworden, dass ich jetzt niemanden mehr zusätzlich für die Pflege brauche. Ich kann es wieder allein, weil Hans sich wieder erholt hat und Gott sei Dank noch stehen kann. Nur eines hat sich im Vergleich zu vorher verändert: Bevor er »krank« wurde, hat er sich nach dem Duschen immer auf die Toilette gesetzt, die sich direkt neben der ebenerdigen Dusche befindet. Während er dort saß, habe ich ihn abgetrocknet, eingecremt und geföhnt. Das geht jetzt nicht mehr. Hans lässt sich jetzt nach dem Duschen einfach fallen, denn er kann nicht mehr koordinieren, wie er von der Dusche auf die Toilette kommen soll. Unterwegs will er sich setzen. Deswegen rolle ich jetzt nach dem Duschen den fahrbaren Toilettenstuhl in die Dusche, und da setzt er sich drauf, sodass ich ihn fertig machen kann.

Zwei Tage später blockieren die Räder des Toilettenstuhls, als ich ihn in die Dusche schiebe. Gott sei Dank passiert nichts – Hans schafft es gerade noch, sich daraufzusetzen. Die Bremse lässt sich jedoch nicht mehr lösen. Ich trete mit den Füßen darauf, aber es hilft nicht. Schließlich nehme ich einen Hammer, schlage zu, und die Bremse ist kaputt.

Ich beschließe, einen neuen Toilettenstuhl zu bestellen, da der alte sowieso nicht so günstig war. Die Rückenlehne ist links und rechts mit zwei Metallstreben versehen, das hat mich schon immer gestört, denn wenn Hans schief im Stuhl liegt, bohrt sich eine der Metallstangen in seinen Rücken. Da dachte ich bisher schon immer: O Gott, bald wird er an dieser Stelle wund sein!

Das darf nicht passieren. Vor Dekubitus habe ich wahnsinnige Angst. Also habe ich Lederkissen um die Metallstreben gebunden. Doch nun rufe ich bei der Firma an und fordere einen neuen Stuhl an.

Der zuständige Sachbearbeiter, Herr Merschelsberger, wundert sich: »Ja, warum denn, was ist los?«

»Das ist ein Mistzeug, was sie mir hier geschickt haben«, schimpfe ich und erkläre ihm, was mit der Bremse passiert ist.

»Das hab ich ja noch nie gehört«, entgegnet er.

»Dann hören Sie es jetzt zum ersten Mal«, beharre ich, »außerdem geht es nicht, dass man Menschen in Stühlen mit solchen Metallstreben herumfährt.«

»Der ist ja nur für die Toilette«, wendet er ein.

»Das reicht doch schon, um wund zu werden. Es kann auf dem Weg von der Toilette zum Bett passieren, dass die Haut rot wird. Das geht einfach nicht.«

Nach langer Diskussion sagt er mir zu, dass ich einen neuen Stuhl bekomme. Als dieser bei uns eintrifft, bin ich zufrieden. Der Stuhl ist sehr gut. Blockiert nicht, hat oben eine runde, weiche Lehne. Per Fax bedanke ich mich bei Herrn Merschelsberger. So weit ist es schon, denke ich, dass ich mich über einen Toilettenstuhl freue. Aber ich lasse mir mein gutes Gefühl nicht durch diesen Gedanken nehmen. So viele gute Momente habe ich nicht, als dass ich sie mir selbst kaputtmachen dürfte.

Immerhin isst Hans jetzt wieder ganz normal, und darüber bin ich sehr froh. Seine extreme Lethargie und die Müdigkeit sind ebenfalls verschwunden. Wenn ich ihm eine geschälte Walnuss in die Hand gebe, führt er sie jetzt manchmal schon wieder zum Mund. Manchmal legt er sie zwar auch wieder weg oder lässt sie fallen. Aber es kommt vor, dass er sie in den Mund schiebt. Und wenn ich ihm eine Gurke auf die Gabel spieße, führt er auch die zum Mund. Daran war während seiner Krankheit nicht zu denken.

Er isst so viel Obst, dass seine Verdauung morgens, wenn ich ihn auf die Toilette setze, funktioniert. Er braucht kein Zäpfchen mehr, kein Klistier, nichts. Wenn er auf der Toilette sitzt, bekommt er sogar mit, dass irgendetwas von ihm erwartet wird. Wenn er aufsteht, dreht er sich um und schaut, und natürlich bekommt er dann viel Lob. Anschließend kann ich ihn duschen. Danach wird er eingecremt und massiert, und dann bringe ich ihn zu seinem Sessel.

Nur macht er jetzt etwas, was er noch nie gemacht hat: Bisher hat er das Essen manchmal im Mund gelassen und nicht geschluckt. Jetzt kaut und kaut er endlos und schluckt nicht mehr. Er wird immer dünner. Seine Hosen gehen schon ganz leicht zu, sie spannen überhaupt nicht mehr. Ich versuche, mir darüber keine Sorgen zu machen. Noch nicht. Ich bin so froh, dass er nicht gestorben ist, und will dieses Gefühl genießen. Dennoch bleibt ein gewisser Zwiespalt. Auf der einen Seite bin ich froh, dass er sein Tief überwunden hat und einfach da ist. Auf der anderen Seite wünsche ich mir, dass er bald sterben darf, dass er nicht lange leiden muss, wenn er stirbt, und dass ich im Moment seines Todes bei ihm sein kann. Wird es mir besser gehen, wenn er tot ist, oder geht es mir jetzt besser? Ich weiß es wirklich nicht. Alle sagen: »Dir geht's besser, wenn du das Elend endlich nicht mehr jeden Tag siehst, wenn das einfach abgeschlossen ist.«

Aber wenn ich Hans dann anschaue ... Er sieht immer noch nicht sehr verändert aus. Er sieht fast aus wie immer. Nur sein Blick und seine Mimik haben sich verändert. Ich bin immer noch jedes Mal betroffen, wenn er mich ansieht und kein Funke des Erkennens sich mehr in seinem Gesicht abzeichnet. Es ist schrecklich, seinem leeren Blick zu begegnen. Es tut unendlich weh.

Und wenn er stirbt, muss ich Entscheidungen treffen. Wo soll er beerdigt werden? Will er eingeäschert werden? Er hat sich dazu nie geäußert. Frau Gehrke sagt, dass einer von uns beiden es entscheiden muss, und weil er es nicht mehr kann, müsse ich es tun. Ich habe mir überlegt, dass ich selbst mich einäschern lassen möchte. Deswegen nehme ich an, dass er es auch will. Seine Mutter wollte es zwar nicht. Aber sein Bruder wollte es.

Ich will auch aus unserem Haus ausziehen, denn allein will ich hier nicht wohnen. Es ist zu groß. Da arbeite ich mich in Garten und Haushalt zu Tode oder zahle mich zu Tode. Wenn ich einmal frei bin, will ich weggehen. Abschließen und auf und davon, keine Ahnung, wohin. Das muss ich alles bedenken, wenn er stirbt.

Rose will, dass wir nach seinem Tod eine Wohngemeinschaft gründen. Sie würde auch hierher ziehen. Sie käme überallhin, hat sie einmal gesagt. Aber damals hatte sie ihren neuen Freund noch nicht. Ich bezweifele, dass sie wirklich kommen würde, wenn es so weit ist. Vielleicht ist das auch ein Grund dafür, dass ich an Hans und an seinem Leid festhalte – dass ich nicht weiß, wie ich leben will, wenn er gestorben ist. Anna rät mir, mir einen neuen Partner zu suchen, aber das will ich nicht. Männer interessieren mich nicht mehr. Sie hat mich gefragt, wie ich leben will, und da habe ich gesagt: »Am liebsten möchte ich in eurer Nähe sein.«

»Ich weiß nicht, ob das so ideal ist«, hat sie mir erklärt, »ich find's zwar schön, wenn du in unserer Nähe bist, aber einen Partner können wir dir nicht ersetzen. Das kann ich nicht leisten. Und ich will nicht immer denken: Jetzt sitzt meine Mutter allein in ihrer Wohnung und ich muss mich um sie kümmern. Das würde mich belasten.«

»Vielleicht ziehe ich auch mit Merle zusammen«, habe ich laut überlegt.

»Das ist doch ein gute Idee«, sie hörte sich erleichtert an, »ihr bleibt, wo ihr seid, und gründet eine WG.«

Das ist eine klare Aussage. Da weiß man, woran man ist. Nur, besser geht es einem danach nicht unbedingt.

Vielleicht fände ich es aber auch schön, wenn ich ganz allein wäre, in einer Drei- oder Vierzimmerwohnung. Bloß: Was soll ich dann mit meinen vielen schönen Möbeln machen? Die Kinder wollen sie nicht erben. Sie gefallen ihnen nicht. Aber ich will sie auf keinen Fall verkaufen. Sie sollen in der Familie bleiben, falls meine Enkel sich später jemals Antiquitäten wünschen. Anna lacht mich aus, aber das ist eine ernsthafte Überlegung für mich: erst auszuziehen, wenn das geklärt ist. Denn ich sehe die Kinder schon, wie sie die Sachen sonst mir nichts, dir nichts bei eBay einstellen.

Fest steht jedenfalls: Sollte ich jemals hier ausziehen, will ich keinen Garten mehr haben, denn im Erdgeschoss will ich nicht wohnen, weil ich nachts immer das Fenster aufmache, und dann hätte ich Angst so ganz allein. Ich werde nur noch einen Strandkorb auf dem Balkon haben. Bücher werde ich lesen, unendlich viele Romane. Ich werde Sonnenblumen in Kübeln pflanzen und Blumenkästen ans Geländer hängen, in die ich die Windspiele stecken werde, die ich für Hans gekauft habe. Und im Winter könnte ich einen Tannenbaum auf dem Balkon haben, an den ich vergoldete Nüsse hängen würde. Ja, vielleicht würde ich mich wirklich ganz wohl fühlen allein.

3. Teil

Alles geben die Götter, die unendlichen,
Ihren Lieblingen ganz,
Alle Freuden, die unendlichen,
Alle Schmerzen, die unendlichen, ganz.

Johann Wolfgang von Goethe

August 2007

Ich habe mit Dr. Geldern noch einmal über die Zeit gesprochen, in der ich dachte, Hans würde sterben. Wie ich schwankte zwischen Verstand und Gefühl. Da war mein Kopf, der sagte: Ich wünsche Hans eigentlich, dass er sterben darf. Und dann war da mein Gefühl: Wie ich mich gefreut habe, als er wieder gegessen hat!

»Das ist ganz normal«, hat Dr. Geldern mich getröstet, »man kann nichts dagegen tun, dass man so fühlt.«

Und ich bin weiter schwankend: Jetzt ist Hans noch ein bisschen da, und ich freue mich, obwohl das rational gesehen nicht nachvollziehbar ist. Denn er macht mir Arbeit und Stress und Angst vor der Zukunft.

Seine Pflege wird immer aufwendiger. Ich habe überlegt, ob ich die Brücken im Wohnzimmer und im Flur entfernen soll, weil man mit dem Toilettenstuhl schlecht darüberfahren kann. Aber ich habe mich dagegen entschieden, weil es dann so ungemütlich ist. Jetzt mache ich es so: Wenn eine Brücke anfängt, muss er aus dem Stuhl aufstehen und ein kleines Stück gehen. Wenn ich ihn sehe, wie er sich mit trippelnden Schritten vorantastet, frage ich mich, wie lange er wohl noch wird gehen können. Und ich denke: Wenn er irgendwann nicht mehr geht, kann er vielleicht noch stehen. Ich will mir nie vor Augen führen, wie es im schlimmsten Fall werden könnte. Ich denke immer: Dies ist nur ein kleiner Schritt bergab. Und daran halte ich mich fest. Auch wenn die anderen etwas anderes sagen. Die Leiterin der Caritas zum Beispiel hat gestern, als sie hier war, beiläufig erwähnt: »Sie müssen damit rechnen, dass er bettlägerig wird.« Das will ich aber nicht wahrhaben. Ich habe also nur gedacht: Er geht zwar schlecht, aber er kann noch sehr gut stehen unter der Dusche. Beim Haarewaschen, und auch sonst, alles in allem eine Viertelstunde lang. Da steht er und hält sich fest, sein Körper hat weniger Muskeln als früher, aber noch immer ist er mir vertraut, ich kenne jeden Leberfleck. In diesen Momenten bin ich traurig und gleichzeitig trotzig, weil ich ihn noch immer beschützen will und die absurde Hoffnung nicht aufgeben will, dass unsere Liebe die Krankheit überdauert. Dann denke ich: Es muss ja nicht sein, dass er bettlägerig wird. Er ist immer ein sportlicher Mann gewesen, ihm passiert das – hoffentlich – nicht.

Es gehe vielen Angehörigen so wie mir, sagt Dr. Geldern.

Doch selbst wenn er bettlägerig würde: Ich könnte ihn immer noch in seinen Schaukelstuhl setzen oder in den Toilettenstuhl. Er muss selbst dann nicht immer im Bett liegen. Das hoffe und glaube ich. Ich habe ja Zeit, mich um ihn zu kümmern. Im Heim wäre das etwas anderes, da würden sie sich nicht so große Mühe mit ihm geben können, weil sie nicht genug Zeit hätten. Ich glaube sowieso, dass er es hier viel besser hat. Neulich hatte er zum Beispiel eine winzige Fissur am Penis. Ich wusste nicht, ob es vielleicht ein Pilz ist. Also habe ich Dr. Geldern gebeten, sich das einmal anzuschauen, und da meinte er, es könne schon sein, dass der Urin aufgrund seines Flüssigkeitsmangels so konzentriert war, dass dadurch ein Riss entstanden ist. Ich sollte Bepanthen daraufgeben. Jemand anderes hätte die Verletzung vielleicht gar nicht gesehen. Aber Rosemarie, Marika und ich haben Zeit für die Pflege, deswegen fällt uns so etwas auf.

Ich habe, seit Hans krank ist, meistens zwei Leute gleichzeitig, die ihn pflegen. Ich selbst schaffe es zwar allein, aber die anderen trauen sich das nicht mehr zu. Sie haben Angst, dass er fällt, wenn er sich zu schnell hinsetzt. Wenn er sich einfach fallen lässt, tut er sich bestimmt recht weh. Marika zum Beispiel – sie schafft es nicht, ihn durch die Tür zu führen und gleichzeitig den Stuhl durch die Tür zu ziehen. Weil sie ein bisschen korpulenter ist. Rosemarie könnte es schon, aber sie hat Angst, selbst wenn sie den Stuhl hinter ihm herzieht. Sie traut sich nicht. Und deswegen müssen immer zwei Frauen kommen. Dafür lasse ich ihn jetzt in der Nacht allein, wenn ich bei Anna bin, um auf Max und Luca aufzupassen. Er schläft ja fest. Und so habe ich unterm Strich die gleichen Kosten. Wenn ich allerdings auch noch jemanden für nachts bräuchte, würde es teuer. Dann würde es *noch* teurer.

Eigentlich pflege ich ihn aber auch ganz gern allein. Ich weiß, wie ich ihn zu nehmen habe. Anna und Sophie behaupten immer, dass ich unerschöpfliche Kräfte hätte. Auch geistig. Manchmal glaube ich das auch. Ich finde wirklich für alles eine Lösung. Doch wenn ich diesen Gedanken zu Ende denke, komme ich unweigerlich zu dem Punkt, wo mir klar wird: Auch ich kann den Tod nicht aufhalten. Es wird der Augenblick kommen, wo ich Hans mit all meinen Kräften und meinem starken Willen nicht mehr am Leben halten kann. Ich verdränge diesen Gedanken ganz schnell. Und tröste mich damit, dass meine Stärke mir im Alltag sehr nützlich ist. Zum Beispiel bei dem Problem mit dem fahrbaren Toilettenstuhl: Wenn Hans sich fallen lassen will, während wir durch die Tür gehen, rufe ich laut »Halt!«, sodass er stutzt und stehen bleibt und ich schnell den Stuhl hinterherschieben kann. Gleichzeitig ziehe ich Hans ein bisschen hoch. Und dann merkt er schon, dass irgendetwas nicht in Ordnung ist, und während er noch zögert, steht schon der Stuhl an der richtigen Stelle. Ich habe Glück, dass ich schlank bin und zusammen mit dem Stuhl durch die Türe passe. Aber ich muss mich sehr konzentrieren, wenn ich mit ihm gehe. Ich kann mich dabei nicht unterhalten oder meine Gedanken abschweifen lassen. Ich muss in jeder Sekunde hellwach sein: Setzt er sich jetzt oder nicht?

Wenn ich ihn allein fertig mache, hat das auch den Vorteil, dass ich frei bin in meiner Zeiteinteilung, weil ich nicht darauf warten muss, dass die Pflegerin mir zu Hilfe kommt. Gestern wollte ich zum Beispiel zu einem Chanson-Abend, und deswegen habe ich Hans schon um halb acht ins Bett gebracht statt um halb neun. Heute Morgen werde ich ihn einfach eine Stunde früher aus dem Bett holen als sonst, damit er nicht so lange liegt.

Ich gehe in sein Zimmer und ziehe den Rollladen hoch.

»Liebster, heute haben wir Rubinhochzeit«, verkünde ich ihm, aber er reagiert natürlich nicht. Ich habe auch nicht damit gerechnet, deswegen bin ich gewappnet. Ich lege seine Hand auf den Bedienungsknopf des Bettes, mit dem man die Rückenlehne in eine senkrechte Position bringen kann. Er spürt den Reiz, drückt darauf, die Lehne fährt hoch. Er hatte früher einen so glasklaren Verstand – und jetzt kann er gerade noch den Bedienungsknopf drücken, wenn ich ihm den Finger drauflege.

Danach läuft alles wunderbar. Er ist etwas unsicherer auf den Beinen als gestern, aber morgen ist es bestimmt wieder besser. Er trippelt von seinem Zimmer bis fast ins Bad. Einmal setzt er sich unterwegs hin, aber der Toilettenstuhl steht schon bereit. Ich gehe die ganze Zeit neben ihm. Dennoch muss ich auch heute schnell sein, weil er sich schief hinsetzt.

Anschließend frühstücken wir. Er isst eineinhalb Brote mit dick Butter, Quark und Marmelade. Und einen Teller mit sämtlichen Obstsorten, die es zu kaufen gab.

Zum Mittagessen bekommt er Würstchen und viel Salat. Plötzlich, als ich ihm gerade eine Gabel in den Mund geschoben habe, hält er inne und schaut nach unten, als suche er etwas auf der Eckbank. Er hat aufgehört zu kauen, aber er hat noch etwas im Mund. Das macht er oft in letzter Zeit, und ich denke: »Bitte, lieber Gott, mach, dass er kaut. Mach, dass er das Kauen nicht verlernt. Oder ist es das Schlucken?«

Ich sage: »Hans, du musst kauen und schlucken«, und kaue und schlucke mit leerem Mund. Er hebt ganz langsam den Kopf und sieht mich an, ich kaue und schlucke, als gehe es um mein Leben, dabei geht es ja um das seine.

Ich denke, er kann ja auch ersticken, und fühle Panik in mir hochsteigen, unterdrücke sie jedoch sofort. Ich stehe auf und hole einen Kochlöffel, so wie Dr. Geldern es mir geraten hat, dann öffne ich seinen Mund, indem ich Ober- und Unterkiefer mit den Händen auseinanderziehe. Ich nehme den Kochlöffel und schiebe ihn so zwischen seine Zähne, dass er darauf beißt, wenn er den Mund schließen will. Nun stecke ich die Finger in seinen Mund und hole nach und nach die Wurst heraus. Es ist eng, aber es geht. Während ich das tue, schweige ich. Ich denke darüber nach, dass das in Zukunft noch öfter passieren könnte, und habe Angst. Als sein Mund leer ist, gebe ich ihm nichts mehr. Ich bin froh, dass nichts passiert ist.

Als ich ihn nach dem Mittagsschlaf aus dem Schaukelstuhl hochziehen will, lässt er sich dreimal wieder fallen. Endlich steht er, aber nach drei Schritten lässt er sich wieder fallen. Ich will ihn auf die Terrasse führen, damit er ein bisschen frische Luft schnappen kann. Aber es ist ein einziges Gehen, Setzen, Gehen, Setzen … Keine zwei Schritte, und er lässt sich fallen.

Und jetzt denke ich doch: Hoffentlich ist das nicht das Nächste, dass er wirklich bettlägerig wird. Nach dem, was heute Nachmittag war, rechne ich damit. Aber morgen kann es schon wieder anders sein.

Wir haben auch einen Rollstuhl bekommen. Er ist rot, fällt also sehr auf. Und er ist gebraucht. Ich habe ihn in die Garage gestellt. Umtauschen kann ich ihn nicht, weil er aus dem Lagerbestand der Pflegekasse stammt. Das heißt, umtauschen könnte ich ihn vielleicht schon, aber der, den ich dann bekäme, wäre nicht unbedingt besser. Weil er auch nicht neu wäre. Man bekommt nicht immer einen neuen. Außerdem will ich eigentlich keinen Rollstuhl, denn das hat so etwas Endgültiges. Ich denke immer, wenn er erst einen Rollstuhl hat, geht er gar nicht mehr, weil es dann so bequem ist. Mit dem Rollstuhl könnte ich sicherlich besser über die Brücken im Wohnzimmer und im Flur fahren. Und dann müsste er nicht immer wieder aufstehen. Aber ich bin mir ganz sicher: Ein paar wenige Schritte zu gehen und auf dem Toilettenstuhl zu sitzen ist besser für Hans, als im Rollstuhl einen Kilometer weit zu fahren. Er muss nicht unbedingt spazieren fahren, ich kann ihn auch in den Garten schieben. Von dort aus schaut er auch auf die Straße. Ich habe den Sichtschutz weitgehend abgeholzt, sodass er alles sieht, was sich auf dem kleinen Sträßchen bewegt. Es fährt immer ein Bus vorbei mit Schulkindern, und wenn der kommt, schaut er für einen kurzen Moment ganz aufgeweckt.

Abends bringe ich Hans ins Bett, und als er schon fast auf der Bettkante sitzt, gebe ich ihm einen sanften Stoß, damit er etwas nach hinten kippt und nicht auf der äußersten Kante zu sitzen kommt. Mit der linken Hand fasse ich anschließend seine Beine und mit der rechten Hand den Rücken, um ihn in eine bequeme Liegeposition zu heben. Er ist nicht schwer. Wenn er zwei Zentner wiegen würde, hätte ich bestimmt bald Rückenprobleme. Aber so geht es, auch dank der Gymnastik.

Ich streichle ihn und flüstere: »Ich mag dich, Hans.«

Ich sage nicht: »Ich liebe dich.« Das habe ich früher auch nicht so oft gesagt. Wir haben es einander nicht jeden Tag gesagt, obwohl es so war. Aber ich sage ihm, dass ich ihn mag, denn vielleicht versteht er mich ja doch. Ich rede mit anderen Menschen auch so wenig wie möglich über seine Krankheit, wenn er dabei ist. Ich tue immer so, als würde er noch alles mitbekommen. Obwohl er ja nicht einmal mehr auf seinen Namen reagiert.

Dann singe ich ein Gutenachtlied: »Bona nox, bist a rechter Ochs«, von Mozart. Anschließend mache ich Gesten, um ihm zu bedeuten, dass er jetzt schlafen soll. Ich lege die Hand an meine Wange, zeige dann mit einer Hand auf mich und mit dem Zeigefinger der anderen Hand an die Decke. Dann lege ich die Hand wieder an meine Wange, damit er versteht, dass ich oben schlafe. Ich ziehe noch meine Armbanduhr aus und öffne einen Knopf an meiner Bluse. Vielleicht versteht er so, dass auch ich bald ins Bett gehe. Als ich aus dem Zimmer gehe, lasse ich das Licht an. In letzter Zeit schaue ich danach noch öfter zu ihm hinein, weil er mich ruft – es ist kein richtiges Rufen, eher ein einzelner Schrei. Jedes Mal denke ich, vielleicht ist irgendetwas, aber meistens ist nichts. Ich glaube, er will einfach nur etwas sagen oder seine Stimme hören. Ich weiß nicht, was es ist. Niemand weiß es.

Als ich danach im Wohnzimmer sitze und lese, ruft Anna an. Sie gratuliert mir zum 40. Hochzeitstag und fragt mich, was ich heute gemacht habe. Ich erzähle ihr, dass sich Hans beim Mittagessen verschluckt hat und ich Angst hatte, er würde ersticken.

»Bei vielen anderen ist der Partner schon tot bei der Rubinhochzeit. Aber das wäre dir ja auch nicht lieber, oder?«, fragt sie.

»Ich weiß nicht«, antworte ich, »ich weiß nicht, was mir lieber ist. Es wäre mir bestimmt lieber, dass er lebt, wenn ich wüsste, dass er nicht leiden muss.« Sie ist immer noch da, meine Sehnsucht nach dem gesunden Hans. Meine Brust wird eng, ich spüre, dass diese Sehnsucht niemals vergehen wird.

»Aber man hat ja eigentlich nicht das Gefühl, dass er leidet«, wendet sie ein.

»Wir wissen es nicht. Aber wenn ich wüsste, dass er leiden muss, würde ich mir wünschen, dass er sterben darf. Wenn er im Bett bleiben müsste und sich wund liegen würde – das will ich nicht. Dabei zuzusehen, wie er verfällt, ist etwas anderes. Das ist für mich schlimmer als für ihn, deswegen sage ich mir: ›Das musst du aushalten.‹ Und so kann ich immerhin noch mit jemandem reden – nicht mit ihm, aber zu ihm. Ich kann ihm was erzählen oder ihm den Telefonhörer ans Ohr halten, wenn jemand anruft. Das kann ich alles noch machen. Oder mit ihm durch den Garten gehen.« Ich mache mir selbst Mut mit diesen Worten, und ich wünsche mir, dass Anna mich versteht. Das würde es mir leichter machen. Es ist schwer, sich in meiner Situation auch noch rechtfertigen zu müssen.

»Also, ich finde ja, du leidest mehr als er, und das ist es nicht wert.« Sie hat keine Ahnung, wie bescheiden ich geworden bin. Mit wie wenig ich mich zufriedengebe. Sie ahnt nicht, dass ich denke: Hauptsache, Hans ist da.

»Ja, aber ich wäre auch nicht glücklich«, entgegne ich. »Ich könnte nicht damit leben, wenn ich ihm jetzt kein Obst mehr geben würde. Er würde verdursten. Und er isst ja so gern Obst. Wenn ich ihm das jetzt nicht mehr geben würde und sagen würde: ›So, Liebster, jetzt hast du es geschafft‹, könnte ich hinterher nicht damit leben.«

»Glaubst du nicht, dass du darüber hinwegkommen würdest, nach ein paar Wochen?«, fragt sie, und nun klingt ihre Stimme sanft und vorsichtig.

»Nein. Das könnte ich nicht.« Ich stelle ihn mir vor, den verdurstenden Hans, ganz klar sehe ich die Bilder aus meinem Traum vor mir, und es fühlt sich schrecklich an.

»Warum nicht?«

»Weil ich mich kenne. Wenn es von allein passiert, okay. Wenn er nichts mehr isst, obwohl ich ihm etwas gebe, kann ich damit leben. Er macht das ja nicht freiwillig, nichts zu essen.« Da bin ich mir ganz sicher. Sonst würde er ja nicht zwischendurch immer wieder essen. Nur wenn er etwas nicht will oder wenn er genug hat, dreht er den Kopf weg, und dann ist es vorbei. Aber wenn er will, isst er.

»Findest du das eigentlich hart, wenn ich sage: Eigentlich wäre es doch besser, er wäre tot?« Ihre Stimme klingt nun ein wenig schuldbewusst.

»Nein. Ich höre das ganz oft«, beruhige ich sie. Und das stimmt. Ich höre es zum Beispiel von einem Freund von Hans, von Berthold. Er sagt: »Quäl ihn doch nicht so. Wenn er das Essen verweigert, dann heißt das doch, dass du ihn in Ruhe sterben lassen kannst.« Ich habe ihm vorgeschlagen, dass er wieder einmal vorbeikommen und Hans besuchen soll. Damit er sieht, dass Hans noch lebendig ist und man die Dinge nicht nur rational beurteilen kann. Dr. Geldern meint, das sei eine gute Idee. Weil Menschen wie Berthold eine Scheu vor Hans' Krankheit hätten und nicht wüssten, wie sie damit umgehen sollten.

»Was sagt denn die Frau vom Hospiz dazu, ob du ihn füttern sollst, wenn er nichts will?«, fragt Anna.

»Frau Gehrke? Die habe ich nicht gefragt.«

»Also fütterst du ihn nicht, wenn er das Essen verweigert«, stellt sie fest.

»Nein. In dem Moment, wo er nichts mehr nimmt, okay. Aber nicht jetzt, solange er manchmal noch gern isst.«

»Na ja, aber dass er gern isst, ist ja auch nicht richtig. Du musstest ihm früher sogar hinterherlaufen und ihn im Gehen füttern«, gibt sie zu bedenken.

»Das war ja nicht immer, sondern nur manchmal«, erkläre ich ihr.

»Aber wenn es nur manchmal war, warum hast du ihn dann nicht in Ruhe gelassen?«

»Das tue ich inzwischen. Marika hat letztens zum Beispiel gesagt, er hätte die ganze Tasse Kaffee genommen. Mit dem

Löffel. Ich habe sie gefragt: ›Wie lange hast du denn dafür gebraucht?‹ Und es stellte sich heraus, dass sie eine ganze Stunde gebraucht hat. Ich habe sie dann gebeten, in Zukunft nach einer halben Stunde aufzuhören. Denn wenn er es bis dahin nicht genommen hat, will er es nicht.«

»Und mittags und abends auch – nach einer halben Stunde hörst du auf?«, hakt Anna nach.

»Ja, nicht immer, aber …«, ich versuche, ihr die Situation klarzumachen. »Ich esse selber ja auch langsam. Weil wir immer ausgiebig gegessen haben. Meistens sitzen wir mindestens eine Dreiviertelstunde oder eine Stunde. Ich habe neulich mal die Zeit gestoppt. Eine halbe Stunde – das geht nicht. Du kannst selber mal messen, ob Sebastian und du in einer halben Stunde fertig seid. Das glaube ich nämlich nicht. Wenn du allein bist, bist du vielleicht schnell fertig. Aber zu zweit schaffst du das nicht.«

»Aber du kannst doch essen, während er kaut«, sagt sie.

»Könnte ich schon. Aber dann müsste ich einfach mit dem Füttern aufhören, wenn ich satt bin. Stattdessen erzähle ich ihm etwas oder streichle seinen Rücken und probiere nebenbei, ob er noch etwas nimmt.« Ich merke, dass ich mich unlogisch anhöre, und sie merkt es auch.

»Und das ist es nämlich«, stellt sie fest.

»Das ist mir jetzt so richtig klar geworden, dass eigentlich das Thema mit dem Füttern der Knackpunkt ist«, gebe ich zu. »Einerseits wünsche ich ihm, dass er schnell sterben kann. Aber auf der anderen Seite kann ich da …«

»Aber du bist nicht zufrieden, merkst du das?«, unterbricht sie mich erregt. »Es könnte für ihn schneller gehen, wenn du das zulassen könntest. Und dann könnte er vielleicht sterben, bevor er bettlägerig wird. Aber wenn du ihn so päppelst, kann er das nicht.«

»Ja, das ist eben genau das Thema«, bestätige ich. »Ich rede noch mal mit Frau Gehrke darüber.« Sie hat mich jetzt da, wo sie mich haben will. Ich zweifele wieder, ob ich alles richtig mache. Und ob ich Hans nicht doch schneller sterben lassen sollte – um seiner selbst willen. Vielleicht ist es ja egoistisch von mir, vielleicht halte ich ihn durch übertriebene Pflege länger am Leben, als ihm zuzumuten ist? Ich bin verunsichert und beende das Gespräch mit einem unguten Gefühl. Dennoch kann ich Anna verstehen. Sie treibt mich so in die Enge, weil sie will, dass ich mein Leben genieße und mich nicht aufopfere. Weil sie mich liebt.

Die beste Freundin von Rose, Louise, ist gestorben. Sie war zehn Jahre jünger als ich und hatte Krebs. Louises Sohn musste seiner Großmutter sagen, dass ihre Tochter gestorben ist. Das will ich niemals erleben. Die Großmutter hatte zwar Abschied von Louise genommen, weil sie wusste, dass sie sterben würde. Aber als es wirklich so weit war … Nein, das will ich nicht erleben. Es ist grausam, auch für ihren einzigen Sohn. Er ist in einem Alter, wo er sie noch gebraucht hätte.

Dann habe ich noch etwas sehr Unerfreuliches erlebt. Ich habe Frau Weber auf dem Markt getroffen, die Mutter einer früheren Freundin von Anna. Wir blieben kurz stehen und unterhielten uns, und plötzlich sagte sie ganz unvermittelt: »Ihr Mann ist ja behindert …«

Es war, als würden ihre Worte in der Luft zwischen uns hängen bleiben. Ich war geradezu erstarrt. Schließlich beugte ich mich ganz weit zu ihr vor und blickte ihr in die Augen. Da fügte sie hinzu: »Wir haben uns doch vor einiger Zeit mal getroffen, wo er dabei war …«

Ich habe mich schnell verabschiedet und vorgegeben, ich müsse nach Hause, um das Mittagessen zu kochen. Ich versuche, solche Dinge möglichst nicht an mich heranzulassen und sie schnell wieder zu vergessen. Weil es nichts bringt, sich aufzuregen.

Etwas Schönes ist auch passiert. Ich habe ganz nette Briefe bekommen aus meiner ehemaligen Klasse, die ich bis vor zwei Jahren unterrichtet habe. Jutta hatte mich gebeten: »Schreib ihnen bitte einen Brief, ich möchte, dass sie dir antworten. Sie sollen Briefe schreiben lernen.«

Also habe ich einen Brief geschrieben, und sie hat ihn ans Schwarze Brett der Klasse gehängt. Als sie aus dem Schullandheim zurückkamen, mussten sie mir antworten. Ich hatte noch zu Jutta gesagt, sie bräuchte mir nicht alle Antworten zu schicken, ich würde sie mir durchlesen, wenn ich einmal vorbeikäme. Aber nein, sie wollte mir unbedingt alle schicken. Recht hatte sie – die Kinder haben so süß geschrieben. Es war wie ein warmer Regen. Eine Schülerin schrieb: »In Mathe haben wir eine neue Lehrerin. Sie heißt Frau Wienand, und sie ist sehr nett. Aber am nettesten bist du. Ich wünschte mir, du kommst wieder zur Schule. Ich vermisse dich. Komm bald wieder. Viel Glück.«

Ich habe nicht geahnt, dass sie mich so vermissen. Aber wenn man weg ist, wird man in der Erinnerung natürlich immer *noch* viel besser.

Eine andere Schülerin schrieb: »Ich heiße Beata und bin neu in der Klasse. Ich habe gehört, dass Sie die ehemalige Mathelehrerin sind. Ich hätte gerne mit Ihnen Mathe gehabt früher – Peter hat mir erzählt, dass Sie die beste Mathelehrerin der Welt waren.«

Das hat mich sehr gefreut. Eine andere schrieb: »Wir haben uns schon so lange nicht mehr gesehen. In Mathe lernen wir viel dazu, aber es macht nicht immer so viel Spaß wie sonst, weil Sie nicht da sind.«

Und dann hat sich das in den anderen Briefen immer wiederholt: »Hoffentlich kommst du bald wieder, bitte komm uns bald wieder besuchen, wir vermissen dich doch so sehr.«

Schön war das.

Bei Hans und mir geht das Leben weiter. Am Wochenende war eine Führung mit Lesung im historischen Klostergarten. Ich war mit Jutta, Susanne und zwei anderen ehemaligen Kolleginnen dort. Jagdhornbläser haben gespielt, das hat mich an früher erinnert – an daheim. Ich sah unseren Hof vor mir, den Obstgarten, die Terrasse, auf deren Stufen Hans mich das erste Mal geküsst hat. Und mir wurde bewusst, dass jetzt alle weg sind: Mutter, Hans Bruder und viele andere aus unserer

Verwandtschaft auch. Nur an meinen eigenen Tod dachte ich nicht, denn ich kann mir nicht vorstellen, zu sterben. Ich habe mir in diesem Augenblick vorgenommen, mir noch mehr Dinge wie zum Beispiel das Golfspielen aufzubauen. Denn solange ich aktiv und beschäftigt bin, habe ich keine Angst vor dem Tod. Ich muss dann jeden Tag aus dem Haus und treffe andere Menschen. Am liebsten wäre ich allerdings bei Anna, Sebastian und den Kindern, um Anna zu helfen, wenn sie wieder mehr arbeiten möchte. Anna meint immer, ich solle ihr nicht bloß helfen, sondern auch mehr für mich tun: reisen oder einen neuen Partner finden. Aber ich will das nicht. Eigentlich geht das doch auch gar nicht. Wie sollte ich das alles unter einen Hut bringen?

Wenn ich über meine Zukunft nachdenke, habe ich immer das Gefühl, dass Hans und ich zu wenig Zeit miteinander verbracht haben, als er noch gesund war. Wir haben immer nur funktioniert und uns etwas aufgebaut. Das Genießen haben wir auf später verschoben, auf die Zeit nach unserer Pensionierung. Wie falsch das war! Anna und Sophie predige ich nun immer, den Augenblick leben.

Aber das Gefühl, die Zeit nicht genutzt zu haben, hat man wahrscheinlich immer. Anna hingegen ist der Meinung, dass Hans nichts vermisst hat, als er noch gesund war. »Er hätte es ja ändern können, wenn es ihn gestört hätte. Also bringt es nichts, dass du haderst und dir überlegst: ›Wir hätten und was wäre, wenn‹; das macht dich nur unglücklich.«

Sie denkt, Hans könne sich sehr glücklich schätzen über sein Leben vor seiner Krankheit, und meint, dass ich mir nichts vorzuwerfen habe. Vielleicht ist es auch so. Vielleicht haben wir auch genug Zeit miteinander verbracht.

Während der Lesung im Klostergarten habe ich mir überlegt, dass ich den Text früher schwülstig gefunden hätte, weil alles so wortreich ausgeschmückt war. Aber an dem Tag fand ich es wunderbar, ich hätte noch stundenlang zuhören können. Jutta ging es genauso.

Nach der Lesung war es sehr lustig. Die Mönche haben einen kleinen Klosterladen, man kann bei ihnen einkaufen, belgisches Bier und ausgezeichnete Weine trinken und Biowürstchen essen. Ich habe uns einen trockenen Wein bestellt, und da entschied der Mönch: »Vom Dialekt her bekommen Sie den fränkischen.« Und dann brachte er einen ganz feinen trockenen Weißwein, die Herbstsonne schien, und wir haben die Flasche im Nu geleert. Ich habe in die strahlenden Gesichter der anderen geblickt und gewusst, dass ich in diesem Moment genauso strahlte. So wohl habe ich mich gefühlt, dass ich dachte: Komme, was wolle, ich schaffe es! Meine Brust, auf der sonst oft eine Zentnerlast zu liegen scheint, fühlte sich groß und weit an. Es war wie ein Urlaubstag.

Plötzlich schaute ich auf die Uhr und erschrak, denn es waren schon zweieinhalb Stunden vergangen, und Hans war allein zu Hause. Und auf einmal dachte ich: »Er liegt im Schaukelstuhl, es kann nichts passieren, er kann ja nicht aufstehen. Dann bleibt er halt heute mal drei Stunden allein.«

Auf dem Rückweg musste ich mit dem Fahrrad einen engen, holprigen Weg fahren. Mir war ein bisschen schwindelig von dem Wein, und ich dachte: O Gott, hoffentlich passiert nichts. Sonst muss Hans im Sessel liegen bleiben, bis ihn jemand findet.

Zu Hause habe ich ihn in Eile aus dem Stuhl hochgezogen, und dabei rutschte er mir aus dem Arm und glitt langsam zu Boden. Ich fühlte mich schuldig, weil ich den Weißwein getrunken hatte, und bildete mir ein, den Stuhl nicht schnell genug hinter ihn geschoben zu haben. Doch es war nichts passiert. Ich rief also wieder einmal Merle an und bat sie: »Wir haben ein bisschen Wein getrunken, kannst du mir helfen, Hans aufzuheben?« Es dauerte nicht lange, bis sie kam, und wir hoben Hans zusammen hoch.

Es ist inzwischen auch schwierig, Hans morgens aus dem Bett zu holen, weil er sich sofort wieder zurückfallen lässt und ich nicht die Zeit habe, den Toilettenstuhl heranzuziehen und Hans gleichzeitig um neunzig Grad zu drehen. Den

Bademantel kann ich ihm auch nicht mehr anziehen, sondern nur über seine Schultern legen. Irgendwie schaffe ich es aber immer. Ich locke ihn, damit er ein paar Schritte tippelt, und wenn er sich hinsetzen will, schiebe ich ihm den Stuhl unter. Wahrscheinlich ist es nur Übungssache. Wenn ich es oft genug mache, werde ich sicherer. Das ist zwar ein schwacher Trost, aber besser als nichts.

Berthold hat meine Einladung angenommen und besucht uns ein paar Wochen später. Als er in der Tür steht und ich ihn umarme, denke ich an unsere Jugend zurück. Natürlich hat sich auch Berthold in den vergangenen fünfzig Jahren verändert, doch ich erkenne noch immer den jungen Mann in ihm, der er einmal war. Er ist schmächtig, die blonden Haare sind grau geworden, und er strahlt Ruhe und Sicherheit aus. Ich freue mich sehr darüber, dass er kommt, es rührt mich, dass er die weite Reise aus München unternommen hat. Wir haben ein paar Bekannte, die angekündigt haben, dass sie vorbeikommen würden, und die nie gekommen sind. Vermutlich wissen sie nicht, wie sie mit Hans umgehen sollen. Freunde sind das in meinen Augen nicht.

Anna sagt immer, sie kann die Leute verstehen. Aber ich wünsche mir, dass sie wenigstens *meinetwegen* zu ihm kommen. Für mich ist Besuch wichtig. Sonst fühle ich mich wie lebendig begraben.

Berthold war erst einmal da, seit Hans krank geworden ist, damals war er auf der Durchreise in Richtung Dänemark. Als er Hans gegenübersteht, weiß er nicht, wie er sich verhalten soll. Ich rate ihm, Hans am Arm oder an der Schulter zu berühren und »Hallo, Hans« zu sagen, damit Bertholds Hemmschwelle sinkt und er seine Berührungsangst verliert. Das mache ich immer so, wenn Besuch für ihn kommt. Hans fühlt sich ja ganz normal an, und das beruhigt Menschen, die ihn selten sehen. Sie sind dann erleichtert.

Berthold berührt Hans also, begrüßt ihn und fragt: »Hans, kennst du mich noch, ich bin der Berthold? Klar kennst du mich noch. Wir sind doch immer zusammen mit unseren alten Autos gefahren. Weißt du doch noch. Kennst mich doch noch.«

Hans sitzt in seinem Sessel, starrt ihn an und zeigt keine Regung. Nach etwa zwanzig Sekunden wendet er den Blick ab und starrt ins Leere. Ratlos sieht Berthold mich an. Ich schlage ihm vor, dass wir alle drei zusammen Kaffee trinken könnten, obwohl mich das Wiedersehen der beiden mehr mitnimmt, als ich es für möglich gehalten hatte, und mich traurig macht. Berthold wirkt trotz seines Alters gesund und aktiv, und ich hadere damit, wie ungerecht Hans' Schicksal ist.

Beim Kaffee unterhalten Berthold und ich uns. Er erzählt, dass bei seiner Schwägerin ein bösartiger Brustkrebs festgestellt worden sei. Obwohl es schrecklich ist, trösten mich seine Worte, und ich schäme mich dafür, dass ich so empfinde. Bertholds Schwägerin ist viel jünger als ich und hat Kinder, die noch in der Pubertät sind. Meistens hat sie starke Schmerzen.

»Genieße jeden Tag. Du weißt nicht, was morgen kommt«, rate ich ihm.

Später am Tag reden wir über unsere Jugend, und ich erzähle ihm, dass vor einigen Tagen Klaus, Hans' bester Freund, angerufen hat. Berthold kennt Klaus, weil der auch in München lebt.

»Er war ganz lieb und einfühlsam«, erzähle ich ihm, »das hat mir so gutgetan. Ich habe gespürt, dass Hans Freunde hat. Und es ist schön, wenn man Freunde hat. Aber eigentlich ist es eher für mich schön. Hans kriegt es ja wahrscheinlich nicht mehr mit.«

Berthold blickt mich lange wortlos an. Dann steht er auf, beugt sich zu mir herüber und umarmt mich.

Ich beginne zu weinen, weil ich Selbstmitleid habe und weil ich gerührt bin über seine Geste.

Im Spätherbst 2007 besuche ich nach langer Zeit wieder einmal den Gesprächskreis, weil ich von Frau Erhardt erfahren habe, dass die beiden Frauen, derentwegen ich nicht mehr hingegangen bin, nicht mehr kommen. Der Raum ist immer noch so freundlich hergerichtet, wie ich ihn in Erinnerung habe. Tischdecken liegen auf den Tischen, darauf stehen Körbe mit Brezeln, und Getränke stehen bereit. Ich setze mich zu zwei Frauen an den Tisch, die ich hier noch nie gesehen habe, und lächele sie freundlich an. Sie wirken etwas jünger als ich, wir unterhalten uns ein wenig und tauschen uns über unsere Situation aus – die beiden pflegen ihre Mutter. Als Frau Erhardt den Raum betritt und die Tür hinter sich schließt, denke ich, das könnte ein interessanter Abend werden. Sie erkundigt sich bei uns, ob jemand ein drängendes Gesprächsthema habe, und eine der Frauen an meinem Tisch – sie ist blond und sorgfältig geschminkt – erzählt, ihr Onkel habe seinen achtzigsten Geburtstag gefeiert und sie eingeladen: Seine Schwester, also ihre Mutter, und die Kinder. Sie habe zu ihrem Onkel gesagt: »Wir kommen mit Mama, aber nur eine Stunde.«

Und da habe der Onkel geantwortet: »Ich will nicht, dass meine Schwester kommt.« Er hatte Angst, dass ihr Erscheinen seine Feier ruinieren würde.

Die Kinder beschlossen daraufhin, auch nicht hinzugehen. Ihre demenzkranke Mutter aber, die verstand, dass ihr Bruder sie ausgeladen hatte, erklärte: »Ich mag ihn nicht mehr.«

Ich frage mich, warum der Mann seine Schwester überhaupt eingeladen hat, wenn er nicht wollte, dass sie die Einladung annimmt. Vielleicht ist er davon ausgegangen, dass sie sowieso nicht kommt. Aber sie geht sogar noch ins Demenzcafé – da konnte Hans ja nie hin, weil seine Krankheit schon zu weit fortgeschritten war, als wir die Diagnose bekamen.

Frau Erhardt bestärkt die Frau darin, dass ihr Verhalten richtig war. Ermutigt durch ihre Worte, meldet sich nun ein grauhaariger, stämmiger Mann zu Wort, der etwa in meinem Alter ist und der seine Frau pflegt. Er erzählt, dass seine drei Töchter nichts mehr von ihrer kranken Mutter wissen wollten. Sie würden ihn angeblich mit ihr allein lassen und ihn nur selten besuchen.

»Das ist deine Sache«, habe die Älteste zu ihm gesagt.

Ich bedauere ihn. Vielleicht haben die Töchter sich noch nicht mit der Krankheit auseinandergesetzt. Vielleicht haben sie Ängste.

Frau Erhardt macht ihm Mut und leitet anschließend zum allgemeinen Teil über. Die meisten Informationen, die sie uns gibt, sind mir mittlerweile bekannt. Neu sind mir nur zwei Dinge: Erstens, dass Demenzkranke kein Zeitgefühl haben und nur im Moment leben. Sie denken nicht in Tagen, Wochen oder Monaten – vielleicht bräuchte ich also keine Gewissensbisse zu haben, wenn ich so wie nach dem Nachmittag im Klostergarten verspätet nach Hause komme? Zweitens ist mir neu, dass man keinen Schatten werfen darf, weil die Kranken Angst davor haben.

Als ich nach dem Gesprächskreis nach Hause fahre, habe ich das tröstliche Gefühl, dass ich von meiner Familie unterstützt werde. Von Sophie sowieso – und wenn Anna mir manchmal diese harten Fragen stellt, so tut sie das nur, weil sie sich vorstellen kann, wie groß die Bürde ist, die ich trage. Im Grunde will sie mich beschützen.

Zwei Tage später bin ich bei Anna und Sebastian eingeladen – Sebastian feiert seinen Geburtstag. Es sind sehr viele Leute da. Ich sitze in der Küche neben Sebastian und einem katholischen Pfarrer, es ist eng und gemütlich, im Kachelofen brennt ein Feuer, und während wir Quiche essen und Wein trinken, unterhalten wir uns darüber, wie man mit Behinderten umgehen sollte. Der Pfarrer, ein stattlicher Mann um die fünfzig mit roten Haaren und Backenbart, arbeitet als geistlicher Leiter in einer großen Wohnanlage für Schwerbehinderte und erzählt, wie er zum ersten Mal mit Behinderung konfrontiert wurde und nicht wusste, wie er sich verhalten sollte. Dann geht es um die Frage, ob es besser ist, wenn derjenige, der pflegt, mit dem Kranken verwandt ist oder ob das eher problematisch ist. Wir stimmen überein, dass es immer auf die Person ankommt, die pflegt. Ist sie ein Gefühlsmensch oder rein vom Verstand geleitet? Ich muss an Sofia denken, die manchmal bei uns aushilft, wenn Marika oder Rosemarie keine Zeit haben. Sie arbeitet normalerweise als Altenpflegerin in einem Heim und ist zufrieden mit ihrer Tätigkeit. Nach der Arbeit schaltet sie einfach ab. Rosemarie hingegen ist ein Gefühlsmensch, die Arbeit im Altenheim hat sie sehr mitgenommen. Sie braucht eine Person, zu der sie eine Bindung aufbauen kann – wie mit Mutter und Hans. Dann setzt sie sich überaus liebevoll ein.

Mir ist nach diesem Gespräch so klar wie nie zuvor, dass ich geeignet bin, Hans zu pflegen. Weil ich ein Gefühlsmensch bin und ihn mein ganzes Leben lang geliebt habe. Wenn ich nur vom Verstand gelenkt wäre, würde ich es wahrscheinlich nicht tun, sondern würde denken: Er merkt es ohnehin nicht mehr, das ist mein Leben, ich will jetzt noch leben. Aber ich bin nicht so. Ich will immer noch, dass es ihm gut geht. Anna meint, ich denke nicht genug an mich. Aber das stimmt nicht. Ich denke schon an mich. Aber da gibt es eine Bandbreite von Egoismus bis Altruismus, und ich bin in der Mitte. Eigentlich sogar weiter auf der egoistischen Seite. Denn ich tue das ja auch für mich. Wenn ich Hans ins Heim geben würde – damit könnte ich nicht leben, weil ich ein schlechtes Gewissen hätte.

Schneller, als ich es für möglich gehalten hätte, ist das Jahr vergangen, und plötzlich steht Weihnachten vor der Tür. Die Tage sind kurz; wenn ich morgens die Rollläden hochziehe, hängen oft Nebelschwaden im Garten. Neulich hatte eine Spinne ihr Netz vor dem Fenster von Hans' Schlafzimmer gespannt, Tautropfen hingen darin, und die Morgensonne leuchtete sie an. Schön sah das aus, und ich habe es nicht zerstört. Doch als ich am nächsten Tag nachsehen wollte, ob es noch da war, war es verschwunden. Es erschien mir wie ein weiteres Symbol für die Vergänglichkeit alles Irdischen, und ich fragte mich, wer es zerstört hatte und was aus der Spinne geworden war.

Am zweiten Advent besuche ich ein Konzert des Kirchenchors; das Weihnachtsoratorium von Bach wird gesungen. Die ganze Kirche ist schon weihnachtlich geschmückt, ein großer Christbaum mit Hunderten von leuchtenden Kerzen steht dort, darunter ist die Krippe aufgebaut, Christrosen stehen auf dem Altar, überall brennen hohe weiße Kerzen, und ein leichter Duft nach Weihrauch liegt in der Luft. Ich war schon lange nicht mehr in einem Kirchenkonzert. Es ist gut besucht, fast alle Plätze sind besetzt, als ich dort eintreffe. Viele Leute sind sehr freundlich zu mir, ich komme mir vor, als sei ich die Sopranistin, die laut Programm aus Köln angereist ist. Dabei bin ich nichts anderes als eine Zuhörerin.

Ein paar Bekannte winken aus einer Kirchenbank zu mir herüber und bedeuten mir, ich solle mich zu ihnen setzen. Doch ich gehe freundlich grüßend vorbei. Schließlich entdecke ich einen freien Platz ganz außen in der siebten Reihe, von dem aus ich gut sehe, und kaum habe ich mich gesetzt, beginnt das Konzert. Schon bald bin ich vollkommen eingetaucht in die Welt der Musik, sie umhüllt mich wie ein schützendes Tuch, das die Sorgen von mir fernhält. Ich genieße jede Sekunde und lasse mich ganz und gar fallen. »Jauchzet, frohlocket«, jubelt der Chor, Pauken und Trompeten ertönen, ich bin elektrisiert von der Freude, die die Musik in mir auslöst, und bekomme eine Gänsehaut, so schön finde ich es. »Ehre sei Gott in der Höhe«, erklingt es später, es ist der jubelnde Chor der Engel, der hier ertönt, und mein ganzer Körper ist berauscht von den tosenden Klängen. Als gegen Ende des Oratoriums der Chor uns allen zuruft: »Seid froh dieweil«, muss ich allerdings um Fassung ringen. Mein persönliches Schicksal vermischt sich mit der Freude des Chores über Jesu Geburt und Güte.

Nach dem Konzert fordert mich die Mutter einer ehemaligen Mitschülerin von Sophie auf: »Kommen Sie mit zu uns nach Hause, wir trinken noch ein Glas Sekt.«

Ich lehne dankend ab, weil ich Hans nicht so lang allein lassen will, aber die unverhoffte Freundlichkeit all dieser Menschen, die natürlich wissen, wie krank Hans ist, wärmt mir das Herz.

Weihnachten feiern wir bei uns zu Hause, weil Hans nicht mehr ins Auto einsteigt und ich niemanden finde, der ihn an diesem Tag betreuen würde. Die ganze Familie hat sich versammelt – Sophie, Anna und Sebastian, Max und Luca, Annemarie und Horst. Hans sitzt in seinem Stuhl in unserer Mitte und sieht zufrieden aus – seine Gesichtszüge sind entspannt, reglos blickt er ins Nirgendwo. Während wir vor dem Baum mit den brennenden Kerzen stehen und Weihnachtslieder singen, spüre ich die Anwesenheit der anderen wie eine körperliche Berührung. Ich genieße sie, blicke auf Max und Luca, die nur Augen für die Geschenke haben und sich sichtlich zurückhalten müssen, um sich nicht daraufzustürzen. Dennoch spüre ich kein Glück, keinen Trost und keine Wärme in meinem Herzen. Es ist der traurigste Heilige Abend meines Lebens für mich. Ich habe Angst, dass Hans das neue Jahr nicht mehr erlebt. Seit zwei Tagen isst er kaum noch Obst, sondern dreht immer den Kopf zur Seite und beugt sich am Tisch weit vor, wenn ich ihn füttern will. Ich muss Dr. Geldern anrufen, weil ich mir große Sorgen mache. Hoffentlich ist es nur ein Infekt, wie Hans ihn schon einmal hatte: Er hat zwar kein Fieber, keinen Husten, keinen Schnupfen – nichts. Doch so war es damals auch, und es ging wieder vorbei.

Bloß, was mich sehr stark verunsichert: Sein Geruch hat sich verändert. In der Traditionellen Chinesischen Medizin kann das ein Zeichen dafür sein, dass man krank ist. Hoffentlich arbeiten seine Nieren noch richtig, denn er trinkt immer noch sehr wenig. Ich habe daran gedacht, dass ich vielleicht bald eine Todesanzeige aufsetzen muss, aber ich weiß nicht, was ich schreiben sollte. Vielleicht muss man nicht unbedingt erwähnen, dass er krank war. »Du gingst in aller Stille, du hast nicht viel Aufhebens um dich gemacht«, das könnte man schreiben.

Wie damals während seines Infekts schläft Hans auch jetzt fast die ganze Zeit, doch er lässt sich noch aus dem Bett helfen, sodass ich ihn duschen kann. Dabei bleibt er stehen, daran hat er sich gewöhnt. Ich kann ihm sogar die Haare waschen. Anna hat es heute Morgen gesehen und konnte es kaum glauben, weil es ihm gesundheitlich so schlecht geht. Aber er setzt sich unter der Dusche nicht hin. Und wenn, merke ich es vorher, und ziehe den Stuhl in die Dusche. Denn Hans lässt sich, bevor er sich hinsetzt, immer schlaff hängen. Wenn er das tut, lege ich entweder seine Hand auf den Haltegriff, und er hält sich fest. Wenn er sich jedoch nicht festhält und sich immer weiter zurückbeugt, weiß ich, dass er sich wirklich setzen wird, und stelle den Stuhl ganz schnell bereit.

Auf der Toilette war er seit fünf Tagen nicht. Wenn er keinen Stuhlgang hat, muss er am Tag mindestens ein viertel Glas Wasser mit dem aufgelösten Abführmittel einnehmen. Ich gebe es ihm normalerweise mit dem Löffel. Zurzeit nimmt er jedoch insgesamt nur drei bis vier Teelöffel Flüssigkeit am Tag zu sich, und das ist zu wenig.

Gegessen hat er heute zum Frühstück eine dreiviertel Scheibe Roggenbrot, die ich dick mit Sahnequark und Marmelade bestrichen hatte. Von dem großen Obstteller, den er sonst immer isst, hat er noch ein Stückchen Mandarine und ein Stück Apfel gegessen. Sonst hat er immer das Drei- oder Vierfache zu sich genommen. Mittags aß er ein paar Gabeln Gänsebraten und eine viertel Kartoffel.

Ich befürchte, dass Hans so apathisch ist, weil er zu wenig Flüssigkeit aufnimmt. Wenn es so ist, kann ich nichts daran ändern. Es kann aber auch sein, dass er so wenig isst, weil er so viel schläft. Wäre das besser? Ich weiß es nicht und mache mir Sorgen. Wenn sich sein Zustand verschlechtert, muss ich entscheiden, wie wir weiter vorgehen wollen. Also frage ich mich: Was soll ich tun, wenn Dr. Geldern mir erklärt: »Sie müssen sich darauf einstellen, dass es kein Infekt ist und dass es so bleibt.«

Ich fürchte, dass Hans vielleicht nicht mehr lange lebt. Am schlimmsten ist die Ungewissheit. Es kann noch lange dauern, es kann aber auch bald vorbei sein. Ich würde wahrscheinlich noch weniger aus dem Haus gehen, wenn Dr. Geldern sagen würde, dass er bald stirbt, um auf jeden Fall da zu sein, wenn es so weit ist. Sonst kann ich nichts mehr für ihn tun. Ich könnte ihm eine Infusion geben lassen, um den Flüssigkeitsmangel auszugleichen. Aber die würde er gleich herausreißen. Ich könnte ihn auch ins Krankenhaus bringen lassen, dort würde ihm eine Sonde gelegt, doch die würde er sich auch herausziehen. All das tue ich nicht. Das habe ich beschlossen, als ich vorhin mit Sebastian darüber gesprochen habe. Er hat gesagt, er wollte so auch nicht leben. Und ich selbst würde es auch nicht wollen. Ich wäre auch froh, wenn jemand mein Leben in so einer Situation nicht mehr verlängern würde. Für Hans ist es sicher genauso.

Ich glaube schon, dass ich ihn noch liebe. Weil er mir nicht auf die Nerven geht. Natürlich bin ich manchmal überdrüssig, wenn ich seinen Verfall sehe, aber im Grunde glaube ich, dass ich ihn immer noch liebe. Es ist keine Frage, dass ich ihm helfe, dass ich bei ihm bin, dass ich ihn nicht allein lasse. Wir sind ein Paar, wir gehören zusammen. Es ist nicht mehr viel übrig von seiner Persönlichkeit, gar nichts mehr eigentlich. Aber dennoch. Er sieht immer noch so aus wie früher. Er ist gepflegt, gut gekleidet, groß gewachsen. So, wie es immer war. Ich bekomme bloß keine Gegenreaktion mehr von ihm, und natürlich blickt er mich nicht mehr an wie früher. Das ist das Schlimmste. Vielleicht ist meine Liebe zu ihm einfach nur Gewohnheit? Aber was ist Liebe? Braucht sie ein Gegenüber?

Manchmal, wenn er seine Hand auf meine Wange legt … Ich weiß, dass es nichts mehr bedeutet. Gar nichts. Aber in solchen Momenten wünsche ich mir verzweifelt, dass er wieder gesund wäre und dass man ihm helfen könnte. Es tut dann so weh – immer noch, nach all den Jahren, in denen ich Zeit hatte, mich an die Krankheit zu gewöhnen. Das kann ein Außenstehender wohl nicht begreifen. Ich begreife es selbst kaum. Und ich rede nicht darüber, denn es hört sich vielleicht lächerlich an. Aber wenn er mich auf diese Art berührt, steigt immer noch das Gefühl in mir hoch, als wären wir jung und verliebt. Und dann wird der Schmerz, der normalerweise dumpf ist, scharf und kalt und fast unerträglich.

Manchmal fixiert er mich, anstatt durch mich hindurchzusehen. Man kann in so einen Blick vieles hineinlegen, und ich gönne mir diese Illusion.

Ab und zu denke ich, ich war nicht nett genug zu ihm, weil ich in den letzten Jahren vieles kritisiert habe, was vielleicht schon mit der Krankheit zusammenhing: »Du redest kein Wort mit mir. Ich mag nicht mehr mit dir Fahrrad fahren. Du fährst immer nur stur geradeaus.« Das tut mir leid, doch ich kann mich nicht bei ihm entschuldigen, denn es hat keinen Sinn mehr.

An Weihnachten hat auch Barbara angerufen, meine Cousine aus Tirol. Wir telefonieren nur einmal im Jahr miteinander. Als wir gerade mitten im Gespräch waren, schrie Hans, wie er es öfter tut.

»Was ist denn das?«, fragte sie.

»Das ist Hans«, antwortete ich. »Er schreit. Das ist oft so bei Dementen.«

»Was du für ihn tust – das könnte ich nie. Auch nicht bei meinem Mann.«

»Da wächst du rein. Wie bei einem Baby. Nur dass bei einem Baby jeden Tag etwas Neues zu bewundern ist, und bei einem Kranken nicht«, habe ich sie beruhigt.

Ich glaube, das kann man wirklich vergleichen. Wenn ich im fortgeschrittenen Stadium mit so einer Krankheit konfrontiert worden wäre, hätte ich mehr Probleme. Aber so kommt sie Stück für Stück näher und man akzeptiert eins nach dem anderen. Die kleinen Schritte machen den Alltag erträglich.

Das Jahr 2007 ist fast zu Ende, und Hans verweigert immer noch das Essen. Ich versuche zwar weiterhin, ihm etwas zu geben, aber er dreht immer den Kopf weg, wenn ich versuche, ihn zu füttern. Er isst und trinkt so gut wie nichts. Heute war es wieder nur eine Traube und ein einziger Schnitz Apfel, gestern eine Traube und zehn Löffel Abführmittel. Jeden Tag überlege ich, was ich kochen soll, womit ich ihn locken könnte.

Er schläft sehr viel, und wenn er sitzt, legt er den Kopf auf den Tisch. Gestern mussten wir ihn zu zweit waschen und anziehen, weil er nicht mehr unter der Dusche stehen blieb. Alle haben mir ja immer vorhergesagt: »Er kann irgendwann nicht mehr gehen.« Aber wenn er jetzt noch nicht einmal mehr stehen kann … Vom Stuhl ins Bett konnte ich ihn auch nicht mehr allein heben. Er ließ sich schwer hängen und tat überhaupt nichts mehr. Ich war so verzweifelt und hilflos, dass ich geweint habe. Er isst jetzt schon so lange nichts mehr, dass ich nicht mehr glaube, dass er einen Infekt hat wie beim ersten Mal, als er nichts aß. Ich rechne jetzt damit, dass er stirbt. Und ich kann sogar damit leben. Das ist besser, als wenn er noch länger so vor sich hin vegetieren würde oder wenn er Schmerzen hätte.

Seit über einer Woche hatte er jetzt keinen Stuhlgang. Dr. Geldern hat mir geraten, ihm Miniklistiere zu geben. Man muss die Kappe abdrehen, einen Tropfen herausdrücken, damit es gleitet, und den Tubeninhalt dann in den Darm drücken. Hans liegt dabei im Bett, er rührt sich überhaupt nicht. Ich habe ihm schon zwei Klistiere gegeben, gestern und heute. Aber sie wirken nicht.

Heute war Dr. Geldern da. Er hat den Bauch abgetastet und festgestellt, dass Darmbewegungen da sind. Der Bauch sei weich, und alles sei in Ordnung, sagte er, morgen will er noch einmal nach Hans sehen. Ich soll unterdessen den Bauch massieren.

Ich befürchte, dass sich Hans nicht mehr erholen wird. Er isst kein Obst mehr, nimmt wenig Flüssigkeit zu sich, bewegt sich nicht – wie soll da der Stuhlgang funktionieren? Wenn sein Zustand so bleibt, wünsche ich ihm, dass er einfach einschlafen kann und nicht mehr aufwacht. Ich jedenfalls wollte so nicht leben.

Er ist jetzt eigentlich bettlägerig, aber das will ich nicht, deswegen hole ich ihn immer aus dem Bett und ziehe ihn hoch, damit er geht. Ich weiß nicht, ob es ihn quält, aber es ist besser, als wenn er immer nur im Bett liegt. Ich stelle mir vor, dass es sein Leben lebenswerter macht, wenn er sich im Wohnzimmer aufhalten kann. Das ist doch abwechslungsreicher, als nur an die Decke zu starren oder auf das Bild oder auf die Uhr in seinem Zimmer. Es hat zumindest den Anschein, als nehme er noch teil am Leben, wenn ich ihn hierhin und dorthin rolle oder ziehe. Vielleicht hilft es mir auch nur selbst, damit fertig zu werden. Aber bei Bettlägerigkeit droht nun einmal Dekubitus. Davor habe ich wahnsinnige Angst, weil Hans so dünn ist. Er muss üben, trainieren, sich bewegen. Ich komme mir natürlich manchmal gemein vor. Aber wenn er wirklich nicht mehr aufstehen wollte, denke ich mir, könnte ich nichts machen, ich könnte ihn nicht zwingen, denn er würde sich gleich wieder setzen. Und wenn er das tut, rede ich mit ihm, streichele ihn, und irgendwann steht er wieder, tippelt ein, zwei Schrittchen und setzt sich wieder in den fahrbaren Toilettenstuhl, den ich hinter ihm herrolle.

Abends mache ich ihm ein Video an, *Boogie Nights*. Ich könnte ihm öfter den Fernseher einschalten, aber ich weiß nicht, wie es auf ihn wirkt. Vielleicht regt es ihn auf? Ich mache ihn also nur ab und zu abends an, oder wenn ich einmal ausgehe. *Boogie Nights* dauert dreieinhalb Stunden, er nickt ein dabei. Während er fernsieht, streichle ich ihn und weine. So sieht er es nicht, und ich kann doch nah bei ihm sein. Ich weine, weil unvermeidlich ist, was auf uns zukommt. Weil ich unser Leben nicht zurückholen kann, weil er stirbt. Als der Schmerz übermächtig wird, stehe ich auf, gehe hinaus und schluchze los. Ich hadere mit meinem Schicksal. Irgendwann denke ich daran, dass es Menschen gibt, denen es noch schlechter geht, und tröste mich damit.

Wenn er tot ist, will ich keinen neuen Partner. Ich will dann frei sein – ohne den ganzen Ballast des Hauses und der Pflege und der Rücksichtnahme auf irgendjemanden. Vor zehn Jahren habe ich angefangen, Mutter zu pflegen, erst Pflegestufe zwei, dann drei, und dann kam Hans dazu. Ich habe mein ganzes Leben lang für irgendjemanden gesorgt und war daneben fast immer berufstätig. Jetzt bin ich so alt, jetzt möchte ich es langsamer angehen lassen. Das kann man doch verstehen. Ich möchte auch gern zu Anna und zu Sophie oder in Urlaub fahren können, ohne ein schlechtes Gewissen zu haben. Obwohl es auch jetzt übertrieben ist, ein schlechtes Gewissen zu haben, weil Hans mich nicht mehr erkennt. Ich weiß, dass es eine Kraftquelle für mich ist, wenn ich etwas anderes mache, als bei ihm zu sein. Und ich brauche Kraft für die Zeit, die er noch zu leben hat.

An Silvester kommt vormittags Dr. Geldern. Während draußen auf der Straße schon morgens die ersten Knaller zu hören waren und die halbe Stadt vermutlich in heller Aufregung ist, ist es für Hans und mich kein besonderer Tag. Ich habe keine Luftschlangen aufgehängt oder irgendetwas dekoriert. Ich bin froh, wenn ich meine Ruhe habe, und nach Feiern ist mir ganz sicher nicht zumute. Sophie ist noch immer zu Besuch, sie verbringt die Weihnachtsfeiertage und den Jahreswechsel bei uns und wird erst morgen wieder abreisen, aber für sie brauche ich auch kein Feuerwerk anzuzünden. Sie schläft bis mittags und wird heute Abend auf eine Party gehen.

Dr. Geldern untersucht Hans, der in seinem Schaukelstuhl sitzt, tastet seinen Bauch ab und richtet sich dann auf.

»Er hatte immer noch keinen Stuhlgang«, sage ich voller Sorge.

»Ich glaube, es ist trotzdem keine gute Idee, den Darm auszuräumen«, antwortet er.

»Warum denn nicht?«, frage ich.

»Dabei kann eine Ader verletzt werden, und dann muss Ihr Mann ins Krankenhaus, damit die Blutung gestillt werden kann. Und ich sehe ja, dass es ihm wirklich nicht gut geht. Das sollten wir ihm nicht zumuten, diese Angst und diesen Stress, den er bei einem Ortswechsel hätte.«

Ich schaue ihn fragend an. »Aber was sollen wir denn dann tun?«

»Versuchen Sie, weiter abzuführen wie bisher und massieren Sie ihn so, wie ich es Ihnen gezeigt habe. Ansonsten sollten wir es jetzt so laufen lassen.«

»Und was bedeutet das?«

Er überlegt eine Weile: »Wenn der Stuhlgang lange ausbleibt, kann das zu einem Darmverschluss führen, und ein unbehandelter Darmverschluss führt zu Organversagen. Deswegen müssen wir dafür sorgen, dass er abführen kann.«

Ich blicke zu Boden. Seine Worte bedeuten, dass Hans unter Umständen nicht mehr lange leben wird. Es ist nun ausgesprochen, es ist nicht mehr nur in meinem Kopf, und ich muss mit diesen Worten leben.

Ich bringe Dr. Geldern zur Tür, und als er geht, sage ich: »Nächste Woche muss ich eigentlich zu meiner Tochter und den Enkeln ...« Anna hat beruflich in Frankfurt zu tun und hat mich gebeten, für drei Tage einzuspringen.

»Bis dahin ist es noch lang, Frau Dohmen«, beruhigt er mich. Dann steigt er in sein Auto.

Ich gehe zurück ins Haus, setze mich neben Hans, stehe wieder auf, weil ich spüre, wie die Tränen kommen. Ich gehe in die Küche und will ihm eine Paradiescreme zubereiten, die mochte er in letzter Zeit so gern. Aber es geht nicht, ich muss zu sehr weinen, ich kenne das ja nun schon, diesen Abschied auf Raten. Ich dachte ja im Sommer schon einmal, dass er stirbt. Aber diesmal ist es anders. Ich bin ein medizinischer Laie, aber dass es sehr ernst ist, das weiß ich. Es ist doch gut, wenn er sterben darf, bemühe ich mich zu denken – es ist gut für ihn, wenn es vorbei ist. Ich kann die Pflege allein gar nicht mehr bewältigen. Er ist so schwach. Heute Morgen war Rosemarie wieder da, und wir haben ihn zu zweit aus dem Bett geholt, geduscht und angezogen. Seitdem liegt er in seinem Schaukelstuhl, vor dem Kaminfeuer, er hängt schief darin, denn selbstständig sitzen kann er nicht mehr, auch nicht, wenn der Oberkörper weit zurückgelehnt ist. Ich stütze ihn notdürftig mit Kissen ab, damit er nicht aus dem Stuhl fällt. Es geht ihm nicht gut, das ist offensichtlich. Er sollte sterben dürfen. Aber es ist wie ein Mantra, das ich mir vorbete. In meinem Herzen sieht es ganz anders aus.

Das Telefon klingelt, aber ich nehme nicht ab, weil ich Angst habe vor dem Mitleid, das meine tränenerstickte Stimme erregen würde. Irgendwann reiße ich mich zusammen, rühre die Paradiescreme an, und dann klingelt das Telefon wieder. Es ist Anna, sie fragt nach Hans. Ich sage, dass er vor dem Kaminfeuer sitzt und ich ihm gerade eine Paradiescreme zubereitet habe, und erzähle, was Dr. Geldern gesagt hat. Sie will ganz genau wissen, was das bedeutet: Organversagen. Ich höre ihrer Stimme an, dass sie betroffen ist. Und dann sagt sie: »Mama, ich wollte dir noch was sagen. Auch wenn ich es nicht immer zeigen kann: Ich hab dich total lieb. Also, ich liebe dich. Und ich hab nachgedacht. Dass du in unsere Nähe ziehen willst, wenn Papa tot ist, das ist vielleicht doch eine ganz gute Idee. Du bist ja noch nicht so alt und du bist sehr aufgeschlossen, da lernst du bestimmt neue Leute kennen. Ich glaube, es wäre ganz schön, weißt du, wenn du das wirklich machen würdest.«

»Ich hatte nie Zweifel daran, dass du das schön finden würdest«, erkläre ich. Und in meinem Unterbewusstsein muss es wirklich so gewesen sein, denn ich bin nicht überrascht.

Jetzt ist sie verwundert. »Ich habe dir doch gesagt, dass ich ein bisschen Angst davor hatte. Weil wir dir nicht den Partner ersetzen können. Und weil mir das immer Angst macht, wenn du sagst, wir sind das Wichtigste für dich. Aber ich habe mir das überlegt, und von mir aus wäre das okay.«

»Mal sehen. Willst du noch mit deinem Vater sprechen?«, frage ich.

»Er versteht mich doch eh nicht mehr«, weicht sie aus.

»Trotzdem, ich geb ihn dir mal, ja?«

»Okay.«

Ich halte Hans den Hörer ans Ohr und sage: »Hans, Anna ist am Telefon, hör mal.«

Anna sagt: »Hallo, Papa, hier ist Anna. Ich wünsche dir, dass du heute Nacht Knaller hörst und dass du das Kaminfeuer siehst und dass dir die Paradiescreme schmeckt. Und dass es dir bald gut geht.«

Hans reagiert überhaupt nicht, doch als sie ihm wünscht, dass es ihm bald gut geht, kommen mir schon wieder die Tränen. Ich verabschiede mich schnell und gehe mit dem Telefon in der Hand in die Küche.

Sophie hilft mir gegen zehn Uhr, Hans ins Bett zu bringen. Als er unter seiner Decke liegt, streichelt sie ihn, lächelt ihn an und sagt: »Papa, schlaf gut, bis zum nächsten Jahr.« Dann fährt sie auf ihre Party und ich bleibe allein zurück. Rose ruft an, wir unterhalten uns eine Stunde lang, und danach sehe ich noch ein bisschen fern. Um Mitternacht gehe ich hinaus auf die Straße, weil das so üblich ist und weil ich Merle und den anderen Nachbarn ein gutes neues Jahr wünschen möchte. Aber es ist kein Mensch da. Ich blicke mich um und wundere mich. Ich habe das Gefühl, alle Menschen auf der Welt sind in diesem Augenblick glücklicher als Hans und ich. Trauer und Einsamkeit kriechen in mir hoch, und sie werden verstärkt durch den dichten Nebel, der mich umgibt und der die Straße in einen gespenstischen Ort verwandelt. Ich höre das Knallen, rieche den schwefeligen Rauch und sehe hoch oben am Himmel, wo der Nebel sich gelichtet hat, ein Feuerwerk, wie ich es schon lange nicht mehr gesehen habe. Und die ganze Zeit über stehe ich ganz allein auf der Straße und denke: Hilda, solche Silvester wirst du in Zukunft noch öfter erleben. Lass dir etwas einfallen, um sie durchzustehen.

Als ich am nächsten Morgen nach dem Aufstehen aus dem Fenster blicke, hat sich der Nebel verzogen. Die Straße liegt nass glänzend in der fahlen Morgensonne; um diese Zeit ist noch niemand unterwegs. Auch das Haus ist ganz ruhig, und ich habe Muße, das Jahr 2008 willkommen zu heißen. Jetzt, wo es hell ist, fällt mir das leichter als in der Nacht zuvor, doch froh bin ich trotzdem nicht. Ich habe Angst, und nichts und niemand kann sie mir nehmen. Ich koche mir einen Tee, setze mich in Hans' Sessel und sage mir: Hilda, du musst der Zukunft ins Auge blicken. Nächstes Jahr um diese Zeit bist du vielleicht Witwe. Tränen tropfen in meine Tasse, ich fühle mich elend und ganz auf mich allein gestellt. Niemand wird so unter Hans' Tod leiden wie ich, niemand wird ihn so vermissen. Wie wird mein Leben ohne ihn aussehen?

Als ich mir die Tränen abgewischt habe, gehe ich zu Hans, um ihn sanft zu wecken. Ich ziehe ihn hoch, führe ihn ins Bad, und als er unter der Dusche steht, kommt der Stuhlgang. Ich habe mich noch nie in meinem Leben so über Stuhlgang gefreut. Trotzdem empfinde ich alles gedämpft wie unter einer Glasglocke. Denn ich weiß: Ich werde wieder solche Angst haben. Es wird wieder passieren. Er isst und trinkt fast gar nicht mehr, er bewegt sich nicht, wie soll da der Stuhlgang kommen? Er ist so schwach, mein Hans. So mager. Und ich kann fast gar nichts mehr für ihn tun. Es tut unendlich weh, zu sehen, dass er immer weniger wird. Dieses In-sich-gekehrte. Dieses langsame Sterben.

Am Abend sehe ich mir die DVD noch einmal an, die Anna mir zu meinem 65. Geburtstag geschenkt hat. Ich heule, weil es so schön ist, meine Freunde zu sehen und ihr Mitgefühl zu spüren. Doch meine Verzweiflung kann auch das nicht lindern.

Am Abend des nächsten Tages bete ich beim Einschlafen: »Lieber Gott, hol ihn doch zu dir.« Weil Hans nichts mehr im Mund behalten will. Seit zwei Tagen verweigert er das Obst entweder ganz oder er lässt es im Mund, schluckt es nicht mehr und lässt es sich bereitwillig mit einem Teelöffel wieder herausholen. Sonst hat er sich immer dagegen gewehrt. Er hat sich sehr verändert in den letzten zwei Tagen.

Er ließ sich auch die Nägel schneiden, ohne sich zu wehren. Sonst hat er die Hände immer irgendwann weggezogen. Und er ließ sich auch die Ohren mit dem Wattestäbchen säubern. Früher hat er manchmal eine Hand daraufgelegt und mich angesehen, als wollte er sagen: Lass mich. Heute hingegen ließ er alles mit sich geschehen. Er nahm nur ab und zu ein Löffelchen Wasser. Er war anders als sonst und blickte durch mich hindurch.

Den ganzen Tag über lag er im Schaukelstuhl. Allein kann ich ihn nicht mehr herausheben, weil er keine Körperspannung mehr hat. So schlimm wie heute war es aber noch nie. Es gab auch vorher schon Tage, an denen ich gesagt habe: Er lässt alles hängen.

Rosemarie, die mir half, meinte: »Also ich finde, dein Mann sollte morgen eigentlich im Bett bleiben.« Weil er so matt wirkte und unter der Dusche kaum mehr stehen konnte und man ihn halten musste. Es war sehr beschwerlich. Sie schlug vor: »Lass ihn in Zukunft im Bett, und wir machen ihn dort fertig. Dann wird er eben nur noch einmal in der Woche geduscht.«

So ist es im Altersheim auch.

»Das will ich nicht«, sagte ich, »er soll weiterhin jeden Tag seine Dusche bekommen.«

»Das wird jetzt aber sehr mühsam. Wie sollen wir das denn schaffen?«

Ich wusste keine Antwort auf diese Frage.

Zu zweit brachten wir ihn ins Bett, und dabei bemerkte ich, dass sein Po gerötet war. Ich wusste: Wenn er jetzt tagsüber nicht mehr aus dem Bett aufstehen kann, fängt eine schreckliche Leidenszeit für ihn an. Dann wird er sich wund liegen. Wenn jemand bettlägerig ist, heilen die Wunden nicht mehr. Obwohl ich damals bei Mutter gelernt habe, wie man den Dekubitus im Anfangsstadium heilen kann. Wie Hans war sie sehr mager, ihr Rücken war knochig. Aber ich weiß nicht, ob mir bei Hans gelingen würde, was ich bei ihr geschafft habe, und daher bereitet mir die Rötung Sorgen.

Die halbe Nacht röchelt Hans, weil er Schnupfen hat. Dr. Geldern hat mir geraten, ihm ein schleimlösendes Mittel zu geben. Das habe ich tagsüber immer wieder versucht – die Tablette war versteckt in einer Weintraube. Ich habe die Traube aufgeritzt und die Tablette einfach hineingesteckt. Irgendwann hat er sie genommen. Nun schlafe ich schlecht, weil er so laut röchelt. In der zweiten Nachthälfte ist es plötzlich ganz still, und um Viertel nach vier stehe ich auf und gehe zu ihm. Auf jeder Treppenstufe denke ich: Es ist so unheimlich, er schreit nicht, er schnauft nicht, hoffentlich lebt er noch. Hoffentlich ist er nicht gestorben, weil ich gebetet habe, dass er sterben darf, bevor er bettlägerig wird und sich wund liegt. Denn ich wollte doch bei ihm sein, wenn er stirbt.

Ich betrete sein Zimmer und sehe ihn. Er liegt im Bett und schläft friedlich. Das Medikament hat einfach nur gewirkt.

Ich bin über die Maßen erleichtert, dass er lebt, und gebe ihm einen Kuss auf die Wange.

Zurück in meinem Bett, beschließe ich, dass ich, wenn er wirklich bettlägerig werden sollte, sein Bett ins Wohnzimmer vor den Kamin stellen werde. Von dort aus kann er auf die Straße blicken, weil ich ja die Büsche im Garten vor einiger Zeit abgeholzt habe. Vom Wohnzimmer aus kann ich ihn auch mit dem Bett auf die Terrasse schieben. Oder ihm ein Video einlegen. Es wäre zwar merkwürdig, wenn ich Besuch bekäme: ein Krankenbett mitten im Wohnzimmer. Aber es ist mir egal, was andere denken.

Als ich am Morgen aufgestanden bin, rufe ich bei der Caritas an. Dort läuft der Anrufbeantworter, und ich hinterlasse eine Nachricht: »Ich bin in einer Sackgasse, ich brauche Rat, nein, besser mehrere Ratschläge, und Hilfe. Rufen Sie mich bitte zurück.«

Ich will, dass sie mir helfen, das Bett zu zerlegen und es ins Wohnzimmer zu bringen. Das ist nicht so leicht, weil es einen Motor hat – ich weiß nicht, wie das funktioniert.

Anschließend gehe ich in Hans' Zimmer. Er hebt den Kopf, als ich den Rollladen hochziehe und ihn begrüße: »Guten Morgen, Liebster.«

Er blickt mich an, als käme er aus einer fernen Welt – als ob er erst von dort zurückkehren würde. »Wer bist du und was willst du hier?«, scheint sein Blick mich zu fragen. Es ist wie jeden Morgen. In mir ringen mein schlechtes Gewissen wegen meines Gebets vom Vorabend und die Erleichterung, dass es sich nicht erfüllt hat, miteinander. Ich ärgere mich über mich selbst, dass ich mir diese Gedanken mache.

Das Frühstück nimmt er zum ersten Mal im Bett zu sich, und das zerreißt mir das Herz. Kaffee gebe ich ihm nicht, weil er in den letzten Tagen kein einziges Löffelchen getrunken hat. Auch Brot mit Marmelade und Quark hat er nicht gegessen. Er will einfach gar nichts. Auch keine zusätzliche Portion Marmelade auf dem Löffel. Schließlich versuche ich es mit Obst, und irgendwann lässt er sich tatsächlich ein kleines Stück Melone in den Mund schieben. Wenn ich ihm noch ein bisschen Traube dazustecke, beginnt er bestimmt zu kauen, denke ich. Also schiebe ich ihm die Traube auch noch in den Mund. Ich warte eine Weile, streichle ihn und erzähle ihm: »Heute ist der dritte Januar, heute hat Berthold Geburtstag.«

Genau wie gestern lässt Hans alles im Mund. Ich rede weiter, doch als er nicht anfängt zu kauen, nehme ich einen kleinen Löffel und hole die Nahrung wieder heraus. Anstandslos lässt er es über sich ergehen. Da denke ich: Nichts stimmt mehr mit ihm.

Als Marika kommt, ist sie ziemlich erschrocken über seinen Zustand. Sie hat ihn über die Feiertage nicht gesehen, und ich merke ihr an, wie erschüttert sie ist. Hans liegt apathisch im Bett, dreht den Kopf zur Seite und schaut sie nicht einmal an. Da meint sie: »Ich hätte nicht gedacht, dass es so schlimm ist. So habe ich ihn noch nie gesehen.«

Ich rasiere ihn und erzähle ihm dabei: »Liebster, du musst immer gut aussehen, jetzt muss ich dich rasieren, und danach duschen wir dich und ziehen dich an.« Anschließend bringen wir ihn unter die Dusche. Er steht überhaupt nicht, obwohl ich ihn halte und dabei selbst nass werde. Wir beschließen, dass wir ihn am nächsten Tag wirklich im Bett fertig machen werden, weil man sich dort länger Zeit lassen und genauer sehen kann, wo er noch nicht sauber ist. Ich rede mir ein, dass es eine Ausnahme bleiben wird. Nur einen Tag, denke ich, und danach geht es ihm wieder besser.

Nachdem wir ihn geduscht haben, ziehen wir ihm die Hose an, und auf einmal richtet er sich auf. Wir blicken uns an und beschließen: Morgen duschen wir ihn doch wieder. Wir denken wirklich, dass es ihm am nächsten Tag wieder besser geht. Und dann setzen wir ihn zu zweit in seinen Schaukelstuhl. Es kostet uns sehr viel Kraft.

Etwas später flöße ich ihm zwei Teelöffel Wasser ein – er lässt sie einfach wieder aus dem Mund laufen. Mir wird bewusst, dass es bei Mutter genauso war. An dem Tag, als sie starb, habe ich ihr Kaffee gegeben, und sie ließ ihn einfach wieder aus dem Mund laufen. Es ist beklemmend. Ich nehme Hans in den Arm, streichele ihn und sage ihm, dass ich ihn gern habe. Dass wir so lange zusammen waren – 53 Jahre. Anschließend macht er ein kleines Nickerchen, und um kurz nach elf kommt die Krankengymnastin, Frau Neubert. Ich warne sie: »Heute geht es schwer.«

Da meint sie: »Wir setzen ihn trotzdem in den fahrbaren Toilettenstuhl, dann kann ich ein bisschen mehr machen, als wenn er im Schaukelstuhl liegt.«

Das tun wir, und sie beginnt mit ihren Übungen: Streckt sein Bein und beugt es wieder. Damit aktiviert sie die Muskeln, die nicht mehr beansprucht werden. Sie richtet ihn auch ein paarmal im Stuhl auf, weil sein Oberkörper so weit nach vorn hängt.

»Das geht wieder ganz gut«, meint sie, »in den letzten Wochen war es sehr schlecht, aber jetzt wird er schon viel lockerer.«

Ich empfehle Marika, bei den Übungen zuzusehen, damit sie sie jeden Tag mit ihm machen kann. Unterdessen koche ich grünen Tee und will bei einer ehemaligen Betreuerin von Mutter anrufen, um sie zu fragen, wie genau wir bei Mutter eigentlich den Dekubitus zum Stillstand gebracht haben. Ich weiß nur noch, dass wir verdünnte Kochsalzlösung daraufgetupft und anschließend geföhnt haben. Die roten Stellen haben wir mit einer durchblutungsfördernden Creme eingerieben. Anschließend behandelten wir die Wunde noch mit etwas anderem, aber ich weiß nicht mehr, womit. Doch genau als ich gewählt habe, rufen Frau Neubert und Marika nach mir, und ich haste hinüber zu ihnen.

Ich sehe sofort, dass etwas mit Hans geschieht. Er rollt die Augen und atmet anders als sonst – er keucht und ringt nach Luft. Ich bin wie unter Schock, nehme ihn in den Arm, streichle ihn und flüstere: »Ist ja gut, wir sind alle bei dir.«

Ich küsse ihn, Marika streichelt ihn und mich, und Frau Neubert streichelt uns alle drei. »Rufen Sie bitte schnell Dr. Geldern an«, bitte ich sie.

Das tut sie, und nachdem sie telefoniert hat, beruhigt sie mich: »Er kommt gleich, wir sollen Ihren Mann auf den Boden legen wegen des Kreislaufs.«

»Nein, ich halte ihn im Arm«, entscheide ich.

Dann klingelt das Telefon wieder, Frau Neubert nimmt ab, es ist Merle. »Es passt im Moment nicht so gut«, sagt sie ihr und kommt zu uns zurück.

Wir verharren so. Hans wirft den Kopf vor und zurück, kurze Zeit später hebt er ihn, starrt in die Ferne und schreit ein langgezogenes »Ah!«

Nach ein paar Minuten fällt sein Kopf auf seine Brust und er atmet schwer.

»Oh mein Gott, bitte mach, dass er keinen Schlaganfall hat«, bete ich lautlos, »lass ihn bitte lieber sterben! Jetzt ist der günstigste Moment.«

Ich küsse ihn, wir streicheln ihn, und dann weinen wir alle drei.

Was mir so alles im Kopf herumgeht in diesem Moment, in dem ich annehme, dass er sterben wird! Er hat eine gute Zeit gehabt die letzten Jahre, denke ich. Ich hoffe, er hatte es hier bei mir besser, als er es in einem Heim gehabt hätte. Und dann ist da dieser Gedanke: Es ist endgültig. Ich werde ihn nie mehr in den Arm nehmen oder seine Hand an meine Wange legen können.

Es ist vorbei.

Ich habe es mir ja gewünscht und ich bin auch irgendwie erleichtert – froh, dass er keine längere Leidenszeit hat, dass ihm jetzt der nächste Schritt erspart bleibt. Aber gleichzeitig empfinde ich eine unendliche Trauer – so bodenlos, so uferlos und so allumfassend ist sie, dass sie alles übertrifft, was ich jemals erlebt habe.

Als Dr. Geldern ein paar Minuten später kommt, ist Hans schon tot.

Später legen wir ihn gemeinsam ins Bett, und ich frage Dr. Geldern, ob Hans Schmerzen hatte.

»Nein, er hatte keine Schmerzen«, ist seine Antwort.

»Woran ist er denn gestorben?«

»Sein Tod war ein gnädiges Ereignis, Frau Dohmen«, antwortet er, nachdem er eine Zeit lang überlegt hat, und blickt mich ernst an. »Wahrscheinlich haben verschiedene Organe nicht mehr richtig gearbeitet. Vermutlich hat sich ein Blutgerinnsel gelöst und eine Lungenembolie verursacht. Sein Körper war durch den Flüssigkeitsmangel völlig geschwächt.«

Ja, Hans hat über Monate hinweg kaum etwas getrunken. Aber dass es so schnell ging! Ich weiß nicht, ob Dr. Geldern damit gerechnet hat.

Als er geht, bedanke ich mich bei ihm für alles, was er für uns getan hat. Er hat Mutter wunderbar begleitet und Hans auch. Mich selbst hat er immer unterstützt.

Auch Frau Neubert und Marika verabschieden sich von Hans und mir, und dann sind wir allein.

Ich gehe zu Hans und nehme ihn noch einmal in den Arm, küsse ihn und gebe ihm auch von Anna und Sophie einen Kuss. Ich zünde Kerzen an, mache das Fenster auf und decke ihn zu. Das soll man eigentlich nicht tun, wegen der Wärme, die sich bildet. Aber ich denke, es gehört sich so: Wenn er im Bett liegt, muss man ihn zudecken. Dann habe ich eine Idee: Ich nehme die Decke noch einmal hoch, ziehe das Daunenbett aus dem Bettbezug und decke Hans nur mit dem Bettbezug zu. Das sieht ordentlich aus, und trotzdem ist es nicht warm. Als Nächstes hole ich drei Kerzenständer mit weißen Kerzen und stelle sie auf die Fensterbank. Ich lösche das Deckenlicht; die kleine Nachttischlampe lasse ich an, damit es gemütlicher wirkt. Ich habe gelesen, dass man das Fenster kippen soll, damit die Seele entweichen kann. Also tue ich das. Ich muss mich ablenken, ich muss irgendetwas tun, damit die Leere nicht von mir Besitz ergreift. So bete ich, stelle klassische Musik an und rufe Anna an.

»Papa hat es geschafft«, sage ich leise.

Sie antwortet ziemlich lange nicht. Dann fragt sie: »Ist er gestorben?«

»Ja. Heute um Viertel vor zwölf.«

»Ach Mama! Ich setze mich sofort ins Auto. In einer Stunde bin ich da.«

»Du musst dich nicht beeilen, es reicht, wenn du heute Abend kommst. Ich rufe jetzt Sophie an, sie kommt bestimmt auch.«

Sie lässt sich jedoch nicht davon abbringen und will sofort los.

Und auf einmal kann ich es nicht erwarten, sie zu sehen.

Sebastian ruft wenig später an, er wirkt erschüttert. Mir kommt es so vor, als habe er überhaupt nicht damit gerechnet, dass Hans stirbt. Auch Luca und Max kommen ans Telefon, und ich erzähle ihnen, dass ihr Großpapa gestorben ist und dass sie ihn immer so lieb gestreichelt und ihn an der Hand geführt hätten im Garten und dass sie ihm Wurst zu essen gegeben hätten. Dass sie sich auch manchmal versteckt hätten und gelacht hätten, wenn er kam. Aber sie seien ganz, ganz lieb gewesen zu ihm.

Als ich aufgelegt habe, ist da wieder diese Leere. Ich weiß nicht, wie ich meine neue Rolle als Witwe ausfüllen könnte. Ich sollte mich frei fühlen, denke ich, jetzt kann ich gehen, wohin ich will. Doch ich spüre nur Trauer und die Gewissheit, dass ich mich erst ganz langsam an die neue Situation gewöhnen muss.

Glücklicherweise habe ich genügend zu tun, sodass ich mich nicht lange mit dem Gedanken aufzuhalten brauche. Der Bestatter muss bestellt werden, er kommt heute Abend. Ich möchte, dass Anna und Sophie dabei sind, denn es werden sicherlich viele Fragen zu beantworten sein. Ich habe mich für ein anderes Bestattungsunternehmen entschieden als bei Mutter, denn mir ist noch gut in Erinnerung, wie es war mit dem Leichenbestatter damals: Würdelos fand ich es, wie sie sie abgeholt haben – ich kämpfe heute noch mit den Tränen, wenn ich daran denke. Ich will, dass es dieses Mal anders ist. Ich habe versucht, Hans gerade in den letzten Jahren seine Würde zu lassen – ich will nicht, dass sie ihm jemand nimmt, wenn er tot ist.

Als Anna kommt, fallen wir uns in die Arme. Sie drückt mich sehr lange und sehr fest, dann flüstert sie: »Mama, jetzt bist du frei.«

Ich nicke. »Ich weiß nicht, wie viel Kraft ich noch gehabt hätte, um das weiter durchzuhalten.«

Wir kaufen zwanzig langstielige rote Rosen, für jeden eine: Für Anna, für Sophie, für mich, für Franziska, Rolf und ihre beiden Kinder, für Christa und ihre drei Kinder, für Gregor und seine Frau und deren drei Kinder, für Luca und Max und für Berthold und seinen besten Freund Klaus.

Als wir den Strauß zu Hans ins Bett gelegt haben, kommt der Bestatter. Er sagt: »Das haben Sie sehr schön gemacht, wie Ihr Mann hier liegt. Man merkt den Unterschied, ob jemand den Angehörigen eine Last war, oder ob jemand bis zuletzt geliebt wurde.«

Natürlich fange ich sofort wieder an zu weinen.

Schließlich trifft auch Sophie ein, sie umarmt uns alle, und dann öffnen wir eine Flasche Wein und sitzen auf dem Sofa im Wohnzimmer. Ab und zu streichelt mich Anna, es tut gut. Sophie nimmt mich in den Arm. So verharren wir, drei Frauen, die denselben Mann geliebt haben, jede auf ihre Weise.

Ich glaube, dass Hans' Seele für immer da sein wird. In jeder Wolke, in jedem Sandkorn. Seine Schwingung wird für immer auf der Welt bleiben.

Er bleibt ein Teil von mir.

Dank

an Dr. Michael Kirchner – für alles,

an Prof. Dierk Dommasch, Prof. Albert Christian Ludolph und Prof. Gerhard Sitzer für ihr Entgegenkommen und die fundierte wissenschaftliche Beratung,

an Dr. Rebecca Göpfert für die gute Betreuung

und an Ann-Kathrin Schwarz für das engagierte Lektorat.

Außerdem gilt mein tiefster Dank Hilda Dohmen, die in Wirklichkeit anders heißt, für ihre Offenheit, die ihr aus nachvollziehbaren Gründen manchmal sehr schwer gefallen ist. Ich bewundere sie sehr und habe sie in unseren Gesprächen als tapfere, starke und zugleich sensible Frau kennen gelernt. Der Titel »Gute Nacht, Liebster« stammt von ihr.

Anhang

Deutsche Alzheimer Gesellschaft e.V.
Selbsthilfe Demenz

Informationen zu Demenzerkrankungen

1. Demenz und Alzheimer-Krankheit

Demenzerkrankungen zählen zu den häufigsten gesundheitlichen Beeinträchtigungen bei älteren Menschen. Der Begriff »Demenz« kommt aus dem Lateinischen und bedeutet wörtlich übersetzt »weg vom Geist« oder auch »ohne Geist«. Bei dieser Krankheit treten Beeinträchtigungen der geistig-seelischen Fähigkeiten auf. Das Gedächtnis, das Denken und die Sprache sind gestört, Stimmungen und soziales Verhalten können nicht mehr kontrolliert werden, wodurch die Bewältigung des Alltags sehr erschwert wird.

Die Alzheimer-Krankheit (benannt nach dem Psychiater Alois Alzheimer) ist die am häufigsten vorkommende Demenzerkrankung: Rund 60 Prozent aller Demenzen sind Alzheimer-Erkrankungen. Bei dieser Krankheit werden in bestimmten Bereichen des Gehirns Nervenzellen und Kontakte zwischen den Nervenzellen zerstört.

2. Die Häufigkeit von Demenzerkrankungen

In Deutschland leiden etwa 1,1 Millionen Menschen an einer Demenzerkrankung.

Demenzerkrankungen nehmen mit dem Lebensalter zu: Sind in der Altersgruppe von 70 bis 74 Jahren 2,8 % betroffen, so sind es bei den 80- bis 84-Jährigen bereits 13 %, bei den über 90-Jährigen mit 34 % sogar rund ein Drittel. In Einzelfällen können aber auch Menschen unter 65 Jahren an einer Demenz erkranken (bei den 45- bis 65-Jährigen etwa 0,1 %).

Da die Menschen immer älter werden und es immer mehr alte Menschen geben wird, muss man davon ausgehen, dass die Zahl der Demenzkranken bis zum Jahr 2050 auf über zwei Millionen steigt, falls nicht ein Durchbruch in der Therapie gelingt.

3. Diagnose

Eine sorgfältige Diagnose umfasst die gründliche Untersuchung sowohl des körperlichen als auch des geistigen Zustandes eines Patienten. Mithilfe von psychologischen Tests werden unter anderem Gedächtnisleistung, Denkvermögen und Sprache geprüft. Um andere Erkrankungen auszuschließen, werden auch Laborwerte gemessen und bildgebende Verfahren wie etwa die Computertomografie verwendet. Besonders wichtig ist das eingehende Gespräch mit dem Betroffenen und dessen Angehörigen (Anamnese).

Die Diagnose können erfahrene Ärzte bzw. Fachärzte für Neurologie und Psychiatrie stellen. Gedächtnisambulanzen (»Memory Kliniken«) sind Einrichtungen, die auf Diagnostik und Therapie von Demenzerkrankungen spezialisiert sind.

Adressen der Gedächtnisambulanzen:
www.deutsche-alzheimer.de oder über das Alzheimer-Telefon 0 18 03-17 10 17 (9 Cent pro Minute aus dem deutschen Festnetz)

4. Mitteilung der Diagnose

Grundsätzlich hat ein Patient Anspruch darauf, über seine Diagnose aufgeklärt zu werden. Ebenso hat er aber auch das Recht, die Diagnose nicht zu erfahren. Im Gespräch mit dem Arzt kann geklärt werden, ob und wie viel der Patient über seine Krankheit wissen möchte. Die Vermittlung der notwendigen und gewünschten Information muss in einer Sprache geschehen, die der Betroffene verstehen kann.

Es ist zunächst sicher schockierend und schmerzlich zu erfahren, dass man selbst oder ein Familienangehöriger an einer Demenz leidet. Die ärztliche Diagnose kann aber auch eine wichtige Hilfe sein. Sie gibt eine Erklärung für die vorhandenen Probleme, bildet die Grundlage für eine gezielte Behandlung und ist eine wichtige Voraussetzung für die weitere Lebensplanung.

5. Behandlung von Demenzerkrankungen

Die Alzheimer-Krankheit ist bisher nicht heilbar, das Fortschreiten der Symptome lässt sich jedoch hinauszögern. Gewisse Medikamente (»Antidementiva«) können über ungefähr ein Jahr die geistige Leistungsfähigkeit aufrechterhalten und sich auch positiv auf die Bewältigung des Alltags auswirken.

Um die Lebensqualität von Demenzkranken und ihren Angehörigen zu verbessern, aber auch um Verhaltensstörungen zu lindern, können nichtmedikamentöse Ansätze, wie z.B. Verhaltenstherapie, Selbst-Erhaltungs-Therapie, Erinnerungs-, Musik- und Kunsttherapie, sehr hilfreich sein. Dabei sollten die Persönlichkeit und die individuellen Besonderheiten des Erkrankten berücksichtigt werden.

Menschliche Zuwendung, Aktivierung und Beschäftigung, ein angemessener Umgang mit Verhaltensauffälligkeiten sowie eine demenzgerechte Gestaltung der Umwelt (»Milieutherapie«) sind darüber hinaus für Demenzkranke besonders wichtig.

6. Möglichkeiten der Vorbeugung

Bislang gibt es leider keinen Schutz davor, an einer Demenz zu erkranken. Es gibt aber einige Faktoren, die das Risiko, an Demenz zu erkranken, verringern können. Es ist ratsam, geistig, körperlich und sozial aktiv zu sein und sich ausgewogen zu ernähren. Ferner sollten Bluthochdruck und Diabetes Mellitus behandelt werden.

7. Umgang mit Demenzkranken

Demenzerkrankungen zeigen einen unterschiedlichen Verlauf, und ebenso unterschiedlich sind die Bedürfnisse und das Verhalten der Betroffenen. Das Verhalten der Kranken ändert sich im Verlauf der Krankheit, und körperliche Symptome nehmen häufig zu. Demenzerkrankungen haben zahlreiche Erscheinungsformen. Einige der Kranken sind freundlich, andere aggressiv, einige sind körperlich gesund, andere wiederum bettlägerig. Das Krankheitsbild verändert sich nicht nur im Verlauf der Krankheit, sondern ist oft auch abhängig von der Tagesform und der Tageszeit. Auch die Lebenssituation der pflegenden Angehörigen kann sehr unterschiedlich sein. Meist sind es die Ehepartner oder die Kinder bzw. Schwiegertöchter und -söhne, die sich auch noch um ihre eigene Familie kümmern müssen und zudem oft berufstätig sind.

Man kann deshalb keine allgemeingültigen Rezepte dafür geben, wie man den Umgang mit Demenzkranken gestalten soll. Hier gilt es auszuprobieren, was sich im Einzelfall als hilfreich erweist. Folgende Empfehlungen haben sich in der Praxis bewährt:

- die Krankheit anzunehmen, statt sie zu verleugnen,
- sich Informationen über die Krankheit beschaffen und sich auf ihren Verlauf einstellen,
- den Kranken, sein Verhalten, seine Äußerungen beobachten und zu verstehen versuchen,
- das eigene Verhalten auf den Kranken einstellen, z.B. langsam und deutlich sprechen, Zuwendung geben, für einen gleich bleibenden Tagesablauf sorgen; Sicherheit und Geborgenheit schaffen,
- den Kranken nicht auf seine Fehler hinweisen, ihn nicht korrigieren, kritisieren oder überfordern,
- vorhandene Fähigkeiten erhalten; den Kranken in Alltagstätigkeiten, die ihm Spaß machen, einbeziehen. Dabei an gewohnte Handlungsmuster anknüpfen und seine Vorlieben und Abneigungen respektieren,

- die äußeren Lebensbedingungen anpassen, z.B. Gas- und Elektrogeräte sichern, für eine ausreichende Nachtbeleuchtung sorgen, dem Kranken zweckmäßige Kleidung beschaffen und ihm ein Armband oder einen Zettel mit Name und Adresse zum Tragen geben, wenn es vorkommt, dass er die Wohnung verlässt.

Weitere Hinweise zum Umgang mit Demenzkranken finden Sie in der Broschüre »Leben mit Demenzkranken« der Deutschen Alzheimer Gesellschaft.

8. Selbsthilfegruppen für pflegende Angehörige

Pflegende Angehörige sind in vielfacher Weise von einer Demenzerkrankung mit betroffen. Niemand kann und muss diese schweren Aufgaben auf Dauer und ganz allein erfüllen. Ziel von Selbsthilfe- und Gesprächsgruppen ist der regelmäßige Austausch von persönlichen Erfahrungen mit Menschen, die ähnliche Erfahrungen machen. Das empfinden viele Angehörige als entlastend.

Das gemeinsame Gespräch, der Austausch von praktischen Tipps, Anregungen und Erfahrungen mit professionellen Helfern vor Ort können den alltäglichen Umgang mit dem Kranken erleichtern. Zu bestimmten Themen können Experten (z.B. Ärzte, Juristen etc.) eingeladen werden.

Mittlerweile gibt es ein bundesweites Netz von Selbsthilfegruppen für pflegende Angehörige von Demenzkranken. Die Kontaktadressen bekommen Sie über das Alzheimer-Telefon oder über die Internetseiten der Deutschen Alzheimer Gesellschaft.

9. Betreuungs- und Versorgungsangebote für Demenzkranke

Etwa zwei Drittel der an einer Demenz erkrankten Menschen werden in der Familie versorgt und gepflegt. Dabei werden die pflegenden Angehörigen teilweise von *ambulanten Pflegediensten* unterstützt.

Einige Kranke besuchen *Tagespflegeeinrichtungen*, in denen sie tagsüber betreut und aktiviert werden. So können die Angehörigen entlastet werden. Zunehmend werden auch *Betreuungsgruppen* angeboten, in denen die Betroffenen ein- bis zweimal wöchentlich für einige Stunden von entsprechend ausgebildeten ehrenamtlichen HelferInnen betreut werden. Außerdem gibt es *ehrenamtliche HelferInnen*, die stundenweise die Betreuung zu Hause übernehmen.

Wenn die Angehörigen die Pflege vorübergehend nicht übernehmen können, z.B. wegen Krankheit oder Urlaub, können sie den demenzkranken Patienten befristet in Einrichtungen der *Kurzzeitpflege* geben.

Wenn eine häusliche Betreuung nicht mehr möglich ist, können die Betreffenden in ambulant betreuten *Wohngemeinschaften* für Demenzkranke leben, die es allerdings noch nicht überall gib. Ferner kommt die Betreuung in einer stationären Einrichtung, einem *Pflegeheim*, infrage.

Informationen über entsprechende Angebote und Einrichtungen in den jeweiligen Regionen sowie deren Finanzierung geben die regionalen Alzheimer Gesellschaften oder andere Beratungsstellen.

10. Leistungen der Pflegeversicherung

Leistungen der Pflegeversicherung können bei der Krankenkasse des Betroffenen beantragt werden. Ob und in welcher Höhe Leistungen bewilligt werden, hängt vom Grad der Pflegebedürftigkeit ab, den ein Gutachter des Medizinischen Dienstes der Krankenkassen bei einem Hausbesuch feststellt.

In welche der Pflegestufen, I, II oder III, der Kranke fällt, hängt nicht von der Diagnose selbst ab, sondern davon, wie viel Hilfe er bei der Körperpflege, beim Essen, bei der Fortbewegung und bei der allgemeinen Versorgung im Haushalt braucht. Meist ist es hilfreich, den Pflegeaufwand gegenüber dem Gutachter mit einem Pflegetagebuch zu dokumentieren.

Ausführlichere Informationen enthält der Leitfaden zur Pflegeversicherung der Deutschen Alzheimer Gesellschaft. Darin finden Sie auch eine Vorlage für ein Pflegetagebuch.

Ferner haben Personen »mit eingeschränkter Alltagskompetenz«, zu denen auch Demenzkranke gehören, Anspruch auf weitere 100 € bzw. 200 € pro Monat. Damit können soziale Betreuungs- und Entlastungsangebote durch ambulante Dienste oder Betreuungsgruppen genutzt werden. Informationen dazu erhalten Sie bei Ihrer Pflegekasse und den regionalen Alzheimer-Gesellschaften.

11. Vorausverfügungen

Wenn der Betroffene rechtzeitig eine *Vorsorgevollmacht* ausgestellt hat, ist es in der Regel nicht notwendig, eine *rechtliche Betreuung* über das Amtsgericht zu veranlassen. Die Vorsorgevollmacht kann sich ebenso wie die Betreuung auf alle im Krankheitsfall regelungsbedürftigen Angelegenheiten erstrecken, z.B. auf die Verwaltung des Vermögens, auf die Gesundheitsfürsorge, auf Wohnungsangelegenheiten etc.

Wünsche zur medizinischen und ärztlichen Behandlung können zusätzlich in einer *Patientenverfügung* festgelegt werden.

Durch das seit Januar 1992 geltende Betreuungsrecht wurde die Entmündigung abgeschafft. Die Betroffenen erhalten ausschließlich in den Bereichen Unterstützung, die sie selbst nicht mehr bewältigen können. Die Betreuer sind verpflichtet, die Wünsche und Bedürfnisse des Betroffenen so weit wie möglich zu berücksichtigen. Nähere Informationen finden Sie im »Ratgeber in rechtlichen und finanziellen Fragen« der Deutschen Alzheimer Gesellschaft sowie auf den Informationsblättern unter www.deutsche-alzheimer.de.

12. Die Deutsche Alzheimer Gesellschaft e.V. Selbsthilfe Demenz

Die Deutsche Alzheimer Gesellschaft ist der Bundesverband von Alzheimer Landesverbänden sowie von regionalen und örtlichen Gruppen. Sie ist eine gemeinnützige Selbsthilfeorganisation, die die Interessen von Demenzkranken und deren Angehörigen vertritt. Sie hat mehr als 100 Mitgliedsgesellschaften in ganz Deutschland, die u.a. Beratung, Information und Gruppen vor Ort anbieten.

Um die Interessen der Betroffenen, ihren Angehörigen und professionellen Fachkräften zu bündeln, wurde die Deutsche Alzheimer Gesellschaft 1989 in Bad Boll gegründet. Die Geschäftsstelle befindet sich seit 1997 in Berlin, wo mehrere hauptamtliche Mitarbeiterinnen und Mitarbeiter tätig sind.

Wichtige *Ziele* der Deutschen Alzheimer Gesellschaft sind:

- die Bevölkerung zu mehr Verständnis und Hilfsbereitschaft für die von der Alzheimer-Krankheit und anderen Demenzerkrankungen Betroffenen anzuregen,
- gesundheits- und sozialpolitische Initiativen für diesen Personenkreis anzuregen und dessen Interessen zu vertreten,
- die Betroffenen im Umgang mit der Krankheit und die Angehörigen in ihrer Fähigkeit zur Selbsthilfe zu unterstützen,
- die Betreuenden durch ein Angebot an Fachinformationen, emotionaler Unterstützung und öffentlichen Hilfen zu entlasten. Eine Liste der Veröffentlichungen finden Sie im Internet.
- Die Zusammenarbeit und den fachlichen Austausch mit den regionalen Alzheimer Gesellschaften zu festigen,
- die wissenschaftliche Forschung über Demenzerkrankungen und Versorgungsmöglichkeiten zu unterstützen (Forschungsförderung der Deutschen Alzheimer Gesellschaft),

- neue Betreuungs- und Pflegeformen für Demenzkranke zu entwickeln.

Das bundesweite *Alzheimer-Telefon* der Deutschen Alzheimer Gesellschaft, das Beratung und Information anbietet, ist unter der Service-Nr. 0 18 03 / 17 10 17 (9 Cent pro Minute aus dem deutschen Festnetz) zu erreichen. Es wird vom Bundesministerium für Familie, Senioren, Frauen und Jugend unterstützt.

Die Adressen der regionalen Alzheimer-Gesellschaften sowie weiterer Anlaufstellen können Sie über das Alzheimer-Telefon erfahren bzw. laufend aktualisiert auf der Internetseite www.deutsche-alzheimer.de abrufen.

Die Deutsche Alzheimer Gesellschaft gibt eine Reihe von *Büchern und Broschüren* heraus. Einige wichtige sind:

- *Das Wichtigste über die Alzheimer-Krankheit – Ein kompakter Ratgeber*, 2008, 39 Seiten, kostenlos. Bei Bestellung bitte 1,45 € Rückporto beifügen
- *Alzheimer – Was kann ich tun? Erste Hilfe für Betroffene*, 2008, 29 Seiten, kostenlos. Bei Bestellung bitte 1,45 € Rückporto beifügen
- *Leitfaden zur Pflegeversicherung. Antragstellung, Begutachtung, Widerspruchsverfahren, Leistungen*, 2008, 192 Seiten, 4,50 €
- *Stationäre Versorgung von Demenzkranken. Leitfaden für den Umgang mit demenzkranken Menschen*, 2008, 196 Seiten, 4,50 € ,
- *Ratgeber Häusliche Versorgung Demenzkranker*, 2007, 150 Seiten, 4,50 €
- *Band 5: Leben mit Demenzkranken. Hilfen für schwierige Verhaltensweisen und Situationen im Alltag*, 2007, 64 Seiten, 3,00 €
- *Demenz interaktiv. Informationen und Übungen für Angehörige und Betroffene*, CD-ROM, 1. Auflage 2007, 15,00 €

Kontakt- und Bestelladresse:

Deutsche Alzheimer Gesellschaft e.V.
Selbsthilfe Demenz
Friedrichstraße 236
10969 Berlin
Tel. 0 30 – 259 37 95 – 0
Fax 0 30 – 259 37 95 -29
Alzheimer-Telefon 0 18 03 – 17 10 17 (9 Cent pro Minute aus dem deutschen Festnetz)
E-Mail: info@deutsche-alzheimer.de
Internet: www.deutsche-alzheimer.de